上海市“十三五”重点出版规划项目

《构建壮大绿色产业的绿色金融体系研究报告》（第一辑）

上海师范大学应用文科计划

国家自然科学基金面上项目

“我国环保产业 R&D 投入的决策理论与评价方法研究”（71673189）支持

绿色技术银行

提升绿色产业竞争力情况报告

孙红梅　等著

上海财经大学出版社

项目组成员

组　长：孙红梅　上海师范大学商学院　教　授

副组长：谭黎阳　上海师范大学商学院　副教授

成　员：葛钰杰　上海师范大学商学院　研究生

翟木村　上海师范大学商学院　研究生

郭照蕊　上海师范大学商学院　副教授

曾令美　中国人民银行上海总部　高级经济师

刘桂媛　上海师范大学商学院　研究生

雷喻捷　上海师范大学商学院　研究生

谢　飞　上海师范大学商学院　研究生

宛海运　上海师范大学商学院　研究生

陈　澍　上海师范大学商学院　研究生

蒲　罂　上海师范大学商学院　研究生

摘 要

“绿色技术银行”集中建设“绿色技术信息平台”“绿色技术金融平台”和“绿色技术转移转化平台”，打造国际绿色科技创新和转移转化高地。本书在借鉴国际经验的基础上，通过梳理我国推进“绿色技术银行”的现状，分析国家“绿色技术银行”在金融体系建设中的角色、定位与职能，研究节能环保产业对“绿色技术银行”的现实需求，提出绿色技术银行体系，从绿色技术银行的平台建设、产品设计和风险控制等路径着手提升节能环保产业科技竞争力。建议政府注重顶层设计，构建多层次绿色金融市场体系以及绿色技术第三方认证体系，为金融支持节能环保产业技术发展提供政策依据；银行业、产业基金及其他金融组织在第三方机构的技术支撑下为节能环保产业提供全链条绿色金融产品和服务，转移环境风险；节能环保企业加强各类绿色技术的研发与推广，实现绿色技术落地应用。

关键词：绿色技术银行　节能环保产业　平台建设　产品设计　风险控制

目 录

引　言

党的十九大报告再次把生态文明建设提到国家战略的地位。报告指出我国“要推进绿色发展，构建市场导向的绿色技术创新体系，发展绿色金融，壮大节能环保产业、清洁生产产业、清洁能源产业”。目前，在国家的政策支持和全社会的共同努力下，我国节能环保产业发展已经取得显著成效，产业规模快速扩大，技术装备水平大幅提升，产业集中度明显提高。但是，我国的节能环保产业仍存在不少问题：企业主动节能环保意识不坚定；节能环保技术人才不足，企业自主创新能力不强；相关法律与节能环保标准不完善；节能环保产业结构与地域分布不均衡；企业融资难、融资贵等问题突出，绿色消费缺乏有力引导。

我国正处于经济转型的关键时期，传统产业的规模在持续扩张的同时带来了产能过剩的问题，凭借投资扩大产量的外延式发展模式难以继续维持企业的生存，生产要素成本的上升使原本的优势正在丧失，随着人们对生态、资源、环境的关注度越来越高，其约束成本越来越大。加速推进信息化、城市化、工业化的进程中，生态、资源以及环境压力的增大，各种社会问题开始凸显，经济发展方式的转变刻不容缓。我国“十三五”规划第五部分提出“坚持绿色发展，着力改善生态环境”，要“支持绿色清洁生产，推进传统制造业绿色改造，推动建立绿色低碳循环发展产业体系，鼓励企业工艺技术装备更新改造”“推动京津冀、长三角、珠三角等优化开发区域产业结构向高端高效发展”，节能环保产业将会有突破性发展。但是，由于目前节能环保产业竞争力不强，严重影响了投入的来源和投入主体的积极性，也严重制约了节能环保产业的发展。加大科技投入，提升节能环保产业科技竞争力是实现经济转型的重要方式。

“绿色技术银行”是绿色发展领域落实2030年可持续发展议程的“技术银行”，是汇聚资源节约、环境友好、安全高效、生命健康等可持续发展重点领域中的先进实用绿色技术，强化科技与金融结合并实现科技成果的资本化、加快科技成果转移转化和产业化、同步服务于国内可持续发展和绿色技术领域南南合作的综合性服务平台，按照“政府引导、社会参与、公益性服务、市场化运作”的运行机制建设。研究“绿色技术银行”构建体系，可以很大程度地加大节能低碳技术推广应用力度，完成确保煤炭消费总量明显下降的目标，绿色技术也可以扩大新能源和可再生能源开发利用，改善能源消费结构，保障能源安全。我国的“绿色技术银行”发展刚刚起步，但对我国环境保护与能源消耗改善的意义尤为重大。

节能环保产业核心竞争力的提升需要提高技术水平，技术研发资金的需求需要“绿色技术银行”，这是一个非常具体的绿色金融模式。“绿色技术银行”以技术服务、金融服务和价值实现为功能定位，最终构建出绿色技术金融平台、绿色技术信息平台、绿色技术服务平台三大路径。以金融为导向，通过对项目的成功运作吸引更多来自社会的投资加入绿色技术项目，并通过建设绿色金融市场为节能环保产业的发展提供内在的创新驱动力，而非仅仅提供简单的金融服务。以技术为导向，“绿色技术银行”的金融支持关键在于对绿色技术的支持，因此必须在过程中注重技术质量，真正为能够改善环境与能源节约的绿色技术提供金融支持。以环境为导向，无论对金融的发展还是对技术的提高，最终目的是改善环境，因此在推进过程中，最重要的还是关注对环境与能源节约的服务。

本书的研究目标是在梳理“绿色技术银行”发展的国内外比较与借鉴的基础上，以上海市为例，构建“绿色技术银行”体系，通过建立空间面板模型分析区域节能环保产业科技竞争力差异，结合双重差分模型、时间序列模型等实证方法进行验证，探究我国推进“绿色技术银行”提升节能环保产业科技竞争力的方式与路径，为上海市乃至全国发展“绿色技术银行”、提升节能环保产业科技竞争力提供解决方案和政策建议。

1

“绿色技术银行”的国际经验总结与借鉴

高质量的绿色技术转移转化是实施创新驱动发展战略、推动节能环保产业发展的必要前提。十八大以来，国家视“创新驱动”“绿色发展”和“生态文明建设”等关键词为经济转型的重要标志。十九大报告再次强调“发展绿色金融，壮大节能环保产业”，倡议加快健全绿色低碳循环发展的经济体系和构建市场导向的绿色技术创新体系的步伐，绿色技术银行在这场生态工程中扮演着关键角色，它将加强科技落实创新驱动发展，探索破解可持续发展领域科技成果转化难的核心问题，加快清洁能源技术的研发与应用、废弃物处理与资源循环利用、大气和水污染治理等可持续发展重点领域成果转化应用，体现科技与金融资本等要素相融合的战略性和前瞻性。然而，目前我国的“绿色技术银行”发展缓慢，还没有系统性的框架与发展路径，因而，进行“绿色技术银行”的国际经验总结与借鉴，发挥绿色技术银行体系在提升节能环保产业竞争力中的核心作用，显得尤为重要。本书通过分析国际上典型国家“绿色技术银行”实施过程与现状，总结典型国家推行“绿色技术银行”提升节能环保产业科技竞争力的主要做法与路径，提出实施“绿色技术银行”的国际比较与经验借鉴。通过国际上发达国家成熟经验的学习，设计我国绿色技术银行体系，在提升节能环保产业竞争力过程中，防范金融风险，实现金融绩效。

1.1 典型国家“绿色技术银行”现状分析

不同国家对“绿色技术银行”的称谓有所差异，如称作“绿色银行”“绿色投资银行”等。然而，国外鲜有旨在促进环境技术转移转化的专业机构，即绿色技术银行(Green Technology Bank)。因此，本书中的绿色技术银行指相关业务或发展模式中涉及绿色技术转移转化、服务于绿色金融体系创建与发展的一切组织或机构，包括一些政策型基金和非银行绿色金融机构。该类机构是一个国家(地区)绿色金融体系的重要组成部分，是力促可持续发展和生态文明建设的重要力量。具体而言，它通过融通资金、资源配置、提供信息和风险管理等环节，改变各产业投融资结构，引导资金流向，防范绿色金融风险，最终实现经济效益和环境效益最大化的目标。

1.1.1 美国[①]

1.1.1.1 康涅狄格州绿色银行

康涅狄格州绿色银行(CEFIA)是美国地方政府于2011年成立的首家州立清洁能源融资和投资机构，其成功的运作模式深受研究机构及其工作人员的关注，是美国其他绿色金融机构学习效仿的对象。它为政府所有，但以市场方式开展业务活动。康涅狄格州绿色银行的最高管理机构是董事会，其负责审批年度运营计划、预算和项目投资。其资金来源于联邦和州政府拨款、康涅狄格州清洁能源基金(CCEF)[②]、投资收益、慈善捐赠等。

康涅狄格州绿色银行支持对太阳能、生物能、地热等非传统清洁能源的开发利用，工业替代燃料的研发，能效和能源的存储及配送等。为控制政府财务风险，

① 美国目前有4家州立绿色银行，分别是康涅狄格州绿色银行、纽约绿色银行、夏威夷绿色能源市场证券化和新泽西州能源适应力银行，其共同点为致力于推动公共资本与私人资本合作，提高能源市场长期资金与短期资金供给。受篇幅限制，本书仅介绍康涅狄格州绿色银行和纽约绿色银行。

② CCEF是康涅狄格州绿色银行的下属机构。康涅狄格州绿色银行公共资金中最主要的、较稳定的来源是每年从工业、居民电力用户交纳的电费附加费中获得的约3 000万美元。

康涅狄格州绿色银行对技术处于早期研发阶段项目持回避态度。其创新融资产品为清洁能源项目扫清投资障碍，如智能E贷、住宅太阳能融资租赁项目、太阳能借贷产品，以及康涅狄格州资产评估清洁能源项目(C-PACE)。具体而言，智能E贷通过风险分担的方式与地区银行和信用社合作，撬动后者提供低息(4.49%～6.99%)、无抵押、长期(5～12年)贷款，并承担贷款损失的1.5%，剩余损失由CEFIA承担，为居民用户节能或使用可再生能源提供支持。住宅太阳能融资租赁项目和太阳能借贷产品则旨在普及太阳能节能技术，加速环保产业的发展。从本质上看，住宅太阳能融资租赁项目是融资租赁，即业主零首付租赁太阳能发电设备或太阳能热水器设备，在最长20年的期限限制下按月支付按揭，并在5年后决定是否购买。太阳能借贷产品是无须任何房产抵押、为期15年的贷款产品，旨在资助康涅狄格州绿色银行要求的太阳能光伏电池板。从方式方法看，住宅太阳能融资租赁项目是通过与债权股权投资者的合作，严格把关设备商和业主，[①]并给业主优惠的利率，确保业主每月节省的电费大于融资租赁费；太阳能借贷产品则选用众筹[②]的方式，由康涅狄格州绿色银行提供500万美元的初始资金，众筹网站向投资者提供15年期、收益率约为5%的贷款池投资。C-PACE项目以工业和商业建筑、居民住宅为服务对象，以提供最长贷款期为20年、分期还款的方式，实现其智能能源升级。值得一提的是，为降低还款不及时的风险，贷款与州物业税合并缴纳。与其他项目不同，C-PACE项目给予的资本须经物业抵押担保，这可较易吸纳低利率且长期的社会资本，若贷款期内出现物业转手则由新业主承担还贷责任。[③]

1.1.1.2 纽约绿色银行

为带动私人资本投资纽约的可再生能源项目，纽约州州长安德鲁·库默在2013年1月提议设立一家10亿美元的绿色银行，即纽约绿色银行(NYGB)。纽

① 设备商方面，CEFIA遴选出符合资质的企业后，还需通过保险公司提供20年质量保险；业主方面，仅向美国FICO信用评价模型得分≥640的房主提供融资。

② 即通过在线平台筹集大量个人小额资金的金融工具，特指与太阳能众筹平台Solarmosaic和贷款申请平台SungageFinancial合作。这是由于住宅太阳能贷款规模小、期限长，难以从传统的金融市场中找到投资者。

③ 相关资料和数据源于温刚(2014)《美国康涅狄格州绿色银行(上)》和《美国康涅狄格州绿色银行(下)》。

约绿色银行的初始资本金为 2.185 亿美元，其中近 76%的资金来源于纽约州能源研究和发展管理局（NYSERDA）。[①] 为了建设更清洁的基础设施，纽约绿色银行资助的技术包括能源效率、风能、太阳能和燃料电池。从融资中受益的最终用户类型包括住宅、商业和工业，以及市镇、大学、学校和医院（MUSH）。纽约绿色银行资助的最终用户合同类型包括购电协议（PPA）、节能协议（ESAs）、租赁和贷款。为确保决策科学和投资安全，各投资方案执行一系列标准化决策流程，严格管控关键环节的风险，涉及评分委员会、审核委员会、投资和风险委员会（IRC）[②]等多个部门。截至 2017 年 12 月 31 日，纽约州新清洁能源提议已收到超过 23 亿美元的纽约绿色银行投资；NYGB 的整体投资组合表示，预期的动员比率达到或超过 3∶1，超过 10 年的时间达到或超过 8∶1；自成立以来的累计收入达 2 760 万美元（包括 2017 年第四季度 460 万美元），超过累计支出的累计收入 2 270 万美元。

从 2017 年年报可以看出，纽约绿色银行持续关注可持续基础设施投资业务各个方面的执行情况，其正在进行的潜在有价证券投资项目截至收盘时为 5.917 亿美元。在 2016 财年，纽约州绿色银行关闭了 19 项投资组合投资交易，总金额为 2.916 亿美元。促进纽约州的清洁能源开发，预计项目总成本估计总额为 7.45 亿～11 亿美元。总营业收入比上年增加 820 万美元，同比增长 1 561.4%。关闭费用（closing fees）、未提取/承诺费用（undrawn/commitment fees）和可持续组合投资交易中的管理费用（administrative fees）为 340 万美元，投资的利息为 540 万美元，这比 2016 年分别增长 745.5%和 4 164.3%，这是纽约绿色银行年内投资组合投资增长的直接产物。总营业支出增加 150 万美元，比上年增加 27.0%，这与投资相关的费用（如顾问和临时雇员，实施第三方基金管理服务等专业服务费用）和计划运营成本的增加（比 2016 年增加 70 万美元，涨幅达 425.3%）有关。投资收益的下降（降幅达 28%）直接反映了纽约绿色银行在大量清洁能源投资组合投资中部署资本而导致平

① 相关数据源于 http://www.docin.com/p-1696308326.html.

② IRC 由 NYSERDA 的高级官员组成，主要针对投资风险和企业风险来进行最终的风险管理，所有涉及银行资本的决议必须通过 IRC 的同意。

均投资余额较低。值得关注的是，纽约绿色银行的有价证券投资导致截至 2017 年 3 月 31 日的营业收入显著增长，创造了自创建以来首次财政年度收入超过费用的纪录，这是纽约绿色银行自给自足(self-sufficiency)模式的成功，如图 1-1～图 1-3 所示。

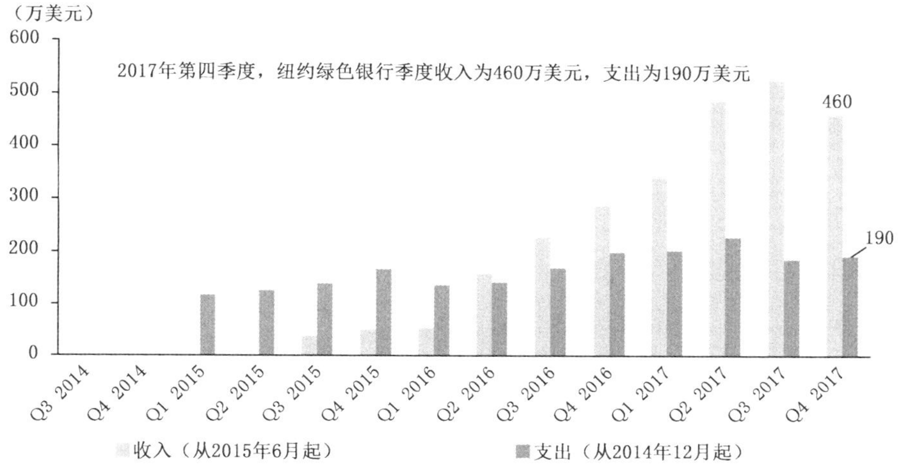

资料来源：相关数据源于 http://www.docin.com/p-1696308326.html.

图 1-1　2014 年 3 季度—2017 年 4 季度收入与支出

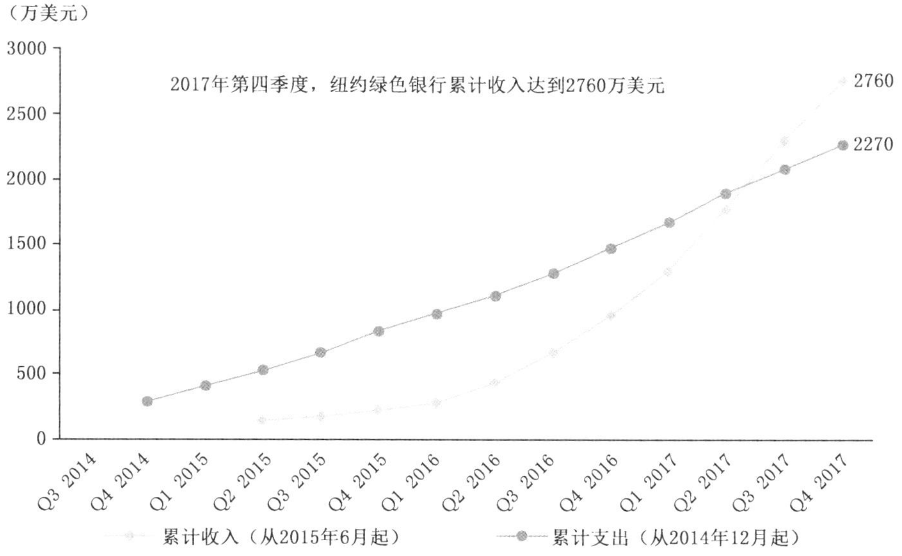

资料来源：相关数据源于 http://www.docin.com/p-1696308326.html.

图 1-2　2014 年 3 季度—2017 年 4 季度收入与支出对比图

	(Amounts in thousands)		
Summary of Changes in Net Position	**March 31, 2017**	**March 31, 2016**	**% Change 2017-2016**
Operating Revenues:			
Fees	$3,399	402	745.5%
Loans and financing receivables interest	5,373	126	4,164.3%
Total operating revenues:	8,772	528	1,561.4%
Operating Expenses:			
Salaries and benefits	4,371	4,053	7.8%
Investment related expenses	520	211	146.4%
Program operating costs	914	174	425.3%
General and administrative expenses	979	889	10.1%
Depreciation	124	120	3.3%
NY State assessments	124	91	36.3%
Total operating expenses	7,032	5,538	27.0%
Operating income (loss)	1,740	(5,010)	134.7%
Non-Operating Revenues:			
Investment income	921	1,280	-28.0%
Total non-operating revenues	921	1,280	-28.0%
Income (loss) before transfers	2,661	(3,730)	171.3%
Transfers in (note 7)	150,000	-	-
Change in net position	152,661	(3,730)	4,192.8%
Net position, beginning of year	212,575	216,305	n/a
Net position, end of year	$365,236	212,575	71.8%

资料来源：http：//www. docin. com/p-1696308326. html.

图 1-3　2017 年部分 NYGB 财报

截至 2017 年 3 月 31 日，纽约能源公司的投资组合预计将提供 217 兆～341 兆瓦的清洁能源装机容量，并在纽约州生产预计寿命为 589 万兆～970 万兆瓦时的清洁能源。与此同时，投资组合预计将为住宅能源部门贡献至少 162 兆瓦的新装机容量，市政部门安装另外的 19 兆瓦用于商业和工业（commercial and industrial）、大学—学校医院（municipal-university-school-hospital）和社区分布式发电（community distributed generation）等终端用户细分市场。还有 36 兆瓦的清洁能源装机容量归功于纽约投资组合中的其他投资。从能源效率角度来看，纽约绿色银行投资于热电联产（CHP）、燃料电池技术、发光二极管（LED）照明改造、供暖、通风和空调（HVAC）及其他建筑改造。预计投资组合估计的燃料效率测量值（扣除热电联产燃料使用量后）可节省 939 万～10 260 万 MMBtu 累积终身净燃料节能量，以及 1.13 百万兆～1.23 百万兆瓦时来自电力效率测量的累计终身节能量。

纽约州在2016—2017年的清洁能源投资增长，意味着其投资组合预计温室气体排放量减少426万～637万吨，与2015—2016年估计的160万吨相比大幅增加，这相当于未来20年内在道路上的车辆减少5万～7万辆。纽约绿色银行投资与能源和环境成果相辅相成，协助交易对手扩大业务规模。随着清洁能源项目在未来几年继续发展、开发、运营和维护，预计活动和规模的增加将推动该州创造更多的就业机会。

1.1.2 德国

德国复兴信贷银行(Kreditanstalt fuer Wiedearufbau，KFW)成立于1948年，是德国唯一联邦政府和州政府全资拥有的政策性银行。自20世纪70年代以来，该行是德国绿色经济发展的原动力，其在推动德国能源转型，为家庭、公共社区和工业部门向环境友好转型提供金融激励方面发挥的关键作用在德国国内、欧盟乃至世界层面都受到广泛认可。2016年，其总投资额约为810亿欧元，其中流向气候与环境项目的投资高达44%(约356亿欧元)。①

这和德国复兴信贷银行善于将环境效益的正外部性内化密不可分。由于凭借德国联邦政府的信用担保可以优惠条件在资本市场筹资，同时作为公共非营利机构享有企业税豁免权，德国复兴信贷银行在放贷利率上拥有相当大的灵活性，故常以长期贷款和低息贷款对绿色项目进行投资。② 此外，该行还为一些绿色项目提供担保，这有助于项目以较低利率获得商业贷款，进而提高收益率，有利于缓解资本市场参与者投资回报的困扰。德国复兴信贷银行更重视支持技术的市场化应用与大规模推广项目，2012—2015年，80%以上绿色投资流向技术应用型项目。部分欧洲学者基于政策性银行样本的研究指出，公共部门在技术应用与扩散阶段投资可以通过“干中学”和“用中学”形成反馈机制，起到“市场创造”而非仅仅

① 数据来源于孙彦红(2018)《德国与英国政策性银行的绿色金融实践比较及其启示》。

② 具体而言，对于大型基础设施项目，通常以市场利率提供长期贷款；对于中小企业和家庭能效项目，则常常以低于商业银行的利率放贷(该行2012年向家庭能效项目放贷的年利率仅为1%)。

修补市场失灵的作用，从而更好地促进技术进步，其实践经验也表明公共资金支持绿色技术的应用与推广项目，更有利于加速绿色技术创新与扩散。德国复兴信贷银行并未将项目规模作为其投资决策的重要因素。以德国复兴信贷银行中小企业银行①为例，其尤为重视支持中小型绿色项目，并专设“能效贷款项目”为供热、能效建筑和可再生能源领域的中小企业提供低息贷款。2016 年，该项目为德国中小企业提供约 35 亿欧元的资金。实践表明，中小型项目有利于绿色技术在微观层面的推广，也有助于绿色理念在民众与企业层面的传播，对推动经济向“绿色化”转型的长期效果不亚于大型项目。②

除此以外，德国复兴信贷银行还通过集团资助计划进一步推动绿色技术成果的推广。该资助计划③的目的在于为住宅建筑节能及二氧化碳减排项目提供长期的低息贷款，资助范围包括建筑保温工程、供暖系统的更新、可再生能源的利用等领域。以“居室现代化改造计划”为例，具体涉及建筑围护结构的保温隔热，夜间蓄能式采暖设备的安装，房间的可控通风，对采暖设备进行可再生清洁能源的改造，燃煤、燃油及其燃气锅炉设备的更换等。2015 年，德国复兴信贷银行节能住房业务总量超过 100 亿欧元，其中节能住房改造金额为 70 亿欧元，占比 42.7%；节能住房翻修金额为 36 亿欧元，占比 21.3%。④

1.1.3 英国

英国绿色投资银行(GIB)由英国政府于 2012 年成立，是世界上首家由国家设立的旨在支持绿色低碳项目的政策性银行，是英国气候与环境政策的重要执行

---

① 德国复兴信贷银行下设多个子部门，在绿色金融领域最为活跃的是德国复兴信贷银行中小企业银行(KfW Mittenlstands Bank，服务于德国中小企业和初创企业)、德国复兴信贷银行市政与私人银行(KfW Kommunal and Privatkunden Bank，服务于德国公共基础设施和私人投资项目)，以及德国复兴信贷银行国际与出口银行(KfW IPEX，为德国和欧洲企业的出口项目提供融资)。

② 数据来源于孙彦红(2018)《德国与英国政策性银行的绿色金融实践比较及其启示》。

③ 该计划最高可以资助全部投资金额，并包括各种附加费用。可提供 10 年以上的固定利率长期低息贷款，在最初数年中可以免偿本金，且无任何申请人限制。

④ 数据来源于陈沐阳(2017)《德国复兴信贷银行节能住房贷款业务的经验与启示》。

者，为英国加快绿色经济转型、缓解限制绿色低碳项目融资的市场失灵做出重要贡献。作为英国政府“绿色新政”之一，其承担着为绿色项目提供资金、带动私人投资以及从技术与规则层面构建绿色金融体系的重要功能。该行在创建时即确定了环境效益与投资收益兼得的项目投资标准。“环境效益”要求被投资项目至少符合以下一项目标：减少温室气体排放、提高自然资源使用效率、保护和改善自然环境、保护和改善生物多样性、提高环境可持续性。“投资收益”则明确了该行作为营利性机构的定位，有利于吸引社会资本流向绿色经济。因此，该行并不提供优惠贷款，取而代之的是以股权投资和提供条件类似于商业银行的贷款来支持目标项目，有时也为项目提供担保。

受商业化可行性和政策支持性的影响①，英国绿色投资银行将海上风力发电、废弃物处理和生物质能、非住宅能源效率视为优先投资的重点领域②。然而，由于清洁技术的风险和不确定性，导致众多社会资本参与的积极性欠缺，阻碍了绿色技术的转移转化及推广，限制了环保产业的发展。以海上风力发电为例，它在评估风险和预期回报方面基本无财务业绩的历史记录，持续不断的恶劣天气、基地或阵列电缆故障导致的施工延误、因技术造成的部件腐蚀等潜在风险，给欧洲的市场监管带来政策不确定性和紧缩措施等。为此，英国绿色投资银行通过共同提供股权投资、在建项目期间的或有负债、项目运营期间的无抵押债务等针对性的金融产品以缓解资金缺口窘境。截至 2014 年 6 月，英国绿色投资银行分别通过贷款和股权投资的方式在离岸风能领域投资 6.24 亿英镑。③ 另一方面，由于废弃物处理在商业化工厂和新技术方面遇到部分投资壁垒（如非地方政府收集的工业和商业废弃物几乎没有长期的废弃物管理合同），英国绿色投资银行则通过提供风险缓解产品、推动先进转换技术的发展、为商业化回收厂和物料回收设备提供融资支持等方式，干预市场失灵现象。此外，虽然英国已存在 EU ETS、CCA、CCL

① 海上风力发电、垃圾发电迎合了英国电力改革和《可再生能源义务法》中对电力供应商增加可再生能源电力比例的要求。

② 规定至少 80%的资金投资于这三大领域，其余 20%的资金投资于政府认可的其他低碳经济部门。

③ 数据来源于张云（2015）《论英国绿色投资银行（GIB）的发展借鉴》。

等行政手段，但因非住宅能源效率项目数量大、规模小的特点导致委托代理问题严重，阻碍了私人投资进入非住宅能源效率领域①。为释放该领域碳减排的全部潜力，英国绿色投资银行优化整合小型项目，为投资者、开发商等利益相关人提供咨询服务，缓解信息不对称问题。② 截至 2014 年 6 月，英国绿色投资银行通过贷款和基金方式，在废弃物处理及生物质能领域投资 3.27 亿英镑。③

为进一步扩大全球清洁能源投资规模，澳大利亚金融巨头麦格理(Macquarie Group)及其引领的财团在 2017 年 4 月 20 日以 23 亿英镑收购了英国绿色投资银行。④ 根据协议，麦格理和英国高校退休基金(USS)将持有英国绿色投资银行100%的股权。同时，麦格理还将在未来 3 年内为英国绿色投资银行投资 30 亿英镑，将旗下欧洲可再生能源业务融入英国绿色投资银行，在扩大业务规模的背后，其意在成为这场绿色革命的领导者。⑤ 为加速扩大投资收益率，麦格理计划收购英国绿色投资银行之后将以能源技术为核心创建与其他基金或机构合作建立 3 个“投资平台”(海上风电投资平台、低碳融资平台、绿色基础设施平台)⑥，重点投资海上风电、储能和潮汐潟湖。然而，面对部分环保人士对私有化后的英国绿色投资银行能否延续“绿色使命”的质疑，英国政府在保留英国绿色投资银行部分资产的股权的基础上，在收购条款中新设“特殊股份”，即由 5 名独立受托人构成的股东在涉及投资时拥有绝对否决权，以确保英国绿色投资银行可以切实履行绿色投资义务。尽管如此，环保组织和部分政府官员仍担忧麦格理布局石油和天然气行业的投资事实，有关英国绿色投资银行偏离绿色投资轨道的新闻也屡见报端。⑦

---

① “非住宅”是指不论是在公共部门还是私人部门，只要其首要作用不是私人住宅的任何建筑物、资产或者其他设备(如工商业建筑物、医疗保健设备、街道照明等其他能耗设施)。

② 相关资料源于安树民(2016)《英国绿色投资银行助力经济转型的经验分析》。

③ 数据来源于张云(2015)《论英国绿色投资银行(GIB)的发展借鉴》。

④ 数据来源于 http://stock.qq.com/a/20170420/052417.htm.

⑤ 届时，麦格理将管理和监督超过 40 亿英镑的绿色能源资产和项目。

⑥ 海上风电投资平台将由 USS 和麦格理欧洲基础设施 5 号基金资助创建，低碳融资平台将获得 USS 和英国大型基础设施投资信托基金 GCP 的资助，绿色基础设施平台则由英国政府支持。

⑦ 相关资料源于王林(2017)《麦格理收购英国绿色投资银行》。

1.1.4 日本

1.1.4.1 日本政策投资银行

日本政策投资银行(DBJ)与一般商业银行不同,是一家注册资本超过100亿美元的大型国有综合政策性金融机构,其前身为成立于1951年的日本开发银行。其投融资主要集中于政府确定的政策性重点项目。与上文几家绿色银行略有不同,日本政策投资银行的经营不以盈利为目的,不参与银行市场的商业竞争。其主要目标是对日本经济社会发展有利的项目提供长期稳定的资金供给。[①]

虽然从很多方面来看,日本政策投资银行开展的业务与传统的政策性银行业务一致。但是,从20世纪60年代末至70年代初,其就在业务中加入防止环境污染的要求和措施,在过去的40年中,为各类环境保护项目提供了超过3万亿日元的投资和贷款。近年来,日本政策投资银行投融资的项目对象已经从过去日本企业购入和建设的用于污染防治和处理的环保硬件设施向更为广泛的环境管理以及温室效应防治等领域扩展。投融资的目标也在逐步实现从推动企业被动治理污染向促进企业主动预防环境污染和消减环境负荷转变。基于这种变化,自2004年开始,日本政策投资银行在40多年环境保护金融支持工作经验的基础上启动了环保评级贷款项目(Environmentally Rated Loan Program)。

环保评级贷款项目的核心是日本政策投资银行对于贷款企业实施的一套对其环保管理水平进行评级并根据评级结果来确定贷款利率水平的筛选体系,该体系是全球第一套基于环保评级的融资服务系统,如图1-4所示。

环保评级贷款项目的特点如下:一是根据环境评级结果实施折扣利率;二是根据全球环保标准进行公平的、系统的评估;三是通过与客户直接接触得出客观的评级结果;四是将评级结果广泛推广运用;五是适用不同规模的企业。该项目适于评估各个行业,从地区性中小企业到大企业,通过定性和定量的评价项对企业进行打分,评价项包含120个问题,根据最终评分结果,对合格的企业确定相应

① 资料来源于日本政策投资银行官网 https://www.dbj.jp/en/news/.

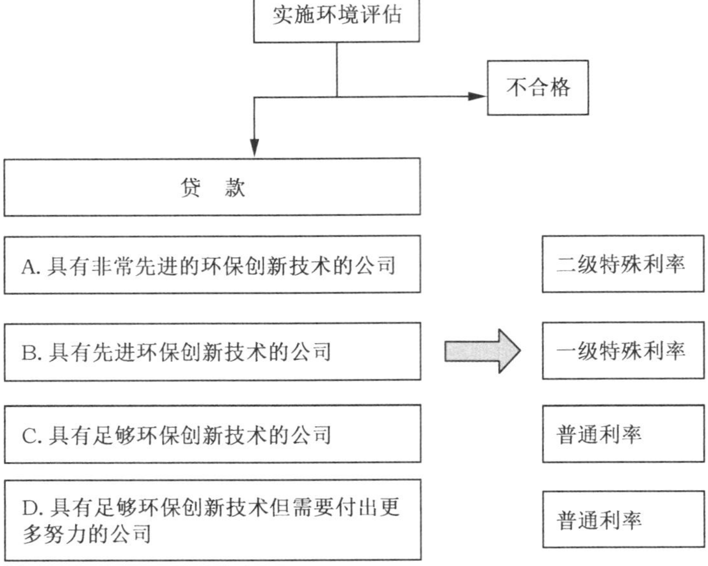

资料来源：日本政策投资银行官网，数据分析专栏 https://www.dbj.jp/en/topics/report/2017/html/0000028277.html.

图 1-4　日本政策投资银行环境评级贷款项目环保评级与利率种类划分

的贷款利率，政策利率共分三个档次。为此，日本政策投资银行还成立了环境评级顾问委员会，负责收集外部专家的建议，并且每年对评分项进行更新。在日本政策投资银行的评级系统中，对贷款流程中环境的评估分为初次评估、实地考察和二次评估，如图 1-5 所示。初次评估是对企业在环境方面所做努力的公开信息进行研究；实地考察是为了得到未公开的信息；二次评估是全部工作组人员共同对其进行公平的审议并得出环境评估的结果。根据评估结果，实施贷款，并向企业提交评级的详细资料。

日本政策投资银行对于环境友好型企业的评价方法主要以联合国环境规划署金融行动机构（UNEPFI）的有关规定为标准，通过定性和定量的评价项，通过与日本环境省等管理机构交换信息，以及参考外部专家的意见，对项目对象进行打分。在环保评级贷款项目启动后的几年内，日本政策投资银行在评级系统内分别

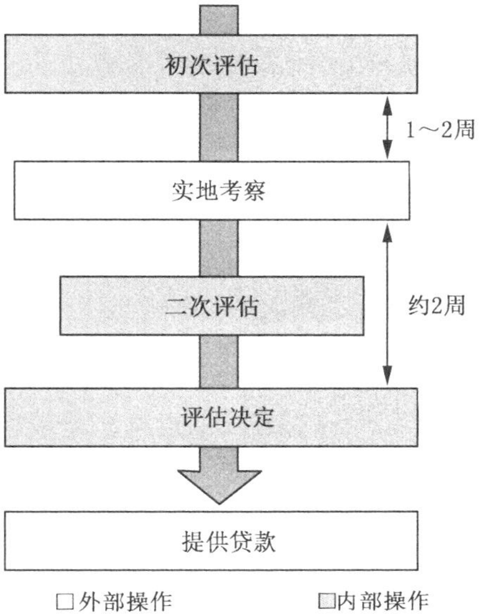

资料来源：日本政策投资银行官网，环境评估专栏 https://www.dbj.jp/en/solution/social/enviro/.

图 1-5 日本政策投资银行环境评级贷款流程

引入“促进实现京都议定书目标”评分项对温室气体排放进行评估，在环境省的支持下推出环保评级贴息贷款业务等。

日本政策投资银行除了加大自身对企业环保的投融资业务力度外，还与日本的各大商业银行开展全面的业务合作，以促进日本企业在环境友好领域进一步发展。目前，日本政策投资银行已经与多家银行开展以环保评级为基础的环境友好经营联合融资项目。日本政策投资银行与商业银行合作的主要内容包括共享项目信息，以及贷款投放和债券发行等合作。这种合作的目的之一是促进企业有效履行相关社会责任。在这种合作模式下，与日本政策投资银行合作的商业银行在收到企业的贷款申请后，通过信息共享平台将申请企业的相关信息录入日本政策投资银行的环保评级系统，由平台对贷款申请企业进行评级，并将评级结果反馈给商业银行。商业银行根据日本政策投资银行的反馈意见进行协商，最终判断是否对贷款申请企业发放贷款或决定贷款金额。随着合作模式的不断推广，越来越多的商业银行加入，项目融资的规模不断扩大。例如，2008 年获得该系统最高环保评级的日本大金工业株式会社得到了日本政策投资银行和东京三菱 UFJ 银行基于促进环境友好经营融资业务以及两行合作协议框架下超过 40 亿日元的低息贷款。①

1.1.4.2 日本国际协力银行

日本国际协力银行（JBIC）对具有地球环保效应的项目以融资、担保及出资的形式积极开展援助支持。2006 年，日本国际协力银行成立了金融环境工程部，以支持环保项目。② 该部门与贷款部门合作，利用金融创新对企业提供专业服务，增加项目的盈利能力，降低融资成本，以改善投资环境。日本国际协力银行运用日本公司所拥有的环保技术和经验，借助日本温室气体减排基金积极参与世界合作，帮助其他国家开展环保项目，如 2012 年与巴西合作开展温室气体通过天然气燃烧减排项目，与哥伦比亚合作开展支持可再生能源项目。③

根据《以确认保护环境社会为目的的国际协力银行导则》（以下简称环境导则）的规定，日本国际协力银行在开展业务时，应首选确认投资项目是否考虑对该地区社会和自然环境造成影响。环境导则规定日本国际协力银行实施确认保护环境社会的手续、判断标准和具备的条件。因此，当日本国际协力银行在判断项目单位对环境保护不当时会督促其整改，如整改不到位则会暂缓投资和贷款的执行，甚至要求借款人提前还款。日本国际协力银行在确认项目是否环保时，按照以下流程进行：首先，根据项目对环境的影响程度进行“过滤审查”分类；然后，进行“环境评估”，确认项目是否有利于保护环境；最后，确认监测结果，确定决定投资和贷款后的实际影响。④

① 相关资料来源于黄金胜（2015）《绿色银行发展的国际经验借鉴及其对我国的启示》。
② 资料来源于日本国际协力银行官网，业务领域专栏 https://www.jbic.go.jp/ja/business-areas/index.html.
③ 相关资料来源于刘冰欣（2016）《日本绿色金融实践与启示》。
④ 资料来源于日本国际协力银行官网，环境保护专栏 https://www.jbic.go.jp/ja/information/env-report.html.

1.1.5 其他

随着《巴黎协定》"将21世纪全球平均气温上升幅度控制在2℃以内、在21世纪下半叶实现二氧化碳等温室气体的净零排放"目标的明确提出,各国纷纷响应绿色低碳和可持续发展。截至2017年11月底,宣布实施赤道原则的金融机构已有92家,遍布全球37个国家和地区,金融机构不仅限于商业银行,一些保险公司、双边开发机构和出口信贷公司也参与进来。因此,在绿色技术转移转化和绿色金融兴起发展方面发挥关键作用的并非仅限于"绿色技术银行"。

以法国巴黎银行(BNP Paribas)①为例,该银行长期致力于可持续发展。自2010年起,将环境、社会及管治(ESG)因素纳入本集团所有融资及投资的风险架构,并针对8个敏感行业制定适用于各产品和服务的具体企业社会责任(CSR)政策。作为对可持续发展承诺的证明,法国巴黎银行集团拥有众多额外金融评级机构的强劲评级,长期致力于为企业提供咨询和融资,帮助其建立稳健可持续的商业模式,对环境产生积极和可衡量的影响。例如,2016年,通过建立绿色债券框架,动员债务资本市场应对气候变化和能源转型解决方案,并向投资者提供关于法国巴黎银行可持续发展战略的进一步见解。值得说明的是,绿色债券仅限于可再生能源、能源效率、公共交通、水处理和综合利用五大部门。② 与此同时,法国巴黎银行根据ESG风险管理框架,对上述五大领域内的收购、开发和运营等环节确定了合格绿色资产。具体而言,可再生能源包括离岸和陆上风能、集中太阳能(Concentrated Solar Power)、太阳能光伏、部分水电项目③、生物能源和地热项目、可再生能源设备制造商;能源效率包括具有环境认证的绿色建筑④、改造商业和公

① 法国巴黎银行企业与机构银行(BNP Paribas Corporate and Institutional Banking)现隶属于法国巴黎银行集团,是一家具有国际影响力的领先银行,其经营范围横跨欧洲、中东、非洲、美洲和亚太地区。

② 该五大部门最终经管理层的相关规定被多样化,添加到法国巴黎银行的单一公共合格绿色资产池中,但国防、棕榈油、木浆、核能、燃煤发电、油砂、采矿业和烟草等行业不包括在此次绿色债券框架中。

③ 仅限于小规模的河流工厂或与温带地区现有资产的升级有关,并需经过法国巴黎银行企业社会责任团队的仔细审查。

④ 具体指经LEED(Leadership in Energy and Environmental Design)认证的"金级"和BREEAM(Building Research Establishment Environmental Assessment Method)认证的"非常好"。

共建筑物(含墙壁和屋顶的绝缘材料、LED照明灯、更换锅炉、实施能源管理系统、供暖/通风和空调系统的翻新)、改进基础设施(如LED路灯)和智能电网投资;公共交通[①]包括高效节能的公共交通工具(如尽可能应用电力、生物燃料,混合动力的公共巴士、地铁和电动巴士等)、开发/运营和升级铁路运输及交通基础设施(如火车/地铁网络的扩建、车站升级等)、非柴油机车车辆;水处理包括水处理厂的开发/运营和升级、用水量最小化、防止泄漏,以及其他与水有关的项目;综合利用包括开发/运营和升级回收垃圾发电厂、回收金属塑料和纸张。此外,为更好地管理绿色债券,以促进法国节能环保产业的发展,当绿色债券发行或尚未偿付时,法国巴黎银行会要求外部独立审计师审查合格绿色资产,审查工作是对合格绿色资产票据净收益的分配进行担保,提供符合相关标准的合格绿色资产的认定文件和相关影响指标等。

2017年,法国巴黎银行资产管理公司(BNPP AM)[②]宣布推出Parvest Green Bond,这是旨在资助缓解或应对气候变化问题项目的债券,以扩展其SRI(Sustainable and Responsible Investment)产品,采用专有的综合参与方式确定预期对环境影响最为积极的投资。Parvest Green Bond以彭博巴克莱MSCI全球绿色债券指数(欧元对冲)为基准。该基金投资的最低信用评级为B—,也可能使用期货、期权和互换的形式。该基金的目标是至少有83.5%的绿色债券。以欧元计价,它使用外汇衍生工具来对冲以其他货币发行的债券,目前在奥地利、法国、德国、卢森堡和英国注册销售。

另外,扮演“绿色技术银行”重要角色的还有非银行金融机构。澳大利亚清洁能源金融公司(CEFC)自成立以来,已向可再生能源项目提供了35亿澳元的资金(其中33%至太阳能,30%至能源效率,21%至风力发电,16%至其他技术)。[③]21世纪下半叶实现净零排放的承诺。自2013年以来,该公司在澳大利亚的昆士

① 航空和航运不属于合格绿色资产的范围。

② BNPP AM是法国巴黎银行的投资管理部门,是可持续和负责任投资的市场领导者。截至2017年6月30日,管理和提供5 660亿欧元资产的咨询服务,管理近300亿欧元的SRI战略,包括超过5亿欧元的绿色债券。

③ 数据来源于 http://news.bjx.com.cn/html/20150716/642641.shtml.

兰州、新南威尔士州、维多利亚州和西澳大利亚州的20个大型项目中投资了总额达8.98亿澳元(约合6.89亿美元)、总量达1GW的太阳能发电项目，大约相当于375 000户家庭用电量，预计每年可减少碳排放约180万吨。① 2015—2016年，该公司可再生能源的投资比上年同比增加2.85亿美元。② 此外，澳大利亚清洁能源金融公司还积极开展对外合作。例如，2016年其与西太平洋银行在澳大利亚联手推出2亿美元能源效率融资计划③，并承诺对客户符合条件的项目融资(如屋顶和离网型太阳能光伏、电池储能和太阳能热、节能设备、低排放车辆、提升建筑能效)提供0.7%的折扣。④ 此次合作有利于为澳企降低能源成本，提升绿色竞争力。

1.2 典型国家通过推行“绿色技术银行”提升节能环保产业科技竞争力的主要做法与路径

1.2.1 优化传统绿色产品设计

从绿色金融的产品类型来看，其主要分为绿色信贷、绿色债券等传统绿色产品和碳配额质押融资、碳期货和碳期权等创新型绿色产品。截至2017年4月，全球91家金融机构宣布采纳赤道原则，其融资项目占全球项目融资总额的80%以上；绿色债券发行总额为570亿美元，覆盖能源、运输、水、农林及废弃物污染等多个融资项目主题。⑤ 绿色信贷与绿色债券已成为绿色金融机构与节能环保产业的重要媒介，故优化传统绿色产品设计有利于发展节能环保产业。以法国巴黎银行为例，其对绿色债券的前、中、后期的优化路径有力地培育了法国节能环保产业。

前期优化路径体现于绿色资产合格标准的审查⑥，见表1-1。

① 数据来源于 http://www.sohu.com/a/211799481_465917.

② 数据来源于 http://www.kesolar.com/technology/74949.html.

③ 其主要内容为提供融资租赁、商业贷款、商业租购融资和节能技术以及低排放车辆。

④ 相关资料源于 http://solar.ofweek.com/2016-05/ART-260009-12005-29097953.html.

⑤ 数据来源于吴婷婷(2018)《供给侧结构性改革视角下中国绿色金融体系的构建研究》。

⑥ 前已述及，经法国巴黎银行管理层商讨后，绿色债券的发行对象构成单一公共合格的绿色资产池(Single Common Pool of Eligible Green Assets)。

表 1-1　　关于法国巴黎银行合格资产标准的审查办法

	新资产将被添加至合格绿色资产的单一公共池	
	新绿色债券发行	绿色债券存续期间
资格标准已经审核	由另一方意见提供者进行独立审核并由外部独立审计师进行核查	外部独立审计师对年度报告进行核实
资格标准尚未审核		由另一方意见提供者进行独立审核并由外部独立审计师进行核查

表 1-1 将绿色资产合格标准的审查流程分别按照资格标准是否已经处于审核状态和债券存续/发行两个维度展开，并通过法国巴黎银行指定的外部第三方审查，评估其可持续性和相关性，以确保透明度。

中期优化路径体现于绿色债券治理。法国巴黎银行成立绿色债券委员会，作用是审查和验证合格绿色资产池、验证投资者的年度报告、审查适当的外部独立审计师报告并解决出现的问题、监测绿色债券市场操作有关的任何持续进展。其成员包括：(1)能源和基础设施融资解决方案团队，负责提供关于合格绿色资产的商定信息，传达交易层面或交易对手可能出现的关于合格绿色资产事件，在合格部门内协助选择资产；(2)企业社会责任团队，负责与外部第三方进行联络(包括独立另一方意见提供者和适当的外部独立审计员)，管理任何潜在的争议，协助筛选合格的绿色资产和合格部门，并为投资者准备报告，同时担任绿色债券委员会主席，就选择合格绿色资产做出最终决定；(3)资产和负债管理资金管理团队，负责以所有货币为所有到期日提高法国巴黎银行集团批发融资提供一个标准的贷款数据库来监控合格绿色资产池产生摊销贷款到期时间表，将相关内部系统中的合格绿色资产标记为审计跟踪和报告目的以防止合格绿色资产的任何双重融资，自行决定投资尚未分配的绿色债券净收益余额，以现金和(或)短期投资形式；(4)可持续资本市场部，担任顾问并更新绿色债券委员会有关绿色债券市场的最佳实践。此外，汇集银行内部各部门监督发行绿色债券，选择和监督合格绿色资产池，以确保绿色债券符合最佳实践。

后期优化路径体现于报告环节。只要绿色债券未偿还，发行人将至少每年根据相关保密协议提供一次报告，其内容包括合格绿色资产由所得款项净额及其相关环境影响指标资助或再融资，将债券净收益分配至合格绿色资产，详细列出每个合格部门的总金额和发行人仍然持有的未分配现金和(或)现金等价物和(或)其他流动性可出售工具的余额。与此同时，法国巴黎银行有意在适用时报告合格绿色资产的影响，如可再生能源合格部门披露了年产量和基于 EIB 项目碳足迹方法的二氧化碳排放吨数。

综上，前、中、后期的优化路径使得绿色债券产品更趋于合理，有效实现其与节能环保产业的桥梁作用。

绿色债券的发行主体并不只局限于绿色技术银行，可适当扩大发行绿色债券的主体范围与金额。一份来自气候债券倡议组织(CBI)的资料显示，绿色债券的发行主体既存在德国复兴信贷银行、英国绿色投资银行等国家政策性银行的发行主体，也存在世界银行等超主权国家的发行主体，甚至存在企业作为发行主体(如西班牙的 Iberdrola、新西兰的 Tenne T Holdings、法国的 EDF 和 Engle，其发行规模分别达 56 亿、55 亿、53 亿、51 亿美元①)。

绿色信贷的产品优化路径也值得学习借鉴。以日本政策投资银行环境评级贷款项目(Environmentally Rated Loan Program)为例，作为全球第一个基于环保评级的融资服务系统，无论企业规模、行业特征，均经全球环保标准的系统评估，并与客户直接接触②，给予客观公正的评级结果——具有非常先进的环保创新技术的公司、具有先进环保创新技术的公司、具有足够环保创新技术的公司、具有足够环保创新技术但需要付出更多努力的公司，并分别对应二级特殊利率、一级特殊利率和普通利率。此外，为保持评分结果的准确性和实时性，日本政策投资银行成立环境评级顾问委员会，负责收集外部专家的建议，定期更新评分结果。同时，日本政策投资银行与商业银行紧密合作，强化环保评级结果的影响力，间接扩

① 数据来源于吴婷婷(2018)《供给侧结构性改革视角下中国绿色金融体系的构建研究》。

② 日本政策投资银行的评级系统对贷款流程中环境的评估分为初次评估、实地考察和二次评估。初次评估是对企业在环境方面努力的公开信息进行研究；实地考察是为了得到未公开的信息；二次评估是全部工作组人员共同对其进行公平的审议，最后得出环境评估的结果。

大融资规模。部分商业银行收到企业的贷款申请后，通过信息共享平台将申请企业的相关信息录入日本政策投资银行的环保评级系统，由该系统将评级结果反馈给商业银行，二者协商决定最终是否对贷款申请企业发放贷款或决定贷款金额。与日本政策投资银行相似，三井住友银行将环境、社会和政府（ESG）原则融入创新型贷款策略和分析决策过程。通过 SMFG 环保小组的成立[①]，环境社会风险评估体系的实施，对客户企业进行环保评级，根据评级结果设定融资条件，支持其发行私募债。截至 2014 年 3 月，评级型融资规模已突破 1 兆日元。[②]

1.2.2 提高社会资本参与的积极性

相关资料显示，英国绿色投资银行和纽约绿色银行在撬动社会资本杠杆率方面独领风骚。成立资本金不到 30 亿英镑的英国绿色投资银行，在初始运营的 4 年里仅投资 28 亿英镑，但项目总投资高达 110 亿英镑，项目投资的年均回报率在 8%以上，这归功于营利性机构的自我定位，即双重投资标准和年最低项目投资收益率的设定。[③] 表 1-2 选取了三个英国绿色投资银行代表性投资案例，并详细阐述项目投资的环境效益和经济效益。

表 1-2　　英国绿色投资银行双重投资标准的投资案例

项目名称	环境效益	经济效益
Refinancing of a UK Offshore Wind Project——Rhyll Flats（英国绿色投资银行以 5 770 万英镑的价格从莱茵集团手中收购了 24.95%的直接股权）	• 预计将给 61 000 个家庭提供足够清洁的绿色电力 • 减少对进口天然气的依赖 • 帮助达到温室气体排放和可再生能源目标	• 与 Greencoat 英国风公司共同投资，它是第一家专门投资英国风电的公司 • 英国绿色投资银行的投资帮助莱茵集团实现出售 49%股份的愿望 • 投资将使莱茵集团能够从英国海上风电开发的销售中重新部署资金

① SMFG 小组框架有 5 项内容：推进环保事业的环境管理、减少环境污染、应对环境风险、推进环保事业、从事社会环保活动。

② 相关资料和数据来源于刘冰欣（2016）《日本绿色金融实践与启示》。

③ 双重投资标准指兼顾环境效益与经济效益；年最低项目投资收益率指英国绿色投资银行计划在经营成本后、税前为总投资提供至少 3.5%的年度名义收益率。

续表

项目名称	环境效益	经济效益
Wakefield Waste PFI Project(英国绿色投资银行向Shanks集团公司提供3 040万英镑的高级债务融资)	• 每年可避免填埋城市固体垃圾20万吨,有助于将地方政府的填埋场分流率提高到90% • 将地方政府的回收率至少提高到52%,高于英国2020年的目标 • 提供年潜在排放量减少约34 300吨二氧化碳当量	• 英国绿色投资银行与三家商业贷款机构同等提供高级债务和股权于桥梁设施 • 英国绿色投资银行于2012年受邀加入银行俱乐部,提供必要的额外流动资金以确保实现财务结算 • 动员三次英国绿色投资银行投资
Realm Energy Centres Fund(英国绿色投资银行向Aviva Investors REaLM能源中心基金投入5 000万英镑,该基金为公共部门能效项目提供长期资金)	• 预计二氧化碳年节约约8 000吨 • 在该项目25年的运营期间,将信托的整体能源账单减少2 000万英镑 • 帮助信托实现2020年的减碳目标	• 英国绿色投资银行已从Aviva Investors REaLM能源中心基金调动了约1 800万英镑的私人资本投入该项目,以支持其第一笔投资 • 英国绿色投资银行全额投资5 000万英镑,并将最终动员至少5 000万英镑的私人资本进入该行业

因此,英国绿色投资银行不提供赠款、区域援助或一次性发展贷款,而是将私人资本“挤入”可再生能源投资,故提供的贷款与商业银行利率相当。良性的项目投资机制进一步激发社会资本的参与热情。例如,英国绿色投资银行利用杠杆效应差异投资英国绿色产业,其主要分为两种形式:一是对大型项目的直接投资,如索森德路灯照明项目(英国绿色投资银行直接投资870万英镑、总规模1 380万英镑)和格拉斯哥市市政路灯照明项目(英国绿色投资银行直接投资30万英镑、总规模30万英镑);二是选择专业的低碳投资基金[①]合作投资小型项目。在成立初期,英国绿色投资银行分别向Aviva集团、Equitix公司、SDCL集团投资5 000万英镑,杠杆率1∶1,即三家公司基金的初始成本均为1亿英镑,因而他们成为能效项目的基金管理人,有利于吸引更多私人部门投资能效领域。良性的项目投资机制还体现在英国绿色投资银行投资项目须符合六项标准:(1)根据具体的“优先部门”,在国家援助任务范围内进行调整;(2)对每个项目都要“附加”,开发者必须证

① 英国绿色投资银行在选择基金管理公司时,着重考察公司的实力和公司能源效率融资服务的专业性。

明其无法在别处获得资金，通常情况下，以银行作为基金投资者开始，并通过阐明投资故事来聚集资金；(3)按市场价投资以免削弱竞争力，资金必须与其他投资者享有同等权利，如果其目的是为了供给股票，就可能需要参与项目股权，然后在签署的基础上增加收入以符合“市场经济投资者原则”(MEIP)；(4)符合公司章程中概述部分的五项绿色证书；(5)提出一个合适的风险概况，应涉及可用于测试收入、成本和收益的各种模型和预测；(6)高度重视信誉，尤其是与客户和开发者的关系。英国绿色投资银行职业管理团队也是诱发私人部门加入的重要原因。英国绿色投资银行董事会及管理团队均由一些世界顶级银行机构招聘，其制定投资战略和尽职调查的成员都是经济金融、投资、新能源等领域的专家，在项目评估、风险识别、投资管理等方面具有丰富的实践经验，他们甚至可以对投资价值不高的项目、企业创新能效方案，通过自行投资再带动私人投资者参与。

与英国绿色投资银行不同的是，纽约绿色银行虽未在建立初期就设定私有化和盈利性机构的自我定位，但其发布的商业计划(business plan)明确提及遵循以下重要经营原则，与私营部门合作改造融资市场，加速纽约州的清洁能源部署。例如，专注于批发资本市场(即向开发商和具体项目提供结构化金融产品，从而为所有纽约人提供清洁能源效益，而非直接资助消费者/房主)；构建金融产品以促进可复制的清洁能源投资；结合信贷质量和风险收益定价金融产品，赚取投资回报以保存和发展其资本基础；与已经取得进展的市场参与者合作，而非竞争；在收入产生和投资成熟或已实现的情况下，将其资本回收到新的清洁能源项目中，从而最大限度地发挥资金的作用。从出具的补充性投资项目声明中不难发现，纽约绿色银行尤为重视以下几点：(1)对成本、收益、风险的量化，如表1-3所示；(2)项目规模，无论是高级担保债务还是股权，其参与任何投资机会尽量在5亿～50亿美元；(3)可复制性，能够扩大或复制交易，以推动更大量的清洁能源融资；(4)投资者信心，通过优化私营部门机构承销和合同标准化等方式，提高对清洁能源投资的认识和信心。

表 1-3　　目标、关键绩效指标及度量方法

纽约绿色银行目标	关键绩效指标	度量方法
吸引资本投入纽约州的清洁能源资本市场	动员资本数	项目总成本(累计)与纽约绿色银行投资的动员比率
	投资组合推动纽约州各地的清洁能源投资	纽约绿色银行启用的项目总成本(累计)(美元)
	不断增长的投资组合	迄今总投资(美元)
	强大的主动式管道	主动式管道(美元)
	在纽约州推出新的清洁能源建议	已收到投资建议书(累计)(美元)
自负盈亏	收入增长为自给自足铺平道路	收入(累计)(美元)
		费用(累计)(美元)
实现能源和环境影响的益处	通过支持更多的可再生能源、分布式能源和能源效率的部署,为 CEF 目标以及 REV 和 CES 做出贡献	预期能源和环境效益: 燃料类型节能项目节省的永久能源和(或)生成的永久清洁能源(MWh); 通过能源高效项目节约(产生)的首年能源类型(MWh); 通过 CHP 节约的首年和终身能源(MWh); 通过 CHP 节约的首年和终身能源(MMBtu); 来自 CHP 的清洁能源发电装机容量(MW); 其他清洁能源发电装机容量(MW); 温室气体减排量(吨)。 安装后的能源和环境效益: 能源效率项目燃料类型节省的能源(MWh/MMBtu)和(或)实际产生的清洁能源(MWh); 从 CHP(Btu)节省的一次能源; 清洁能源发电装机容量(MW)(如适用); 温室气体减排量(吨)。

除了在投资框架、标准、流程上注重社会资本的利益外,纽约绿色银行在投资对象上仅限于研发成熟的环保节能技术,即注重环保技术的推广应用而非研究开

发。2017 年 3 月，纽约绿色银行推出了两个特定产品：RFP7 和 RFP8[①]，前者针对企业和工业最终用户的地面安装太阳能发电系统的建设和反杠杆融资，后者针对商业和多户家庭可再生能源和能效项目融资安排。美国能源公司对上述绿色技术驾轻就熟、炉火纯青。

1.2.3 加强国际交流与合作

以欧洲投资银行（European Investment Bank，EIB）[②]为例。它是一家以适应气候变迁、提高水资源综合管理能力、塑造可持续发展的城市为目标，以融资减排业务、碳基金业务、资本与借贷业务为手段的绿色金融机构。欧洲投资银行长期致力于建立紧密合作的伙伴关系，尤其是在欧盟以外的地区，帮助发展中国家在环境保护项目中实现更好的成绩。

例如，欧洲投资银行和国际金融公司（世界银行集团成员之一）达成协议，同意在新兴市场的私营部门发展项目上进一步完善合作，其合作与协调的领域包括授权协议的执行、评估，及在尽职调查过程中监测、考察，掌握客户端的请求等。交流合作的意义在于：第一，通过与欧洲对外行动服务委员会加强合作，分担经营成本；第二，借助欧盟对外合作与发展平台的可能性，结合欧盟的补助款和贷款机制，进一步提高欧盟对外合作的影响力；第三，充分利用有限的财政资源，达到支持欧盟伙伴国家的利益和外部发展的目的；第四，欧洲投资银行积极开拓海外市场，有利于与欧洲复兴开发银行和欧洲委员会在欧盟以外地区提升彼此互补性和资源的有效利用与合作。

---

① 推出 RFP7 和 RFP8 的目的是补充 RFP1，RFP1 最初由纽约绿色银行于 2014 年 2 月发布，并于 2014 年 7 月（2.0 版）进行小规模修订。RFP7 和 RFP8 都在进行中，即没有指定的截止日期，以便收到的提案按滚动方式进行审核。

② 欧洲投资银行成立于 1958 年，是欧洲经济共同体各国政府间的一个金融机构，其宗旨是利用国际资本市场和共同体内部资金，促进共同体的平衡和稳定发展，其主要贷款对象是成员国不发达地区的经济开发项目。欧洲投资银行是国际最佳企业社会责任的践行者，现已成为全球最大的气候金融融资机构，2011 年的气候融资规模已达到 180 亿欧元，约占当年欧洲投资银行年度总融资金额的 1/3。相关资料和数据来源于张珉（2015）《欧洲投资银行绿色金融研究》。

此外，加强国际交流与合作对本国金融机构的社会责任投资方面也会起到引领示范作用。2003年，日本住友信托银行参加联合国环境计划署策划组织的国际性企业指南大会并签署合约，并于2006年在联合国环境计划署设立的由银行、保险、证券公司等构成的联合国独立机构签署的“责任投资原则”中签字。该原则致力于促使机构投资者或金融机构在考虑投资决策时，首先考虑ESG，这无疑带动了日本绿色金融和节能环保产业的发展①。

1.2.4 设立公共绿色金融服务机构

自2010年起，各国都尝试通过立法等方式成立国家级或地方级的公共或准公共绿色金融服务机构，通过政府与社会资本合作(PPP)模式为各大领域的绿色技术提供多元化的金融服务，支持绿色技术在本国或发展中国家发展②。这些绿色金融服务机构通过财政工具和金融工具的结合，以市场化资本运作方式代替单一的财政拨款方式，在支持绿色技术方面取得显著效果。

2010—2017年，马来西亚发展银行③通过为近300个绿色技术项目提供每年2%的贴息率，或融资金额的60%作为政府担保，公共资金投入约为35亿马币(约合人民币54亿元)，可拉动55亿马币(约合人民币85亿元)的社会资金投资；这些绿色技术项目每年可减排温室气体310万吨二氧化碳当量，创造4 000个绿色工作岗位。

2012—2016年年底，英国绿色投资银行④在离岸风电、能效提高、废弃物和生物质能源、陆上可再生能源领域共投资100个绿色技术项目，投资总规模超过100

① 相关资料源于张振敏(2013)《中、日、韩绿色金融制度比较研究》。

② PPP的雏形在18—19世纪的英国就已经出现，当时大商人联合设立类似信托的公司，向私人借钱维修公路，并设卡收费作为还款来源。现代意义上的PPP，则出现于20世纪90年代初的英国、加拿大等国家。

③ 马来西亚发展银行，又称大马银行(AmBank)，是马来西亚第五大银行。它拥有超过200个分支机构和网点(包括附属公司及联营公司)，为个人和企业提供一系列的金融服务和产品。

④ 英国绿色投资银行是世界上首家由国家设立的专门为绿色低碳项目融资的银行，作为英国政府“绿色新政”(Green Deal)的主要举措之一，旨在通过解决限制英国绿色低碳项目融资的市场失灵，加快英国向绿色经济转型。

亿英镑。其中,公共资金投入约占 20%;新能源累计发电量达 49.4 太瓦时,累计减排温室气体 4 800 万吨二氧化碳当量,累计减少 5 700 万吨废弃物填埋。

澳大利亚清洁能源金融公司①从 2013 年至 2018 年 6 月,投资 20 个大型项目,总装机量达 1GW,总投资额为 8.98 亿澳元。其在太阳能、风能、节能建筑等领域的投融资总规模超过 57 亿澳元,其中每 1 澳元公共资金投入吸引约 2 澳元社会资金投资。

美国康涅狄格州政府② 2000—2011 年共发放 1.75 亿美元的补贴支持新能源技术的发展,实现 43.1 兆瓦的装机量。2011 年成立的康涅狄格州绿色银行通过 PPP 模式于 2012—2014 年以约 6 000 美元的政府资金引入近 3 亿美元的社会资金,同时实现 65.3 兆瓦的新能源装机量。

由此可见,PPP 模式不仅可以大大缓解财政资金压力,而且还能提升公共服务的效率③。

1.2.5 采取更全面和严格的风险控制措施

一是严格项目审批流程。美国康涅狄格州绿色银行对于商业贷款采用金融机构标准的尽职调查和审批流程,规定 FICO 信用评分必须在 640 分以上,有效控制贷款风险。英国绿色投资银行将经济效益和环境效益作为投资的双重标准,在项目审批过程中,审计委员会对项目进行尽职调查,确保项目满足经济与环境两方面的最低要求。

二是建立健全监督机制,包括项目全过程的事前、事中、事后监督。美国新泽西州能源适应力银行在项目预申请阶段需要进行详细的能源审计,项目正式申请阶段需要进行技术审查和风险评估,包括技术可行性和还款能力等。书面申请材

---

① 澳大利亚清洁能源金融公司(CEFC)被称为澳大利亚的"绿色银行",由前工党政府创建。它营利性地为可再生能源项目提供融资,以增加其部署。

② 康涅狄格州政府于 2011 年成立的清洁能源融资和投资机构(Clean Energy Finance and Investment Authority,CEFIA)是美国第一家州立的绿色银行,在 CEFIA 的影响下,纽约州于 2013 年建立计划投资额为 10 亿美元的绿色银行,加利福尼亚、马里兰等州的绿色银行也在筹备中。

③ 相关资料源于林辉、范华(2018)《上海推进金融支持"绿色技术银行"举措》。

料通过审批的项目，还需要接受现场检查才能得到资金支持。在项目执行过程中，需要根据要求定期报告项目情况，包括能源和设备绩效、人力情况、采购要求等信息。项目完成后，由第三方机构对项目相关申请文件进行验收，确定是否达到各项要求。

三是建立信息披露机制。英国绿色投资银行和澳大利亚清洁能源金融公司每年在官网上发布年报，公开投资数据、财务报表、环境收益等各项数据，保证信息透明度，以此增加投资者和社会公众的信心。

四是建立内部风控管理制度。美国纽约绿色银行设有投资和风险委员会、评分委员会、审核委员会和顾问委员会等。其中，投资和风险委员会针对投资风险和企业风险进行最终的风险管理；评分委员会对符合要求的方案进行审核评估；审核委员会负责审核交易，项目方必须解决由审核委员会提出的问题，并确保每个交易都能达到绿色银行要求的信用标准和投资标准；顾问委员会为纽约绿色银行管理团队提出相关指导意见，并帮助把控风险。

1.3 实施“绿色技术银行”的国际比较与经验借鉴

作为全球可持续发展的积极倡导者和先行者，建设“绿色技术银行”有利于促进技术转移转化的“南北合作”和“南南合作”。欲实现 2030 年可持续发展议程目标，绿色技术“走出去”与“引进来”必不可少，它是支撑科技强国建设的重要力量，是全球科技创新驱动可持续发展的力量源泉。2016 年 11 月，在由我国科技部主办的摩洛哥马拉喀什气候大会上，举办了“中国建设绿色技术银行，推动绿色技术转移转化的创新实践”的主题会议，向全球着重分享了中国上海在绿色技术转移转化方面的积极努力和创新实践。在美国等发达国家，绿色技术银行已经成为绿色基础设施、清洁能源项目以及企业绿色信贷的重要来源与支撑，并满足市场对融资产品和服务的多样性需求，如表 1-4 所示。

表 1-4　　发达国家绿色技术银行的发展

国家	相关支持机构	地位	简介
荷兰	特里多斯银行（Triodos Bank）	第一家社会银行吸收存款	客户群主要是支持可持续发展的个人和企业，贷款主要集中于自然与环境、文化与福利以及社会事务三个领域。2014 年底，自然与环境贷款占比 44%。其他绿色业务主要有绿色基金，如 2006 年欧洲可再生能源基金对欧洲的可再生能源项目进行专项投资。
英国	绿色投资银行（GIB）	第一家国家绿色发展银行 由官方出资设立	投资于英国国内的绿色基础设施项目，涵盖节能、垃圾和生物能源、海上风力发电三大领域。所投资的项目至少符合一项所规定的五大绿色标准，同时在充分考虑项目风险的基础上能够提供符合市场要求的商业回报。
日本	政策投资银行（DBJ）	国有综合政策性机构 由政府提供注册资本	项目对象从过去日本企业购入和建设的用于污染防治和处理的环保硬件设施向更为广泛的环境管理以及温室效应防治等领域扩展。投融资的目标向促进企业主动预防环境污染和消减环境负荷转变。
德国	德国复兴信贷银行（KWF）	政府支持国家政策性银行 由政府补贴资金	测算出盈利利率和优惠利率后，将从资本市场融来的资金，开发成长期、低息的金融产品销售给各商业银行。银行获取低息金融产品后，根据微利的原则适度调整利率，以优惠的利息和贷款期为终端客户提供支持环保、节能和温室气体减排的绿色金融产品和服务。
美国	康涅狄格州绿色银行（CEFIA）	准公共机构 工业、居民电力用户缴纳的电费、附加费	资产评估清洁能源项目，提供给工商业、非营利组织等，以提高能源利用效率和支持清洁能源改造。传统住宅能源改造项目，减少住户的能源花费；住宅太阳能投资向信用良好的业主提供零首付的太阳能设备租赁业务。
	纽约绿色银行（NYGB）	州立机构 由纽约政府财政拨款	为暂时无法获得私人投资的可再生能源项目提供融资。目标客户是技术已相对成熟但受资本约束无法大规模推广的清洁能源项目。计划投资的技术包括高效冷水机、电压控制设备、太阳能电池板、热电联产系统等。
	夏威夷绿色能源市场证券化项目（GEMS）	州立机构 债券发行	项目的目标群体是目前在传统融资市场上无法获得资金的居民、非营利组织等，并进一步扩大对清洁能源项目的资金支持范围。支持的项目主要是分布式太阳能，以及其他如能源储备等技术。
	新泽西州能源适应力银行（ERB）	州立基础设施银行 自然灾害联邦救助拨款	目标是通过融资和技术帮助，实现新泽西州关键设施的适应能力和可恢复性。致力于将未来可能出现的大规模停电的影响降至最低，同时提高能源的适应力。通过为关键设施提供资金支持来增强其应对自然灾害的能力。

给予我国的启示如下：

第一，由地方政府主导进行管理。我国绿色项目收益率相对较低，私人资本出于营利性考虑，其投资绿色项目的动机不足，借鉴国外经验，政府往往承担更多的资金支持。

第二，积极拓宽资金的来源渠道。地方性绿色银行的初始资金一般都由政府拨款形式提供，但是，要调动社会绿色环境的积极性与重视程度，确保绿色技术银行的长期生存，必须扩展更多的资金渠道。

第三，创新绿色金融产品和服务。我国的绿色金融产品主要针对规模较大的重化污染企业的节能减排，而国外的节能环保产品并未受到规模限制，如新能源汽车、太阳能电池板等。

第四，注重信用和环境风险管理。信用评级体系是各国相关机构的共同之处，在投融资的过程中必须注重信用风险和环境风险。应当明确投资标准公布的及时性、制定的精确性和实施的严谨性。

第五，培养专业化的创新型人才。以康涅狄格州绿色银行为例，其部分员工具有环境和工商管理的复合学术背景和相关从业经历，我国必须吸引更多领域的精英并培养其一定的创新思维，而高校也应在专业设置、教学实习方面做出贡献。

第六，上海绿色技术银行应兼顾早期技术开发和后期技术的应用与推广。公共投资不应仅支持绿色技术研发的前期阶段，还应积极通过长期贷款、低息贷款、PPP 等方式关注成熟技术的推广与普及，这对加速绿色技术创新与扩散尤为重要，从德、英两国绿色金融机构对绿色技术的推广实践中可见一斑①。

第七，尽快建立起一整套对各类节能产品节能效果的后期跟踪和评测体系。该体系的缺乏可能是导致国内绿色金融产品的经济效益和环境效益难以兼得的重要原因，与发达国家绿色金融机构相比，现阶段我国与绿色节能、环保低碳项目相关的咨询服务、绩效考核、跟踪维护体系仍不健全，甚至处于空白。

① 2012—2015 年，德国复兴信贷银行绿色投资的 80%流向技术应用型项目；2015 年，英国绿色投资银行参与投资的绿色项目几乎全部是技术应用与推广项目。

第八，将绿色金融产品的主体从企业渗透至个人。即为用户环保消费提供较低的利息率或较为优惠的还款条件，或给予积分并定期奖励等方式，培养绿色消费观念，如欧洲银行业的Green Card Visa、巴克莱银行的Barclay Card Breathe、绿色汽车消费贷款等。

2

推进“绿色技术银行”现状及对节能环保产业的影响

2.1 “绿色技术银行”在我国的建设现状及定位

在《联合国2030年可持续发展议程》(2015)和《中国落实2030年可持续发展议程国别方案》(2016)相继出版后,“技术银行”的理念和目标相继被提出。2017年,在科技部和上海举办“绿色技术银行建设”研讨会后,科技部将该项建设工作正式纳入《关于落实习近平主席在“一带一路”国际合作高峰论坛科技创新倡议的实施方案》。2018年,第一届绿色技术银行峰会在上海成功举办,主题为“绿色低碳、互联互通、共建共享”,重点为“互联网+”的智慧能源发展和需求,提出“一带一路+科技创新”的新型城市能源发展模式。2019年,在济南举办绿色技术转移转化论坛,作为可持续发展分论坛探讨绿色技术银行与可持续发展实验区的对接与融合。毫无疑问,绿色技术银行的建立是中国参与全球话语体系的重大战略,也是配合“一带一路”倡议的重要举措,即构建绿色低碳、安全高效的现代能源体系。本部分围绕我国推进“绿色技术银行”建设的现状分析以及“绿色技术银行”在金融体系中的角色、定位与主要职能两部分展开。

2.1.1 我国推进“绿色技术银行”建设的现状分析

2.1.1.1 绿色技术银行建设背景及历程

十九大报告提出“要推进绿色发展，构建市场导向的绿色技术创新体系，发展绿色金融，壮大节能环保产业、清洁生产产业、清洁能源产业”。绿色发展作为可持续发展理念的重要组成部分，萌芽兴起于 20 世纪八九十年代，[①]并随着十七大和十八大的召开走向成熟，从国家战略高度指导中国特色社会主义实践。

1. 环保需求下的绿色技术转化

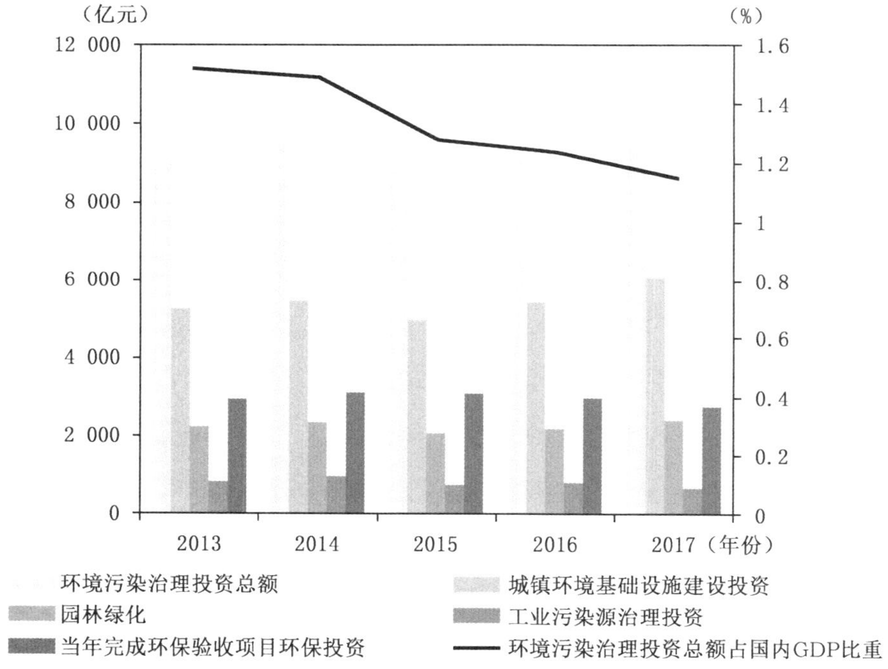

数据来源：2018 年《中国统计年鉴》。

图 2-1 2013—2017 年我国节能环保投入概况

如图 2-1 所示，虽然 2013—2017 年间我国环境污染治理的总投资额在 GDP 中所占的比重逐年下降，但是，目标年度环境污染控制总投资仍超过 8 500 亿元，

① 以“可持续发展”为主题词的知网搜索结果显示，蒙培元(1988)《人对自然界有没有义务？——从儒家人学与可持续发展谈起》为最早的一篇文献。

这表明我国过去五年的GDP增长率高于环境污染治理投资的增长率。由此看来，在经济发展的同时，对环境保护的投入仍需进一步加大，理念的日益完善并不表示我国节能环保产业已进入成熟阶段，部分工作依旧任重道远。从行业属性来看，节能环保产业是一个涉及多种学科、横跨多个专业领域，并需要依赖复杂技术网络的新兴战略性产业。因此，它需要政府和企业持续加大推动节能环保技术创新和技术应用能力方面的投入力度，而我国节能环保产业在投融资方面存在一定的问题，如融资渠道的拓宽并未带来资金来源量的剧增，市场资本发挥作用有限；节能环保产业投资总量虽每年增长迅速，但相对于整个节能环保市场而言还是明显不足；以环境污染治理投资占主导地位的环保投资①结构有待优化，生态环境保护投资、环境科学和管理投资的力度明显较小。另一方面，我国节能环保产业科技竞争力②不强，具体表现为核心技术仍集中在少数发达国家或地区，自主创新环境和相关激励监督机制亟待完善，对基础研究重视不够，致使颠覆性、破坏性创新鲜见，导致部分精密复杂的环境装置依然严重依赖进口，垃圾渗滤液处理、能量系统优化等核心技术依旧困扰业界，相关板块的上市公司也缺乏国际知名度。同时，从技术产品出口总额占比来看，缺少节能环保技术的国际交流平台及其相关企业合作机制。此时，亟须搭建一个旨在通过科技与金融两部门的结合和可持续发展技术成果的转移转化，实现节能环保产业发展和绿色低碳经济转型，加强绿色技术领域南南合作的综合性服务平台。于是，绿色技术银行应运而生。

2. 国内外绿色发展战略及政策推进

从国内方面来看，国家环保局在1997年的《关于环境科学技术和环保产业若干问题的决定》中就已提出"绿色科技计划"③。随后，为产业生态化发展提供技术支撑和相关创新机制，商务部、科技部和环保部于2011年联合发布《关于加强国

① 环保投资主要分为环境污染治理投资、生态环境保护投资、环境科学和管理投资三个方面。

② 产业科技竞争力是指一个国家或者地区利用自己的科技成果、科技创新(新理论、新产品、新工艺、新方法和服务等)来产出比本产业其他竞争者更多经济利润和财富的能力，最终达到具有提高该产业占据市场、开拓出新市场并获得利润的能力的目标。

③ 该计划的主要内容是筛选重点控制污染物的治理技术和清洁生产工艺、先进的监测技术、实用的生态保护、恢复和整治技术，并在此基础上进一步完善和开发，达到实用化、产业化。

家生态工业示范园区建设的指导意见》，鼓励开展产学研合作，强化科技扶持政策以加快园区循环经济和清洁生产技术的成果转化和应用。2015年，中国环境与发展国际合作委员会呼吁强化绿色科技的创新和应用能力，提高绿色科技研发程度，通过制定重要区域、重点行业的技术推广应用机制为绿色产业增长提供持续动力。2016年4月，科技部正式提出建设"绿色技术银行"，于同年9月召开建设绿色技术银行部市专题会商会议，将"绿色技术银行"的建设正式提上日程，并且将上海定为先行试点区。2017年6月14日，国务院常务会议决定，绿色金融改革创新试验区将在广东、浙江、江西、贵州、新疆5省（区）建设，并且针对不同地区的特点和特色具有不同的侧重点，以此摸索经验以达到在体制、机制上可复制和可推广性。2017年12月，通过召开可持续发展目标科学技术创新高级别研讨会为"绿色技术银行管理中心"揭牌，科技部副部长徐南平表示，绿色科技银行的建设将在可持续发展的关键领域汇集先进实用的技术，促进绿色技术的转移和转化。

从国际方面来看，存在许多推动中国在可持续发展和绿色能源体系等方面建设的因素。长期以来，中国一直致力于在气候变化科学研究、技术转让、教育和医疗保健等领域与非洲、小岛屿和不发达地区的其他发展中国家进行沟通。[①]《中国应对气候变化的政策与行动（2011）》系统地阐明中国的立场。2015年联合国大会第70届会议通过的《2030年可持续发展议程》和《联合国气候变化框架公约》，缔约方大会第21届会议通过的具有法律约束力的《巴黎协定》，都在积极地推动国际社会通过联合金融方式支持绿色技术发展。2017年，环保部颁布《"一带一路"生态环境保护合作规划》《对外投资合作环境保护指南》，提出与沿线国家深化环境污染治理合作，推动绿色对外援助，探索创新合作绿色发展模式。随后，各部委出台《关于推进绿色"一带一路"建设的指导意见》，明确提出绿色技术在"一带一路"沿线发展中国家转移转化的愿景，强调建设绿色技术银行，加强生态环保标准

① 截至2011年底，中国为发展中国家援建200个清洁能源和环保项目，实施100个中非联合科技研究示范项目，向南太平洋、加勒比等地区小岛屿国家提供支持与帮助，先后为太平洋岛屿国家援建130多个项目，为发展中国家应对气候变化提供力所能及的援助，提高其减缓和适应气候变化的能力。

与科技创新合作，发挥南南合作援助基金作用，探索在境外设立生态环保合作中心。

由此可见，我国推进绿色技术银行建设是一项系统繁杂的工程，但它代表了当今科技和产业变革方向，是深入推动绿色科技企业孵化器的必由之路。因为它以提升孵化器融资服务能力为工作重点，具体体现在由孵化器、创业企业、投融资机构、政府机构等多元投资风险分担机制的建立健全和对孵化器与各类金融服务机构长期战略合作的支持。与此同时，推动南南绿色技术转移转化和国际交流合作为开展国际化创业服务体系建设，帮助企业把握新兴市场的创业机遇并拓展国际市场。

2.1.1.2 绿色技术银行建设现状及相关成果

与国外发达国家或地区的绿色投资银行等政策性金融机构不同，上海的绿色技术银行在成立之初就彰显其五大中国特色：绿色技术转移转化、绿色技术转移转化全链条的金融支撑、面向企业绿色技术发展的综合解决、面向地方政府的区域绿色发展系统解决和绿色技术国际化转移转化。为此，它将资源利用、生命健康、能源利用、环境质量和生态安全等五大可持续发展重点领域视为工作重点，设立绿色产业基金，全链条适配金融产品，支持企业绿色技术改造升级和节能环保技术的商业化，提供区域绿色发展规划与方案设计，并通过构建绿色技术转移转化国际网络以帮助发展中国家绿色建设。[①] 截至 2019 年 8 月，根据官网[②]公布数据，五类技术成果——生态安全、生命健康、能源利用、资源利用、环境质量分别占比 3.44%、19.12%、9.73%、58.9%和 8.81%，而其需求占比分别为 0.63%、1.25%、21.25%、20.62%和 56.25%，见图 2-2。

通过需求分布与成果分布的对比可知，绿色技术银行库中的成果供给与市场需求严重不匹配，其中资源利用和能源利用的成果供给与需求的倍数约高达 142 倍和 23 倍。对于供需不平衡的状况，相关管理层应给予充分重视，尝试建立以需

① 相关资料源于 http://baijiahao.baidu.com/s?id=1587220080623123569&wfr=spider&for=pc.
② 绿色技术银行官网：http://www.greentechbank.com/greentech/web/statistics/index.

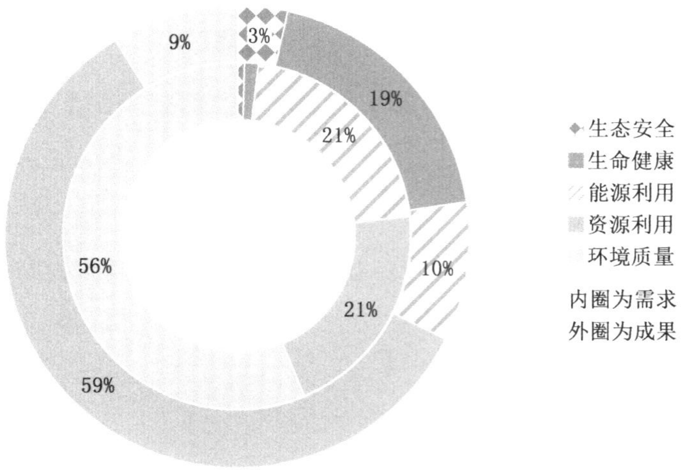

图 2-2 绿色技术银行需求与成果分布

求为导向的可持续科研成果库,结合一线调研结果和国内国际重大方针政策及形势的变化,定期做好相关微调工作。可喜的是,通过近三年绿色技术银行官方公布的绿色技术需求数和成果数①来看,其发展潜力巨大。具体而言,需求数在2016—2017年和2017—2018年分别经历了从无到有和高速激增(增长近65倍)的过程,成果数在2016—2017年和2017—2018年分别呈现爆炸式增长(增长近254倍)和略显下滑(下降近85%)的特点。实现组织目标的重要前提,是正确合理的组织机构、总体思路、工作原则,以及相关运营流程的指导。上海绿色技术银行的组织机构由领导小组、管理中心和市场运营主体构成②,秉持国际化、市场化和专业化的工作原则,强调政府引导、社会参与、公益性服务、市场化运作的总体思路,建立"信息平台、转移转化平台、金融协同平台"三位一体的运营流程,以实现

① 截至2019年8月。

② 领导小组由科技部、上海市政府和国家相关部委组成,是绿色技术银行的最高决策机构;管理中心由海外联系部、信息情报部、法务部、战略规划研发部、政策研究部和专家委员会组成,是绿色技术银行的管理运行中枢;市场运营主体包括信息服务机构、评估认证机构、技术转移转化服务机构、银行、基金和众创空间,是经管理中心筛选、评估后获得准入资格的授权参营机构集群,是国家绿色技术银行体系的重要组成部分。相关资料源于http://www.shanghai.gov.cn/nw2/nw2314/nw2315/nw4411/u21aw1272512.html。

可持续发展。具体而言，信息平台①负责对相关项目进行筛选评估，并与转移转化平台进行认证对接。转移转化平台在确定相关成果与需求后，通过立体服务网络体系②，结合绿色技术国际化战略需求、绿色发展区域服务需求和绿色技术企业发展需求，确定系统集成方案。最后，由金融协同平台对其进行资金投入与收益反馈，该平台已成立 35 亿元绿色技术成果转移转化创业投资基金③。

绿色技术银行自成立以来，专注于瞄准重点领域，专注于国家重点科技项目、重点专项生态环保相关技术成果，并为市场提供相关的转移和转化服务。针对联合国 2030 年可持续发展议程提出的第一项目标——消除世界上所有形式的贫困，绿色技术银行通过对已取得成果的绿色技术进行筛选，将合适的绿色技术应用于新疆、西藏等少数民族地区，助力开展科技扶贫工作。在资源循环利用领域，绿色技术银行联合科技部评估中心，共同组建循环经济产业园区项目实施方案，同时结合先进技术，积极推荐至云南省红河州个旧市政府，并围绕个旧市及周边地区的采矿业，推进无害化资源回收工业园区的规划建设。在环境治理领域，同时采取多项净水技术，推动上海市虹口区和闵行区的污水治理和水体修复示范，并推荐到太原市等地。在生态修复领域，已有 20 多项先进技术进入市场。在清洁能源领域，绿色技术银行将促进技术成果的转移和转化。目前，已有 10 多项绿色技术转移和转化协议(合同)正在洽谈中，其中 3 个已达成明确合作意向，合同金额超过 1 亿元。④ 此外，关于“绿色方案”在国际上的交流与合作也越来越多。

① 信息平台由成果库、需求库、专家库构成，截至 2018 年 6 月 30 日，成果数、专家数和需求数分别达到 7363 项、82 人和 87 项。值得说明的是，信息平台的成果库又进一步细分为核心成果(如深远海域海上风电重大示范工程关键技术、氰化渣硫铁富集制硫酸联产铁精粉技术、水泥窑协同处置重金属污染土技术、热脱附集成式多段尾气净化工艺等)和精选成果(如三维电催化氧化技术和成套设备、基于砷形态调控的酸性高砷废水高效处理技术与成套设备、污染河网原水的两级过滤和臭氧生物活性炭处理集成技术、餐厨垃圾定向发酵制备碳源技术等)，不同类型的成果匹配的评估机制各异。

② 该体系由转移转化平台建立，对接科技部科技评估中心、环保部环境认证中心、中国国际技术转移中心、科易网，以及北京大学、同济大学、上海交通大学、上海理工大学技术转移中心等国内功能性机构。

③ 基金的主要组成为：上海双创基金 15 亿元，科技部 9 亿元，上海市创投引导基金 6 亿元，企业 3 亿元，虹口区政府 2 亿元，管理公司 1 800 万元。基金现已成立，第一期首批金(即 20%的资金量)已到位并开始正式运行。数据来源于 http://guangfu. bjx. com. cn/news/20180527/900749. shtml.

④ 相关资料源于 http://www. jjckb. cn/2019-05/16/c_138062309. htm.

2017 年联合举办可持续发展目标科技创新的研讨会，在第八届清洁能源部长级会议和第二届创新使命部长级会议、联合国气候变化会议中国角等组织绿色技术银行的会议，2018 年与世界知识产权组织达成建立合作伙伴关系协议，建立技术分类体系的匹配衔接，开展绿色技术评价方法与标准研究，还推进与联合国工业发展组织及相关国家的交流合作。例如，2018 年，中哈两国在绿色技术领域合作有一个哈萨克斯坦南部 50 兆瓦太阳能电站项目，以及正在建立的 150 兆瓦太阳能电站和一个 42 兆瓦风电站。2019 年，中央深化改革委员会审议通过《关于构建市场导向的绿色技术创新体系的指导意见》，提出要加强绿色引领，加快构建企业为主体、产学研深度融合、基础设施和服务体系完善、资源配置高效、成果转化顺畅的绿色技术创新体系。在科技部 2019 年党组一号文中，将积极建设绿色技术银行作为加快推进市场导向绿色技术创新体系建设的重要举措，绿色技术银行的建设工作迎来重要战略机遇期。

2.1.1.3　绿色技术银行建设过程中的问题

值得注意的是，绿色技术银行自成立至今不到两年，各平台建设、产品设计和风险防范等重要环节仍处于摸索阶段，虽有国家政策的大力支持，但在建设发展的过程中仍将面临众多问题和障碍，部分领域亟须完善。

第一，公益色彩浓厚，可能带来财政压力。前已述及，公益性服务是我国绿色技术银行工作思路的重要组成部分，即自设立之日起，绿色技术银行采取非营利性的管理模式，这无疑导致巨额财政拨款的耗费，并加剧资本市场对绿色资本投资回报的困惑。根据产业周期理论，转移和转化绿色技术的科技型企业基本处于初创期或成长期，而这一时期创始人间的相互配合、技能互补与企业愿景的契合度、团队建设与管理、核心专利时限与知识产权的维护、目标客户与市场预判的精确性等各关键环节均存在一定程度的不确定性，甚至被部分媒体称为“风险集中营”，加之绿色产业具有周期长、成本高、滞后的特点，降低了政府投资收益和持续投资的积极性。另一方面，受地方政府债务存量和增量的影响，公益性的经营模式可能会影响绿色技术银行体系在各省市（自治区）的分支行建设，诱发地方政府债务风险。相关数据显示,仅 2016 年地方政府负债率就有 12 个省份超过 60%的警戒线。[①] 截至 2017 年 9 月底,贵州省、天津市、重庆市、云南省和青海省政府的显性债务负债率分别为 78%、76%、70%、69%和 65%,均超过 60%的风险预警线。虽然 2018 年财政收支发布会公布的地方政府负债率(76.6%)和政府债务负债率(37%)均低于警戒线[②],但 2018 年有多项地方债务融资项目难以孵化,地方政府债务仍存隐忧。长此以往,甚至会影响国家绿色技术银行体系建设和节能环保产业的发展。建议成立专业资产管理公司,开展与其他金融组织或机构的战略合作,创立风投资本,获取绿色资本收益,缓解国家财政负担。具体而言,可尝试和其他实体成立风险投资基金,以 IT、生物技术、电子科技、节能环保等具有先进性、独特性和专业性的行业为投资领域,以具备显著增长潜力和 IPO 计划的非上市公司为投资对象。同为非营利的日本政策投资银行就不断与日本国内其他金融机构合作入股国外 PE,再由该国外 PE 注资私营公司,即在帮助它们发展或重组提高目标公司的企业价值后,通过首次公开招股或向其他公司的销售寻求回报。

第二,组织架构并未完全契合绿色技术银行的工作预期。根据上海绿色技术银行五大特色,它涉及我国可持续发展的宏观和微观两方面,即"面向企业绿色技术发展的综合解决、面向地方政府的区域绿色发展系统解决"。然而,根据官网和相关政策文件的搜集结果来看,该行并未对服务对象进行区分,尤其是在组织结构的设立上。这显然不合时宜,可能引起经营效率下降和相关业务的扩展。作为绿色技术银行的两类大客户,企业(营利)和政府(非营利)有着突出的属性差异,故当涉及绿色发展难题时,政府咨询可能难以牵涉并购、商业估值、会计与资本策略、行业研究、投融资等领域,即便涉及上述领域的某一部分,运营程序与思路也会截然不同。另一方面,企业是需要盈利的,故绿色技术银行体系必须具备判断公司是否有将技术转化为产品的综合实力,重点把关商业计划、企业战略、市场调

① 相关数据源于 http://finance.ifeng.com/a/20180710/16377405_0.shtml.

② 相关数据源于 https://finance.sina.com.cn/roll/2019-03-10/doc-ihrfqzkc2776573.shtml.

研等关键环节，必要时需提供业务规划、技术管理培训等其他相关建议。若省略上述做法，盲目为企业绿色技术转移转化提供金融支持，势必造成资源利用效率低下和国家财政负担。建议成立企业和政府专项咨询部门，为绿色技术的研发应用及商业化给予支持，具体应包括评估技术管理专业技能、提出中长期发展战略和新业务的商业计划、将增长及商业化战略诉诸行动三个环节。日本政策投资银行通过成立实用技术应用支持中心（Practical Application Support Center for Technology），在技术研发和技术成果商业化方面指导中小科技型企业，同时创造以质量、成本、交付、技术响应和管理能力为指标的制造管理指数，以评估公司相对于其所在行业其他公司的情况。

第三，国际技术转移带来的影响挥之不去。我国在奉行不附带任何政治条件、平等互利、共同发展、尽其所能的原则下，积极推动南南合作。因此，作为绿色技术银行体系的五大特色之一，绿色技术银行是南南科技合作的重要服务平台，如官网列示的中国—东南亚海水淡化项目合作建议书、东南亚水务示范园合作建设方案。然而，南南技术转移或技术合作平台的搭建需要顶层设计、综合规划和超前部署，绝非易事，又常面临资金短缺、文化差异、信息不对称、政治与人身安全问题、法律政策障碍等诸多难题。具体而言，技术接受方经济发展水平不高、人民购买力低下、基础设施不完善甚至空白，导致前期投入代价高昂；非洲人民对工作和休息的划分标准，以及企业和民众环保观念落后，相对保守的文化观念不利于新产品、新技术的传播；技术接受方（尤指不发达国家）对规范的社会经济统计数据、部分政策公开制度、区域信息服务平台的缺失，导致技术输出方的相关产学研机构缺乏对合作国相关政策法规的必要了解，加之合作渠道有限，信息不对称愈发明显；埃及、利比亚等中东地区政局动荡，即便某些国家或地区经济较为发达，但高犯罪率造成社会秩序不稳，打击我国南南科研工作者的热情与积极性；没有足够且充分的政策支持以促进对环保技术推广和应用，如缺乏清洁能源方面的税收优惠和清洁能源补贴、政府采购中缺乏对节能产品的支持等；相关节能环保的法律政策执行力度、宣传力度、扶持力度均较弱。[①] 但是，从现有搜集资料来看，难以判断绿色技术银行已做好相应准备，故建议绿色技术银行和相关当局出台相应政策文件。

除此之外，在“一带一路”倡议下，南南绿色技术转移与科技合作的政策规划和项目分类管理有待进一步完善。“一带一路”倡议旨在创建一个政治互信、经济一体化和文化包容的责任共同体、命运共同体。因此，将中国成熟先进的节能环保技术向合作伙伴进行转移转化，突出强调绿色生态文明理念，有利于发展中国家共同应对全球气候变暖等环境难题，有利于建立和健全一种新型的、更加平衡的全球发展伙伴关系。然而，现有的绿色技术银行体系的不足大大缩减了对“一带一路”总工程的贡献度。因为“一带一路”涉及对象较广，[②]各国家和地区地理区位、自然人文资源和经济发展程度各异，导致其技术需求迥异。例如，东南亚国家绿色发展的需求主要集中在可再生能源技术、污水或雨洪资源化利用、提高用水及灌溉效率；西亚北非则主要集中于能源供应和配送效率改进技术、太阳能等可再生能源的开发技术、节水旱作农业技术、抗旱品种技术、灌溉效率提高技术、生活节水技术及产品、用水和灌溉效率提高技术、工业水循环利用技术、防风固沙技术、灾害监测技术；东非集中在植树造林技术、森林抚育管理技术、新能源与可再生能源技术、旱作农业技术、农业防灾减灾技术、节水技术和产品、灌溉效率提高技术、人和动物安全饮用水技术、抗旱技术、灾害监测技术；中非集中在水土保持技术、环保肥料及环保施肥技术、人畜安全饮用水技术、抗旱技术、防洪防汛技术和新能源与可再生能源的开发。虽然有很多共性，但个性差异也十分显著。既然绿色技术银行作为“一带一路”的重要推动力量，就应深入研究发展中国家国别政策、优先援助国别及其相关重点领域，针对不同国家制定不同的绿色科技援外的行动方案和路线图等。建议加强各部委之间的统筹协调工作，在绿色技术银行内

① 相关数据和资料来源于辛秉清(2016)《我国气候变化南南科技合作现状分析与绩效评价研究》和陈雄(2018)《南南合作中资源开发利用技术转移模式、机制研究》。

② 包括东盟 10 国、西亚 18 国、南亚 5 国、中亚 5 国、独联体 7 国、中东欧 16 国。

部进行专家分组，在充分考虑各小组与相应国家或地区的匹配度后，重点着手机构援建、技术示范和培训、联合研究等。

2.1.2 “绿色技术银行”在金融体系中的角色、定位与主要职能

2.1.2.1 政策性银行属性，打造良好创新环境

绿色发展是新兴市场经济和发展中国家实行可持续发展的必然要求，在过去200年中，工业化一直是全球经济增长和生活水平快速提高的主要推动力，但与此同时，传统工业行业和消费系统导致资源迅速枯竭、生态环境恶化和气候变化等威胁，已经无法适应全球可持续发展的要求和目标。目前，新兴市场经济体和发展中国家正同时面临着前所未有的挑战和机遇，可通过汲取过去经济发展过程中的经验教训，避免受制于以前工业化发展过程中曾陷入的资源与环境陷阱，探索新的经济模式，从而为可持续发展提供支撑。绿色发展可以为可循环经济发展过程中遭遇的问题提供切实的指导，是实现可持续发展的抓手，并且具有极强的可操作性。绿色发展要将来自环境因素的制约转变成进一步推动社会、经济和环境均可持续发展的重要机遇。技术进步和规模效应可作为增强绿色发展竞争力的重要方面，虽然从长期来看，绿色发展可以依靠产业和项目自身经济效益及外部性收益的市场化内部化等方式实现良性循环和可持续发展，但在初始阶段不得不通过有针对性的公共支持、政策改革和法规变革来促进和支持。在此种情况下，绿色技术银行应运而生。绿色金融可以通过政府对相关项目进行补贴、担保PPP项目、开发绿色债券等不同形式来有效缓解高风险项目、资本金与项目时间不匹配等限制因素，降低项目的融资成本，为绿色行业吸引更多的社会资本资金，并与政策调整和财政补贴等现有手段相互配合，从而成为实现绿色项目外部性内部化的一种有效工具，帮助更多项目克服融资难题，实现整个社会更高的整体回报效果。

政策可以影响创新链的各个方面，适当的政策指导可以为供需双方提供多种选择，以帮助构建良好的创新环境。绿色技术银行通过成立协调小组，健全和完

善部市共商，形成常态化工作调研、工作简报等联络机制，通过信息沟通和工作协商确保各项工作落地。根据科技部的要求，按照工作定位，制定绿色技术银行管理中心，明确其总体建设方案和职责，落实专人专事的推进机制。管理中心与有限公司各司其职，管理中心作为公益性平台承接公共服务职能，有限公司作为市场化运作主体承担市场化职能，计划筹建成立混合制国有非控股股份有限公司，在功能和治理结构上既体现市场化、专业化的方向，又突出政府的战略意志。陆续颁布与促进科技成果转移转化相关的实施意见、条例和行动方案，关注成果转化和转移的关键方面，加快从立法、政策和工作行动计划等多个方面的探索和突破，加强对创新创业人才的激励，进一步激发创新活力。绿色技术银行通过构建绿色技术创新成果的研究和开发、评价与评估、转移转化信息服务体系，构建绿色技术公共服务平台，注重各平台的协同发展，为各类主体提供服务，加快绿色技术转移转化和产业化，加强信息服务能力，重点以绿色技术的成果库、专家库为主题，对入库项目进行分级分类管理，形成成套技术解决方案，为各类主体提供信息服务支持，构建分类和评价体系，制定绿色技术标准框架，形成绿色技术指导原则，进一步健全绿色技术分级分类标准体系和评价标准体系，培育专业化服务机构，建立长三角绿色领域的科技创新协同合作，与太原、新疆、西藏、云南等地区建立战略和长效合作机制，建立面向全国的绿色科技成果转化趋于合作立体网络。

在绿色技术创新体系层面，生态环境部部长李干杰总结了习近平总书记和十九大精神的思想，即“两山论”的本质是绿色发展的概念，绿色发展已成为我国经济社会发展的主要基调，也是实现“两山论”落地的核心。在新时代和新发展的要求下，绿色金融的发展也需要创新性的技术支持。那么，这就定下了以市场为导向的绿色技术创新体系的内在本质，即以“两山论”为中心思想的生态技术体系。从理论的角度来看，绿色技术创新也可以称为生态技术创新，是一切旨在环境保护的技术和管理方面创新的统称。这种创新应当遵守生态原则和生态经济规律，从而减少不必要的资源和能源的浪费，避免、消除或减少污染和对生态环境造成的破坏，包括所有能最大程度减少对生态环境产生负面影响的无害或污染较少的技术、机械和产品。具体表现为污染防治技术、废物产出最小化技术、回收再利用技术、绿色净化技术等。此外，以市场为导向的绿色技术创新体系也是一个由绿色技术方面相关要素组成的特定网络体系，它以市场参与者、市场规则、市场体系和市场机制作为建设基石，旨在促进绿色技术的开发、推广和应用。关注重大社会矛盾的变化，把绿色发展模式和生活方式作为"目标"，依靠市场力量，追求经济、社会和生态效益的全面提升，具有前瞻性、战略性、基础性、系统性和市场可及性。构建以市场为导向的绿色技术创新体系，坚持全链式规划、层次分类和立体布局，通过完善市场机制，灵活运用政策工具，加强对绿色技术创新的制度支持。[①]

2.1.2.2 推动绿色技术创新，助力实现可持续发展目标

绿色技术银行的建设是中国实施联合国2030年可持续发展议程和气候变化巴黎协定的重要举措，是落实"创新、协调、绿色、开放、共享"的发展理念、改进绿色技术转移和转化机制的创新做法。《中国落实2030年可持续发展议程国别方案》明确指出，有必要逐步建立和完善一个技术库，用于环境友好型技术的开发、转让、传播和推广，从而能够满足可持续发展议程中的各项目标。"绿色技术银行"的建设以科技部牵头落实，并自2016年连续三年将绿色技术银行建设工作列入科技部党组一号文件和《全国社会发展科技创新"十三五"规划》。绿色技术银行第一次领导小组会议于2017年12月举行，意味着我国步入了绿色技术银行的正式运营阶段。经过近一年的推广和跟进，绿色技术银行在多项工作中都取得了积极的进展，包括公共信息服务平台的建设、转移转化服务的开展、绿色技术产业基金的设立、服务2030年可持续发展议程的创新示范区规划及其项目的实施、绿色技术分类标准体系的研究等。

1. 宏观管控，支撑打好环境污染防治攻坚战

2018年，中共中央和科技部党组相继发布两项科技创新实施意见[②]，在这两项

---

① 相关资料源于 http://www.ljzfin.com/news/info/47911.html.

② 2018年6月，中共中央、国务院发布《中共中央 国务院关于全面加强生态环境保护 坚决打好污染防治攻坚战的意见》；2018年9月，科技部党组发布《关于科技创新支撑生态环境保护和打好污染防治攻坚战的实施意见》。

意见中都明确规定了支持环境污染防治和绿色发展的科技创新的目标和任务。绿色技术银行担负推动环保产业发展的重任，是落实好上述文件精神的重要载体，围绕环境污染防治和绿色发展中的关键瓶颈提供技术解决方案，促进生态环境方面的先进技术成果的转移转化和推广应用，促进生态环保产业发展为新的经济增长点。作为绿色科技金融的官方机构，绿色技术银行的宏观管理职责主要涉及健全法律法规体系和优化行政管理体制两方面。具体而言，健全法律法规体系囊括知识产权维护、涉外技术转让和南南具体绿色技术转让项目。例如，环境治污与可再生能源开发，农作物品种研发与灾害监测均属于可持续发展重点领域，但所涉及的相关法律法规可能会有所不同，甚至同属于可再生能源领域的风能、潮汐能、太阳能等具体绿色技术。或同一技术在不同转移转化环节，都需要一定的政策法规进行指引。优化行政管理职责是指领导高层化、决策民主化和管理专业化，应针对可持续发展重点领域，设置产业政策委员会，并建议赋予一定权限与责任，如制定连续发展战略及行动计划，行政监控或裁决等。

2. 为区域绿色发展提供技术解决方案和示范

为实施《2030 年可持续发展议程》相关内容，建议建设国家可持续发展创新示范区，而绿色技术银行作为示范区建设的基石和领路人发挥了重要作用，一方面可以提供区域绿色技术发展的解决方案，另一方面也需要进行相应的试点示范，进一步加强科技创新在建设国家可持续发展示范区的支持和带动作用。具体而言，应通过绿色技术金融平台、绿色技术信息平台、绿色技术服务平台以实现其功能定位。以金融为导向，通过项目的成功运作吸引更多私营企业投资加入项目，通过建立绿色金融市场，为绿色经济的发展提供内生性的创新动力，而不仅仅是提供简单的金融服务。以技术为导向，绿色技术银行的金融支持关键在于对绿色技术的支持，因此必须在过程中注重技术质量，真正为能够改善环境与能源的绿色技术提供政策和资金支持。以环境为导向，无论对于金融的发展还是对于技术的提高，最终目的是改善环境，因此在推进的过程中，最重要的还是关注对环境与能源的服务。各地综合交易平台建设必须抓住政府与银行的相互连接与作用，一方面需要政府支持，与传统商业银行不同，“绿色技术银行”盈利目的较弱，因此需要依靠政府给予短期支撑；另一方面需要依靠机构经营，金融机构应尽快成立绿色技术支持体系，特别是银行，需要完成投融资产品的设计和业务模式的确认，确保长期流程的发展相对独立而不是完全依靠政府财政补贴。在具体产品设计职能上，基于我国绿色金融的发展情况，绿色技术银行应打造更多元化的轻资产的绿色产品体系。首先，可以针对不同企业进行差异性准入，对于申请的节能环保企业，根据缺乏资金或缺少担保等问题设置差异化准入门槛，选择创新的担保方式、发展新的排污贷款、节能收益质押贷款等有关绿色设备解决方案的新产品。其次，可以开展银行间跨行合作的绿色产品。绿色技术银行需要不断发展较大规模的绿色信贷项目，建议通过与其他银行合作引入贷款风险分担机制。最后，产品要不断创新，针对有关客户的投资要求进行创新型的产品升级，如设计“二氧化碳挂钩型”绿色理财产品，这样不仅为客户提供绿色投资的机会，也为商业银行营造巨大的发展前景。

3. 在风险控制和预防功能的基础上，瞄准绿色技术转化的主要需求，探索新的发展机制

绿色技术银行是探索科技成果转化机制的试验场，在提升自身能力的同时，积极寻求制度的创新。以改革开放的新思路，创新国际国内现今绿色技术整合模式，探讨和摸索需求导向的技术方案和组织实施方法，建立合理的利益分配机制，面向区域重大关系瓶颈问题与地方政府、企业联合开展试点示范，创新技术应用示范与金融资本界和方式，加快金融资本推动绿色技术成果的产业化和落地应用。推动绿色技术银行相关机构的市场化发展，形成可复制和可效仿的绿色技术转移和转化模式。目前我国绿色技术银行对于企业的资质及绿色产品的风险评估都有不足，可以从建立风险评估机制与开展国际合作两方面进行提升。绿色技术银行需要建立健全风险评估机制，组建专业的风险评估小组，对于申请绿色信贷等绿色金融业务的企业、所申请的绿色技术可持续性以及银行设计的绿色产品等，给予全方位的风险评估。国外绿色技术银行在控制风险方面更为成熟，可以

通过与国际金融机构开展合作，共同探讨风险共担的合作机制。国际金融机构可以为我国绿色信贷项目等绿色技术银行的相关产品提供具有传递性的技术支持，有利于充分满足绿色金融的服务需求，弥补我国技术风险评估方面的不足，从而促进绿色技术银行的发展。

4. 促进节能环保公共事业发展的社会职责

“十三五”规划是节能环保产业突破性发展的一剂强心针，[①]但节能环保科技竞争力的制约仍未摆脱。《我国节能环保投入与绩效情况报告》显示，我国的节能环保产业发展水平仍处于起步阶段，节能环保企业研发投入少，导致我国本土的节能环保企业与国外的相关企业相比技术差距明显，缺少核心竞争技术，在许多生产的关键技术领域往往需要进口国外技术。《我国节能环保产业竞争力情况报告》[②]运用 DEA 方法对 2016 年各省市节能环保投入产出进行分析，结果显示，尽管我国各省市的效率不同，但投入产出的总体水平不尽如人意，有超过半数的省市自治区综合效率都达不到“1”，全国平均综合效率仅为 0.763，纯技术效率为 0.913，规模效率为 0.836。而绿色技术银行恰恰扎根于可持续发展的关键领域，通过科技金融加速先进实用性绿色技术的转移和转化。它为节能环保产业科技竞争力的提升——技术水平的提高和技术研发资金的需求，提供一个非常具体的绿色金融模式，有利于在传统产业规模持续扩张和产能过剩的背景下，缓解与日俱增的生态、资源以及环境压力。在我国经济转型的关键时期，绿色技术银行促进美丽中国建设的社会职责尤为重要。在全球绿色发展浪潮下，它的社会职责还体现在对我国环境保护与能源消耗的改善。它以环境为导向，以服务环境与能源节约为焦点，很大程度上加大节能低碳技术推广应用力度，为保障能源安全、扩大新能源和可再生能源开发利用做出贡献。

① “十三五”规划明确了“坚持绿色发展，着力改善生态环境”和“支持绿色清洁生产，推进传统制造业绿色改造，推动建立绿色低碳循环发展产业体系，鼓励企业工艺技术装备更新改造”的立场。

② 该报告的投入指标主要包括节能环保产业的经费和人员投入，产出指标选用单位 GDP 能耗、建成区绿化覆盖率和生活垃圾无害化处理率、一般工业固体废弃物综合利用量。

2.1.2.3 绿色技术银行体系立足上海，推广全国，辐射全球

2017年12月，绿色技术银行总部落户中国上海，成为上海虹口绿色产业战略“一圈一街一园”的重要组成部分。它涵盖河道水系治理、湿地生态保育修复、大型公共绿色建筑、生态建筑改造、化石能源的清洁高效利用、智慧绿色出行、固体废弃物清洁能源化利用等十大节能环保领域。近年来，在科技部的领导下，上海积极设立绿色技术基金，完善绿色技术标准体系，搭建绿色技术信息平台，构建转移转化的立体服务网络，推动科技成果的转移转化示范，有效地提升了绿色创新资源的集聚力和科技金融的影响力，为建设上海科技创新中心注入新的活力。

“科技金融”这一提法最初源自《国家中长期科学和技术发展规划纲要(2006—2020年)》[①]，其定义虽尚未在学术界达成一致，但主流观点认为科技金融是以满足高新技术产业的资金需求为导向，将金融产品和服务渗透科技成果的商品化和产业化阶段，是科技与金融两部门从淡化边界到深入融合的过程。然而，这种互动行为不是被动的，而是金融创新主动地、积极地介入科技创新，形成需求导向型的资金配置模式。前已述及，绿色技术银行的核心关键是通过金融工具加速绿色技术转移转化，通过节能环保技术在生产实践中的运用，解决或缓解企业与政府的绿色低碳发展难题，借助节能环保产业在宏观微观环境中的经济增长贡献，契合可持续发展国家战略，兑现“绿水青山就是金山银山”的庄严宣誓。不难看出，国家绿色技术银行的本质就是绿色科技金融。

从科技金融的特征角度来看，其人力资本具有密集渗透的特点。科技创新的实质是对社会知识总量的突破，并进一步影响人们的社会生产实践，而科技反哺金融使得数量金融模型为基础的现代金融体系逐渐建立健全，并再次突破知识容量的瓶颈，而知识的承担和传播必须依赖人力资本，科技金融的阶段演进性无一不体现人力资本的高度参与和渗透。另一方面，金融业和高新技术产业的人力资

① 纲要强调以银行、保险、创投、债券等金融手段构建我国科技金融中心发展机制，选取包括北京、天津、重庆等12个地区作为我国科技金融试点中心，通过实践经验增强科技创新在金融行业的渗透融合。值得注意的是，在20世纪90年代曾经有过“科技金融”的提法，但相关政策和做法并不符合科技金融的本质。

本密集型属性和科技金融对复合型人才的需求对落户城市的人才储备和培养机制提出较高要求。上海作为中国改革开放的领头羊，并具有亚洲金融中心的突出地位，吸引了无数英才汇聚于此。根据《2019 年第二季度人才流动报告》[①]的相关数据资料显示，2019 年 4—6 月，企业所给付的薪酬水平普遍上涨，上海地区公司的平均月薪为 9 506 元，位居首位。作为我国的金融和经济中心，上海的税收总额占全国税收总收入的比重接近 1/10，人均 GDP 超过 14 万元，经济高地当之无愧。在积极吸引外地人才流入的同时，也为来沪人才提供优厚的薪资报酬。此外，高度发达的金融体系和完善的金融生态使得金融行业成为人力资本赴沪的首要选择。《长三角地区金融行业人才供需变化与需求》报告指出，受上海本地人才的留存率和长三角地区人才流入率的影响，不论是社招还是校招，其金融行业的求职常出现供不应求的局面。根据《2018 年上海金融人才流动指数》的数据，其他省市入沪人才流入量为 1 445 人，比 2017 年同期增长 553.8%；与此同时，也存在人才流失的情况，人才流出量为 297 人，较 2017 年增长 379%，约占流入量近 1/5。流入量远大于流出量，人才净流入 1 148 人，这表明上海稳居国际金融中心的宝座，对全国各地优秀人才的吸引力、影响力不断提升。[②] 另一方面，上海 2017 年 R&D 人员全时当量达到 18.35 万人年，研发经费内部支出、科技活动从业人员和地方财政科技经费支出分别达 1 205.21 亿元、48.55 万人和 389.9 亿元，分别较 2016 年上涨 14.86%、6%和 14.1%。[③] 由此可见，上海在绿色技术银行体系中扮演了“智库”角色，成为其人力资本输入的原动力。

从科技金融的机构体系来看，上海为绿色技术银行合理运营奠定基石。机构体系大体为组织机构和中介机构，前者分为创业投资引导基金、政策性银行、科技银行、创业风险投资、科技担保、科技租赁和科技保险等，为绿色技术转移转化提供重要平台；后者分为会计师事务所、融资担保机构、信用评级机构及信息咨询服

① 相关数据源于 http://it.gmw.cn/2019-07/10/content_32988176.htm.

② 相关资料源于 https://finance.sina.com.cn/roll/2019-03-12/doc-ihsxncvh1863363.shtml.

③ 相关数据源于 2018 年《上海统计年鉴》。

务平台等，有利于削弱信息不对称，提高运营效率。就组织机构而言，上海于1999年建立上海创业投资有限公司，作为国内第一家“基金的基金”的新型投融资平台，为有效调动社会资金参与和建立多元化创业投资体系做出重要贡献。此外，为响应国家创新驱动战略，上海金融业以创新链为根本，积极优化金融机构产品和服务，不断推出科技银行、科技租赁等新型组织机构，助推全球科创中心建设和经济转型升级。具体而言，上海银监局通过探索投贷联动[①]等制度安排，主动寻求金融链与处于初创阶段、成长阶段的科创企业的创新链的紧密连接，建立完备全面的科技金融体系，如闵行上银村镇银行推出小微科技企业投贷联动模式、上海华瑞银行与君联资本合作共创的首笔2 000万元“共创贷”业务。截至2017年末，投贷联动项下贷款存量家数315家，较2016年末增加132户，同比增长72.13%；贷款余额合计60.90亿元，较2016年末增加34.77亿元，同比增长133.06%。[②]以浦东硅谷银行为例，作为全国首批投贷联动试点银行，其专业人才梯队建设有利于把握科技中小企业的发展动态，在可固化与可复制的思路下，提供个性化建议，同时产品专家团队和资深客户经理对创新领域有深刻见解。为缓解中小科技企业融资压力，浦东硅谷银行针对短期流动资金贷款不设定贷款使用条件，随借随还，满足企业短期流动资金需求；针对中期流动资金贷款，还款机制灵活，帮助改善企业财务制度和法人治理结构。为缓解初创期科技型企业筹资窘境，银行发放的固定资产贷款甚至不以盈利状况、现金流和有无抵押物为标准；考虑到成长期科技型企业快速扩张规模的战略，银行按其并购规模发放一定贷款用于收购股权和部分资产；允许境外企业以质押NRA CNY账户资金的方式支持境内融资。同时，浦东硅谷银行为初创企业设置服务优惠项目，如月度单位账户管理费用全免、网银年费全免＋免费Usb-Key、人民币汇出汇款银行手续费优惠(5美元/笔)、

① 2016年4月，银监会、科技部、中国人民银行联合发布《关于支持银行业金融机构加大创新力度开展科技企业投贷联动试点的指导意见》。目前，国内投贷联动的模式主要分为外部投贷联动和内部投贷联动，前者银行可以选择同VC/PE合作，而银行“以贷为主，以认股期权为辅”；后者商业银行通过和集团内具有投资功能的子公司进行合作。截至2017年末，上海辖内银行业金融机构以外部投贷联动为主的投贷联动贷款余额为60.9亿元，较2016年末增长133.06%。相关资料与数据源自 http://www.sohu.com/a/218916014_260616.

② 相关资料源于 https://www.thepaper.cn/newsDetail_forward_1968100.

外币汇出汇款银行手续费优惠(20美元/笔)。机构体系是绿色科技金融体系运行的首要前提,上海组织机构和中介机构高效、专业、全面、创新的相关举措为国家绿色技术银行的建立、发展甚至成熟提供必需养分。

从科技金融的产品体系及市场体系来看,上海为绿色技术银行良性发展提供完善的投融资环境。产品体系特别指开发性金融科技贷款(产学研贷款、创业投资基金贷款、高新技术中小企业贷款等)、商业银行科学技术贷款(基金宝、创业通、科贷通、投贷通、智融通、联贷联保等)、科技担保(担保换期权、担保分红、创业担保等)和权益资本投资(风险资本、天使投资人等)。上海银监局与市科学技术委员会共同公布的《2017年上海科技金融发展报告》[①]显示,截至2017年底,上海市范围内的科技型企业的贷款余额第一次超过2 000亿元,数额高达2 071.27亿元,与年初相比增长38.05%,比市内整体贷款增长率高25%。科学技术型企业的存量客户增长率为21.66%,其中中小企业贷款客户数占比最高,达到整体的89.40%。到2018年6月底,以科学技术为主的上海企业贷款库存数达到5 768户,较2017年同期增长15.1%;贷款余额2 417.09亿元,同比增长21.1%。然而,不良贷款率却低于0.21%的平均水平。[②] 从科技金融的市场体系[③]来看,上海知识产权中心[④]的落地是绿色技术银行推动绿色技术转移转化的一剂"强心针",因为该产权交易中心的本质是加速知识产权的流通变现,促进科学技术商业化转型。同时,其颇具公益色彩[⑤]的属性与国家绿色技术银行的运作原则不谋而合。由此可见,科技金融的产品体系和市场体系不仅是绿色技术银行发展壮大的土壤,还是上海推进全球科技创新中心的重要一环,为其他省市(自治区)的科技创

① 相关资料源于https://finance.sina.com.cn/stock/t/2018-06-12/doc-ihcufqih5653772.shtml.

② 相关数据源于http://china.prcfe.com/global/2018/0905/46287.html.

③ 市场体系一般包括主板、创业板、三板市场和产权交易市场。

④ 上海知识产权中心作为知识产权转让交易一站式服务平台,主要为知识产权确权评估、挂牌上市、转让报价、交易鉴证、结算清算、托管登记、项目融资、项目推介、政策咨询等提供相关服务。

⑤ 上海知识产权交易中心尽管是市场化运作,但仍然强调公益性。正式运营后,为中小企业服务是其特色,对中小企业只收成本费,甚至免费。相关资料源于http://www.xinhuanet.com/fortune/2017-01/13/c_1120306832.htm.

新行为提供借鉴。

目前，绿色技术银行已完成了理事会、管理中心和市场化运营主体三层结构的设计。由科技部牵头，外交部、发改委、教育部、工信部、环保部、水利部联合作为绿色技术银行的决策机构（即理事会），并将21世纪议程中心作为理事会的秘书处；绿色技术银行的管理中心位于上海，为绿色科技银行的建设实体在支持服务方面发挥主导作用，承上启下；各种国际组织、国内各分区机构，以及提供绿色技术转移转化相关的技术主体、多元化金融实体等专业服务机构构成市场化运营的主体部分。根据科技创新中心建设的战略部署和规划，上海将成为未来全球创新网络的关键中转站，也是国际性重大科学发展中自主研发技术和高新科技产业的重要发源地之一。绿色技术银行将在创新链、产业链和资金链的整合基础上，坚持国际化、市场化、专业化思维，加快绿色技术的转移和转化。这必将增强上海科技创新中心的辐射和影响力。下个发展阶段，在国家科技部的指导下，上海将继续全力支持绿色技术银行的建设，加强科技创新中心与国际金融中心的协同作用，逐步建立起绿色技术银行市场化运行模式，促使先进绿色技术的收集、储存以及增值都具有银行的金融特性。① 建立以上海为中心的绿色技术银行体系，推广至全国各个省份和地区，辐射全球，进而为建立国际绿色金融中心奠定基础。

2.2 我国节能环保产业发展现状及节能环保产业对"绿色技术银行"的现实需求

党的十八大以后，生态文明建设在国家战略中发挥了举足轻重的作用，节能环保产业受到前所未有的关注。2013年8月11日，为缓解环境资源约束和经济持续发展之间的摩擦，我国发布《关于加快发展节能环保产业的意见》，提出节能环保问题的解决对推动产业升级和经济发展方式转变具有十分重要的意义，为我

① 相关资料源于 http://www.shanghai.gov.cn/nw2/nw2314/nw2315/nw18454/u21aw1235684.html.

国节能环保水平实现质的提高奠定坚实基础。自 2016 年以来，为了实现在最短的时间内将节能环保产业转化为国民经济支柱产业的目标，“十三五”《国家战略性新兴产业发展规划》和《节能环保产业发展规划》相继颁布，大气、水、土壤污染治理步伐紧随其后，实施最严苛的环境保护制度，为节能环保产业指明了发展道路，营造了巨大的市场需求。

在我国宏观政策的引导下，地方政府积极响应号召，各地纷纷出台当地的节能环保产业规划。[①] 内蒙古自治区、深圳经济特区、山东省等均于 2018 年对环境保护条例进行修订，同年还对相应的行业导则、国家标准、行业标准以及相关文件规定等进行公布与修订。2018 年 7 月《打赢蓝天保卫战三年行动计划》发布后，又陆续制定发布《柴油货车污染治理攻坚战行动计划》，京津冀及周边地区、长三角、汾渭平原 2018—2019 年秋冬季大气污染治理攻坚行动方案等。从战略性新兴产业华丽转身为国家支柱产业，节能环保概念在我国顶层设计中的定位不断得到重视与拔高。因此，及时梳理总结我国以及上海节能环保产业发展的现状与不足，深入研究节能环保产业对“绿色技术银行”的现实需求显得尤为重要。本部分围绕我国及各地区节能环保产业发展的现状和节能环保产业对“绿色技术银行”的现实需求两部分展开。

2.2.1 我国节能环保产业整体发展现状

节能环保产业以最大限度节约能源消耗与保护生态稳定为最终目标，可以具体细分为节能、环保和资源循环利用三个子行业。从工业生产流程来看，节能行业主要负责在源头控制能源投入，提高资源有效利用率；环保行业注重从末端对污染物进行治理；资源循环利用行业更多体现在为前端节能和末端治理搭建平台，侧重于形成内部的循环利用。三个子行业各司其职、相辅相成。受时代背景、经济发展、环境污染程度等因素的影响，节能环保产业工作重心由治污、防污拓展

① 相关资料源于 https://www.sohu.com/a/300761089_649691.

至绿色制造、绿色服务。但现阶段我国节能环保产业仍然以治污、防污为主。

我国节能环保产业始于20世纪70年代，先后经过萌芽、迅速成长时期，现已步入逐步深入阶段。这和发达国家相比，虽起步晚，但未来发展潜力巨大。2013年，国务院在其下发文件中明确指出，节能环保产业的整体规模年均增长超过15%，并且已经初步形成包括固体废物处理（桑德环境、东江环保、城投控股、格林美）、脱硫脱硝（上海电气、龙净环保、菲达环保）、水污染治理（碧水源、巴安水务、国中水务、万邦达）、汽车尾气治理（四川美丰、威孚高科、银轮股份），以及土地修复（永清环保、天瑞仪器、华测检测、蒙草抗旱）五位一体的节能环保产业格局。[①]近年来，在全国范围内不断推广的生态文明建设正在刺激对环境保护的巨大需求。《中国环保行业发展前景与投资预测分析报告》[②]的相关资料显示，我国的环境保护财政支出从2007年的995亿元增长到了2017年的5 672亿元，近10年的年复合增长率超过19%。“十二五”期间，全社会的环保投资累计额高达4.17万亿元；“十三五”期间，环保产业投资将超过16万亿元，其中水环境治理投入最多，占总投资的二分之一，其次是固废综合处置和土壤修复，分别占比31%和19%。

2.2.1.1 政策环境进一步利好

环境保护产业是一个受政策性影响很大的行业。自2016年以来，为加快发展节能环保产业，国家相继发布多项政策文件。《“十三五”国家战略性新兴产业发展规划》提出要加速推动先进环保产业的发展进程，大力推进水、空气、土壤污染防治方案的落实，加强地区间的联动治理效应，全面降低海陆空主要污染物的排放量，提升先进环保技术的综合创新能力，包括污染物监测技术、环保设备的升级和推广、技术产品的具体应用等，同时带动环境服务业的发展，从而提升环保产业各方面的整体发展水平。《“十三五”节能环保产业发展规划》提出主要目标，明确到2020年，该产业发展速度和质量均有显著提升，产品市场份额得到明显增大，在技术研发上攻克某些战略性核心技术的关键点，有利于行业发展的制度体

① 相关数据源于 http://topic.eastmoney.com/jnhb/.

② 相关数据源于 https://bg.qianzhan.com/report/detail/458/181226-f3519d57.html.

系基本构成，使节能环保产业成为国民经济的一大支柱产业。《关于加快推进环保装备制造业发展的指导意见》指出，必须加强技术创新上的协同发展能力，将智能化生产与绿色发展相结合，在产品开发上要具有多样性，在品牌建设上要有差异性，并鼓励企业加强国际交流与合作。为此，需要建立完善的行业规范体系，在财政和税收资金上予以支持，同时要培养和建设更有力的人才队伍。在此基础上，有关部门先后颁布《关于推行环境污染第三方治理的意见》《关于培育环境治理和生态保护市场主体的意见》《关于在公共服务领域深入推进政府和社会资本合作工作的通知》等政策文件，采取多种经济改革手段(如减税、电价合理化、提高污水处理的收费标准等)，实施绿色设计产品目录，开展生态补偿等政策，推动节能环保行业进入发展的黄金期。

除此之外，政府积极推动绿色金融的发展，使其逐步成为环保融资的契机和闪光点。"十三五"期间，将继续完善绿色金融体系，开发创新性的绿色金融产品，鼓励绿色保险、绿色信贷的发行，为有条件探索绿色金融产品和专业化服务的银行提供支持，鼓励银行将贷款质押担保物的范围拓展到绿色领域(如碳排放权、排污权等)。引导和支持社会资本资金流向环保领域，可通过建立绿色发展基金加大投资力度，绿色金融的发展将有助于促进环保产业的发展。此外，为应对地方保护行为，中央政府正在逐步取消地方的某些限制，建立统一的市场，详细调查和处理不合理的投标条件。针对恶意低价竞争问题，中央政府也在探索环境基础设施建设招投标机制的整改方案，将质量作为审核的第一原则，提高技术在招标过程中的话语权。建立市场主体的信用档案体系，对于严重失信主体联合多部门进行联合处罚，进一步优化环保产业的市场环境。①

近几年，国家对环保行业支持的范围之广、力度之大前所未有，在政策发力的背景下，政府投入相继跟上。如图 2-3 所示，2011—2015 年间全国环境保护总投入 4.17 万亿元，年平均投入达 8 340 亿元，与"十一五"时期相比增幅较大，上涨

① 相关资料源于 http://www.qianjia.com/html/2019-03/19_329521.html.

92.8%。步入“十三五”后，环境污染治理总投资仍逐年上升，2014 年环境治理总投入达到 9 500 亿元，创近十年新高，2017 年总投资额与 2014 年相当。预计 2016—2020 年，国家节能环保产业的年均增长率可以突破 20%，全国对该行业的潜在投资规模更是有望达到 17 万亿元。① 近十年的工业污染投资情况（如图 2-4 所示），工业环保整体投资增速回升后有所下降。在 2013 年达到增速最高峰值后，我国工业污染治理总投资额出现 2 年的增速放缓期，2014 年的投资额在近十年中达到最大值，2015 年较 2014 年投资总额降低 22%，2016 年增速出现回升，总投资达到 819 亿元，2017 年的投资总额下降 16%。② 据前瞻产业研究院发布的《中国环保行业发展前景与投资预测分析报告》相关数据资料，截至 2017 年我国的环保产业总产值为 6.87 万亿元，2018 年该数值将达到 8.13 万亿元，预计 2019 年实现 10%的增长，到 2023 年将实现 14 万亿元的总产值，年均复合增长率将保持在 11%左右。③

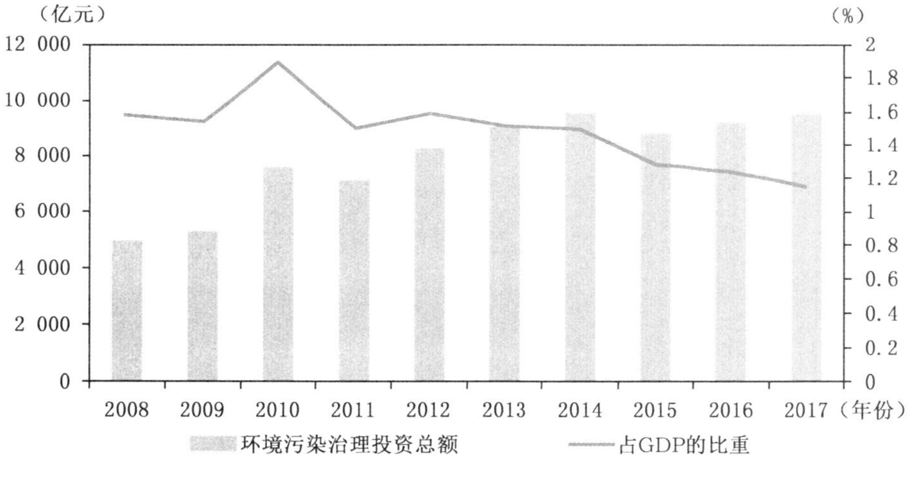

数据来源：《中国统计年鉴》。

图 2-3　2008—2017 年全国环境治理投资情况

① 数据来源：郭建卿（2016）《我国节能环保产业发展难点及突破策略》。

② 相关资料源于 http://www.chyxx.com/industry/201801/600564.html.

③ 相关资料源于 https://www.sohu.com/a/304746420_788193.

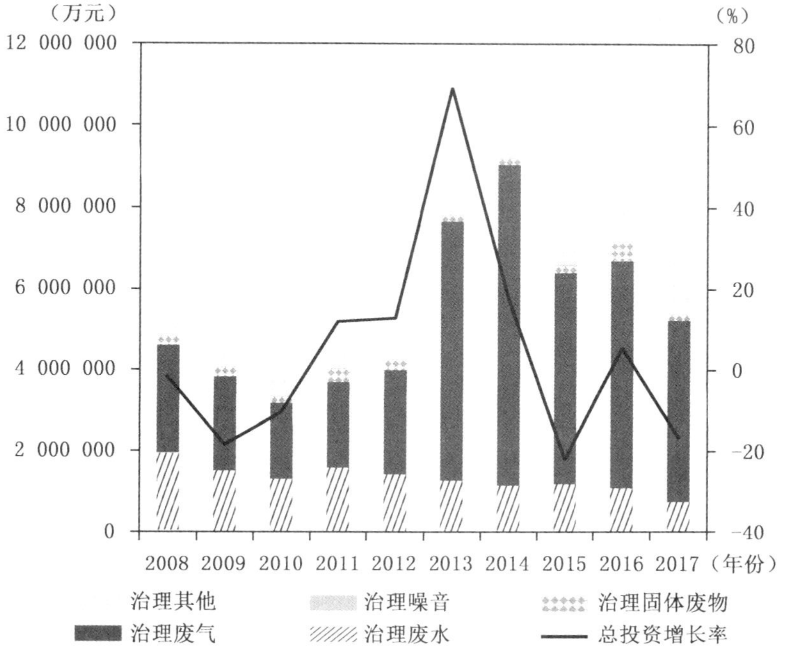

数据来源：2018 年《中国统计年鉴》。

图 2-4　2008—2017 年全国工业污染治理投资情况

2.2.1.2　产业规模增长迅速

节能环保产业是全国战略性新兴产业的重中之重，环境保护和污染治理的巨大需求市场导致整个行业的繁荣和快速扩张。在"十二五"发展阶段，我国节能环保产业总产值于 2010 年达到 2 万亿元后，保持年均超过 15%的速度大幅上涨，到 2015 年已达 4.55 万亿元，约为同期 GDP 目标增速的 2～3 倍。同时，在我国三大经济圈不断探索委托承包、BOT、BOO、TOT 等多种经济模式，发展势头如火如荼，一举成为我国经济加速成长的重要推手。

近几年环境保护产业拥有难得的历史机遇，环保行业收入规模屡创新高。自 2015 年以来，出台了一系列政策法规，包括新的环境保护法、环保 PPP 模式、第三方治理、环保纵向改革、土壤污染防治法、污染物排放许可制度等，在负责实体、监管系统、污染物费用、污染物排放许可和排放权交易等领域进行重大改革。毫无疑问，这样的政策环境为环保产业带来强大而持久的发展推动力。根据相关部门的调查统计，进入“十三五”以来，2016 年我国环保产业总营收达到 1.15 万亿元，并于 2017 年增至 1.35 万亿元，实现 17%的年增长率。其中，环境服务营业收入约 7 550 亿元，比上年同期增长 23.8%；环境保护产品销售收入约 6 000 亿元，比上年同期增长 10.0%。[①] 此外，2018 年，中国环保产业上市公司的平均营业收入约为 17 亿元，与 2017 年相比增长 18%。同样，截至 2019 年 3 月底，我国环保行业上市公司的总市值为 61.01 万亿元，主营业务收入为 11.3 万亿元，其变化趋势与沪深两市一致，实现较上年同期的正增长。[②] 2011—2017 年，营业增速年化增长率达到 24%，明显高于国民经济和一般工业行业增速。这得益于国家顶层设计对环保概念的鼓励和支持，节能环保产业的潜在市场需求得到大量释放，环保公司的整体盈利状况持续好转。2018 年上市的环保公司平均净利润达 1.4 亿元，比 2017 年增长 13%，盈利能力不断提高。环保行业对国民经济的直接贡献率也从 2011 年的 1.1%增长到了 2017 年的 2.4%，并逐渐成为国家倚重的重要经济增长点。未来，环保产业将继续保持快速发展状态。中国环境保护产业协会发布的《中国环保产业发展状况报告(2018)》采用三种方法对环保产业规模进行预测，到 2020 年将达到 1.5 万～2.2 万亿元的规模量，年增长率约为 12.9%～20.0%。若按照 16%的年增长率计算，预计 2020 年我国环保产业总营业收入将达到 2 万亿元。

2.2.1.3 产业结构不断优化

我国节能环保产业从以传统的“三废处理”为主要对象，不断向覆盖水、大气、土壤、固体废物等全面产品和服务、资源循环利用等综合产业结构进行转变，行业重心从产品转向服务。当环保产业发展至一定阶段时，必定会对环境相关的服务贸易产生需求，环境服务新兴产业的诞生水到渠成。以过去注重技术研发与施工为起点，我国环境服务业的内涵在不断拓展，逐步向注重服务和环境绩效方面延伸，运营模式也从最初仅提供工程设计等单一服务，逐渐向 EPC+C(工程总承包

① 相关数据源于《中国环保产业发展状况报告(2018)》。
② 相关数据源于《2019 年第一季度环保产业景气报告：A 股环保上市企业》。

＋系统托管运营)、BOT(建设—运营—转移)等全寿命周期服务模式演变。

近年来,我国环境服务业市场需求得到加速释放,行业逐渐步入新业态,转型升级现有商业模式,优化服务供给,积极开发新的服务消费市场。目前,环境服务业已经基本形成较为完整的产业体系,包括环境技术研发服务、环境咨询服务、环境工程建设服务、污染治理设施运营服务、环境贸易及金融服务、环境教育培训服务、环境功能及其他服务等一系列配套服务和产业。根据中国环境保护产业协会发布的产业发展报告,2011—2017 年,环境服务业的营业收入由 1 700 亿元上涨至 7 550 亿元,2017 年环保产品的总销售收入约为 6 000 亿元,比上年同期增长约 10%。[①] 环境服务在整个环保产业中的所占比重也由 2011 年的 45%提升到 2015 年的 51%,第一次超越环保产品,2017 年更是达到 60%以上,成为环保产业发展的中流砥柱。然而,与国外相比,我国环境服务业规模仅占环保产业的一小部分,并且落后于环保产业对环境服务的需求,未来的可发展空间巨大。

根据环境保护行业协会的统计数据,2017 年我国已在境内外上市的环保企业总数达到 149 家,其中在 A 股上市的共有 119 家。这 119 家上市公司 2017 年的环保业务总营业收入达 1 847.9 亿元,比 2016 年增长 23.2%;相关净利润达 197.4 亿元,与 2016 年同期相比增长 12.6%。[②] 上市公司收入增长速度明显高于行业总体水平,行业聚集度进一步加深。根据全国环境服务业财务统计的相关调查数据,2012—2014 年,统计的环境服务业从业企业数量均呈下降态势,随着 2015 年相关环保政策的颁布有所回升,到 2017 年底共有 6 438 家法人单位,从业员工数为 41.1 万人,较 2016 年分别增长 3.2%和 5.7%,但与 2016 年相比增速有所下降,增长率分别下跌 6.7%和 13.6%。[③] 如图 2-5 所示,在环境服务行业中大部分仍是营收低于 2 000 万元的小微企业,行业整体竞争力有待提升。相关统计数据显示,2017 年环保服务业中营收在 2 000 万元(含)以上的企业 121 家,比 2016 年

① 相关数据源于 http://www.chinairn.com/news/20190516/171242445.shtml.

② 相关数据源于 http://www.caepi.org.cn/epasp/website/webgl/webglController/view? xh=1530773242922018329600

③ 相关数据源于《中国环境服务行业市场前瞻与投资战略规划分析报告》。

新增19家;营收在2 000万元以下的小微型企业占行业总体的75.8%,较上年上升0.8个百分点。①

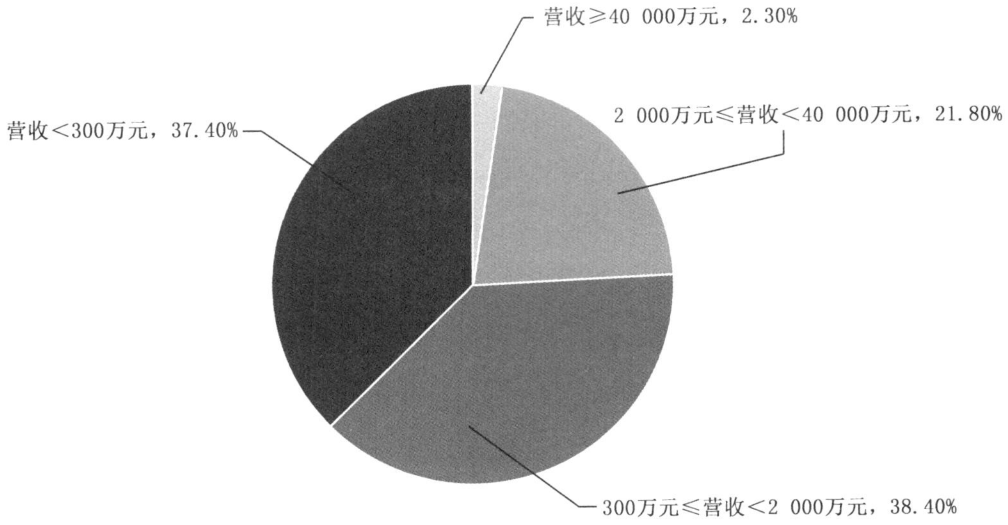

数据来源:全国环境服务业财务统计调查。

图2-5　2017年环境服务行业不同营收规模企业数量占比

环保产业作为一门综合性产业,需要不同经济部门相互渗透与配合。传统的环保产业完全依靠环保工程建设、产品和设备制造寻求发展,不仅产业收益存在局限性,在环境保护效果方面也不尽如人意。随着近些年第三产业的不断壮大,环保产业的发展延伸到环保服务的提供,并使其逐渐发展为推动环保行业经济增长的新亮点。在环境服务业不断发展的过程中,环境服务的综合化②已成为环境服务业发展的必然趋势。环境服务业的整合可以有效链接环保业的各个环节,从技术和产品研发到具体应用等,将传统环境服务业中分散化的薄弱环节整合到一起,为环境治理提供系统全面的解决方案,应对环境服务与环境影响的脱节问题,确保最终实现环境治理效应。

① 相关数据源于https://www.qianzhan.com/analyst/detail/220/190124-5c0afe7e.html.

② 环境服务的综合化是指以环境服务总包为出口,可涵盖咨询、专业运营、工程、装备制造以及相关联的投资等各个产业单元,即在已有产业环节上的综合和延伸。

随着节能环保服务业涉及的范围由单一变为综合,合同能源管理作为我国节能环保服务业的重要运营服务模式之一,近年来呈现出强劲的发展态势。随着节能市场的快速发展,投资者越来越多地关注节能服务业,行业参与者数量迅速增加。"十二五"期间,我国超过80%的节能服务公司成立或转型,开展节能服务业务。政府在2011年对节能减排项目投入600多亿元,扶持5 749个合同能源管理项目;2015年,地方财政节能保护投资高达4 402.48亿元。此外,近十五年间我国从事节能服务业务的企业呈百倍数量级增长,从2003年的不足100家增长到2017年的6 137家。如图2-6所示,节能服务产业在政府、企业、行业协会等全社会共同努力下持续发展壮大。根据中国节能协会节能服务产业委员会(EMCA)的统计结果,截至2017年末,全国共有6 137家企业从事节能服务,节能行业的员工总数已达到68.5万人;节能服务产业总产值高达4 148亿元,较2016年同比增长16.28%,预计到2020年,该行业产值将突破6 000亿元,相对2015年翻一番。根据此项发展目标可合理估计,2020年全国节能服务公司的数量将增加到8 000多家,每年可节约0.5亿吨标准煤,每年可减少碳排放量1.2亿吨。① 2011—2018年,在合同能源管理行业中实现7年稳步增长,年均增速为22.34%,其中2017年投资总额达到1 113亿元,如图2-7所示。在优惠政策落实到位,市场需求彻底释放的前提下,到2021年我国合同能源管理项目的产值将达3 093亿元,其市场的潜在投资规模将超过2 049亿元,将实现14%的年平均增长水平。②

2.2.1.4 技术水平持续提升

我国节能环保技术通过多年的创新吸收和改造,技术和设备得到迅速提升,工程应用能力基本赶上世界环保产业同期水平。在除尘、烟气脱硫脱硝和城镇污水处理等领域已完全具备自主研发能力,成为世界各国最大的产业供给方。2018年,在政策和市场需求的双重作用力推动下,我国环保产业总体呈现良好的发展态势,行业核心竞争力不断提高,环保处理技术和设备应用水平稳步提升,环境综

① 相关资料源于《2019—2024年中国合同能源管理(EMC)行业发展前景与投资战略规划分析报告》。
② 相关资料源于《2018—2023年中国合同能源管理(EMC)行业发展前景与投资战略规划分析报告》。

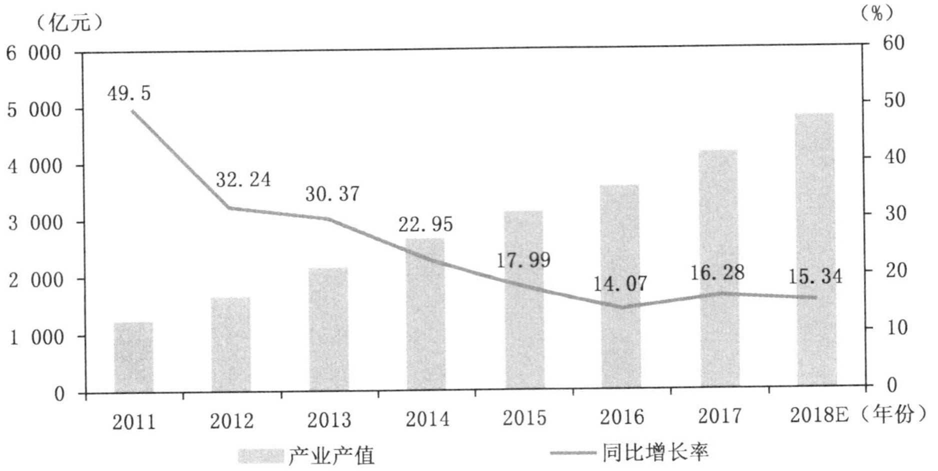

数据来源:https://www.qianzhan.com/analyst/detail/220/181229-590a1972.html.

图 2-6　2011—2018 年节能服务产业总产值及其增长趋势

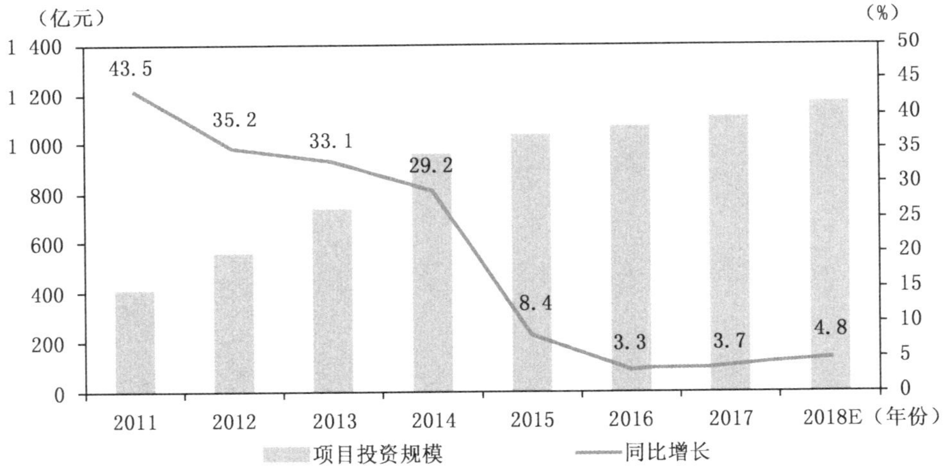

数据来源:https://www.qianzhan.com/analyst/detail/220/190116-d956c020.html.

图 2-7　2011—2018 年合同能源管理项目投资规模情况

合服务能力明显提升。近年来,我国环保企业不断增加人才和资金投入,成为环保产业技术创新和发展的新生力量,在环保产业的创新能力和创新效率不断提升的同时,相应的技术装备研发和产品供给能力也显著增强。超低排放技术、近零排放技术在许多行业成功应用,已经强势打入国际市场的竞争。[①] 从2018年各地公布的本年度环境质量公告中的相关数据来看,大部分地区的城镇污水集中处理率在80%以上,有的地方甚至达到95%的技术处理水平。例如,北京从2013年开始,陆续推行并落实两项污水治理行动计划,经过6年的持续努力,污水处理率由83%增加到94%。[②]

目前,我国已掌握一批具有自主知识产权的关键环保技术。中国环保产业协会公布的《2008—2017年全球环境技术专利热度分析报告》显示,近十年来我国环境保护方面的技术专利的火热程度明显高于社会平均水平。其中,环境技术方面的专利申请量从2008年的6 349件增加到2017年的52 245件,是同期发明专利申请增长率(476%)[③]的2倍,环境技术领域的研发热度可见一斑。同时,在全球范围内,十年间我国的环境技术发明专利申请量占全球总申请量的44.08%,位居首位,且与排名第二的日本拉开30多个百分点的差距。该比例仍在逐年上升,2016年和2017年连续两年占比超过70%,我国已成为环境技术领域专利申请数量的佼佼者。[④]

高效节能家电、绿色建材等绿色消费品种走进千家万户,供给逐步优化,市场规模不断壮大。同时,在工业节能和绿色建筑技术创新及示范领域我国也取得重大进展和突破。2014年4月,由"中国恩菲"牵头的世界首条连续氧冶炼铜工业示范线的成功运行,改变了中国铜冶炼的落后现象,擎起中国创新的旗帜;2014年6月,低温余热发电技术取得重大突破,实现60℃以上工业余热的稳定发电,该项进展弥补了国际上60℃～70℃的余热发电的空缺;2014年8月,由"义科节能"企业设计建造的国内第一条干法制粉生产线成功投产,标志着我国干法粉碎工艺的成熟;2015年,迁西县低等级工业余热资源成功应用于城市的集中供热和供暖,并在

① 相关资料源于第十七届中国国际环保展览会(CIEPEC2019)。
② 相关资料源于 http://www.bjnews.com.cn/news/2019/06/05/587511.html.
③ 根据国家知识产权局公布的相关数据计算得到。
④ 相关资料源于 http://huanbao.bjx.com.cn/news/20190517/981125.shtml.

全国范围得到推广,新型高温炉渣余热回收技术已经具备示范基础;2016 年,清新环保技术股份有限公司的研发并应用一种治理火电厂烟气的脱硫除尘技术(SPC-3D),对于大气污染治理具有重大意义,受到了环保部规划院相关领导的高度肯定;2017 年,一种可调节湿度的环保建筑材料的烧结砖制造技术规避传统烧结砖成本高、残留有害废物等弊端,为生态环保性建筑材料的推进再立新功;2018 年,Napotec® 环保自主研发无机高硅铝比分子筛,为不同行业提供适宜的废气处理方案;尚莱特新能源研发环保燃料新升级产品氢离子油燃料,能够有效减低对传统化石能源的依赖,从而减少碳排放并有助于改善雾霾天气。[①]

2.2.2 国内各地区节能环保产业发展现状

节能环保产业作为国家战略性新兴产业,涉及环境保护的整个产业链,从技术研发、设备开发到产品和服务的应用等,涉及生态和经济领域的多个方面,能充分带动就业。积极发展节能环保产业不仅符合节能减排和环境气候保护的可持续发展目标,也是发展绿色循环经济、建设资源节约和环境友好型社会的重要抓手,是绿色经济发展方式转型过程中增强国际竞争力的战略选择。[②] 但从我国整体环保产业布局来看,存在区域间发展不平衡的现象,节能环保产业多集中分布于京津冀、长三角、珠三角、长株潭等经济发达地区,在中西部地区则相对发展较为缓慢。而东部地区不同区域的节能环保产业的发展也各有侧重,环渤海地区主要在节能环保技术研发及其转移转化领域较为突出,人才储备也发展出一定优势;长三角地区的环保产业分布最为密集,作为我国环保产业发展的主要基地,水和大气污染处理设备在全国名列前茅;珠三角地区的环保服务产业发展处于全国领先水平。[③]

---

① 相关资料源于 http://www.hbzhan.com/technology/.

② 相关资料源于《"十二五"节能环保产业发展规划》。

③ 相关资料来源于孟伟,冯慧娟,罗宏,裴莹莹,薛婕,杨占红,吕连宏.我国节能环保产业发展战略研究[J].中国工程科学,2016,18(04):1-8.

2.2.2.1 各地区因地制宜的环保政策与规划

当前，全球气候变暖、生态环境中的污染等已经成为不可规避并亟待解决的重点问题，可持续绿色发展受到各个国家不同程度的重视，绿色技术和产品不断升级、绿色金融迅速发展，节能环保业逐渐成为投资领域的新热点。随着国家出台的各项环保政策，地方政府也陆续出台一系列政策，为先进的环保产业提供产业支持。

工信部《关于加快推进环保装备制造业发展的指导意见》指出，到2020年，环保设备制造业整体创新能力得到显著提升，关键核心技术研发取得重大突破，并向国际领先水平看齐，基本实现创新驱动的产业发展体系。先进环保技术和设备的有效供应得到明显改善，市场份额显著增加。继续完善产业结构，支持一批在各重点区域示范和引领中发挥主导作用的标准化企业，既要培养百亿级的大型企业把握行业发展动向，更要积极鼓励中小企业向专业化方向纵深发展。激活行业整体创新力，建设一批具有强大动力和鲜明特色的产业集群。《黑龙江省推进节能环保产业发展行动方案(2017—2020年)》将节能环保以及污染治理相关技术、设备的创新与研发作为新阶段的工作重点，抓紧提高资源的可循环利用效率。通过精简节能环保项目审批流程、加大环保税收优惠政策、完善价格体制等措施，积极推动节能环保项目的落地和实施，并将发展目标细化到节能环保项目的各个子领域，力争到2020年实现规模以上企业400亿元总产值的目标。

2017年出台的《山西省加快发展节能环保产业实施方案》提出，要建设节能环保产业基地，扶持和培养一批在国内具有竞争优势和知名度的龙头企业，在技术研发上积极攻克自主研发关键技术的瓶颈，推广和应用节能环保先进实用技术和设备。《河南省“十三五”节能环保产业发展实施方案》为“十三五”期间的节能环保产业发展做出具体指导和规划，坚持市场导向的体制机制建设，以企业为运作实体，加强技术、产品、经营模式等创新战略的引领作用，同时在政策上给予优惠和引导，扶持重大节能环保工程和项目建设，坚决打赢环境污染治理攻坚战。

《贵州省“十三五”新兴产业发展规划》制定了2020年140亿元的节能环保产

业总产值目标，提出努力突破传统化工产业原材料高耗能、高污染的顽疾，攻克固体废物资源综合利用低附加值的技术难关，加紧产业链中关键共性技术的研究与开发，提高资源的有效利用率，鼓励再制造产业的智能化发展。组建一批具有自主核心技术的节能环保骨干企业和一批先进的节能环保产业基地，该产业基地将具有明显的比较优势，有完整的产业支撑和有序的集聚发展规划。《四川省"十三五"工业绿色发展规划》在"十二五"取得的相关成果基础上，进一步提升工业经济发展的绿色化，促进绿色产业发展的机制基本形成，整体发展水平得到提高。具体分为以下目标：推广清洁能源，提高能源利用效率；有效资源再回收利用率稳步提升；清洁生产，大幅降低污染物排放；节能环保设备制造和应用水平提高；初步建成以政策导向的绿色制造体系。

《河北先进环保产业发展专项实施方案》规划了 2020 年节能环保产业格局，即以大型龙头企业为中心，"专精特新"中小企业配套联动发展。提出建设两个省级战略性新兴产业示范基地，建设环保技术研发、设备和产品制造、信息和咨询等一整套产业链体系，注重发展配套的环保技术服务产业。[①] 2018 年 3 月，《上海市2018—2020 年环境保护和建设三年行动计划》发布，即第七轮环保计划正式启动。在前六轮环保行动计划滚动实施的基础上，上海市的污染治理能力已经有所提高，其治理水平也居于全国环保产业前列，但是，人口经济的快速发展，使得环境治理水平难以消化，仍需进一步改进。因此，第七轮环保三年行动计划主要从水环境、大气环境、土壤环境、固体废物污染防治等 10 个环境保护专项共 250 个项目进行深入改善生态环境质量，提升生态环境治理体系和能力，总投资预计达到1 100 多亿元。

2.2.2.2　不同地区的环保产业状况

根据各省市多年来能源效率数据统计求得的平均值，可以大致将全国各区域划分为四个能效等级来反映各区域节能环保产业的发展状况，见表 2-1。

① 相关资料源于《2019—2024 年中国先进环保产业市场前景及投资机会研究报告》。

表 2-1　　我国各省市能源效率区域划分

能源效率等级	能效*	省(自治区、市)	省(自治区、市)数目
优秀	0.9～1	北京、天津、上海、江苏、广东	5
良好	0.8～0.9	辽宁、黑龙江、浙江、安徽、福建、湖南、海南	7
中等	0.6～0.8	河北、内蒙古、吉林、江西、山东、湖北、河南、广西、四川、云南、甘肃	11
低等	0.6 以下	山西、重庆、贵州、陕西、青海、宁夏、新疆	7

注:能源利用效率指能源利用中发挥作用的与实际消耗的能源量之比,也指提供的服务与所消耗的能源总量之比。

从表 2-1 可以看到,我国单位能源所带来的经济效益最高的省市均集中在东部地区,其他大部分地区仍属于中低能效区,能源使用效率亟待提高,节能环保产业的区域协同发展仍需努力。①

我国节能环保产业上市公司的地区分布,见表 2-2。A 股上市的环保公司在数量上呈现出明显的区域差异性,东部地区上市公司数量是其他地区总数的 2.6 倍,这主要得益于京津冀、长三角、珠三角等经济发达地区的资源条件。在产业转移的进程中,除东部较发达地区外的区域可以利用其各地区的优势(如相对较低的要素成本、巨大的市场潜力等),积极吸引业务投资,开展产业转移,从而促进不同地区间的资源调配和协调发展。这不仅可以助推东部地区的经济发展打破原有僵局,实现转型升级,还能在全国范围内实现产业分工格局的优化,带动中西部地区的资源利用和产业发展。

① 相关资料来源于王治平.中国区域能源效率评价与分类研究[J].农业现代化研究,2011,32(10):82—85.

表 2-2　　　　A 股环保上市公司企业数量的区域分布

区域	行政区划	企业数量	区域	行政区划	企业数量
东部地区（83 家，占 72.8%）	北京市	20	西部地区（14 家，占 12.3%）	内蒙古自治区	2
	天津市	4		广西壮族自治区	2
	河北省	1		重庆市	2
	上海市	6		四川省	4
	江苏省	16		贵州省	1
	浙江省	13		云南省	1
	福建省	5		西藏自治区	0
	山东省	1		陕西省	2
	广东省	17		甘肃省	0
	海南省	0		青海省	0
中部地区（16 家，占 14%）	山西省	0		宁夏回族自治区	0
	安徽省	4		新疆维吾尔自治区	0
	江西省	1	东北地区（1 家，占 0.9%）	辽宁省	0
	河南省	4		吉林省	0
	湖北省	5		黑龙江省	1
	湖南省	2			

资料来源：《2019 年第一季度环保产业景气报告：A 股环保上市企业》。

此外，根据国家统计局公布的《战略性新兴产业分类（2018）》，节能环保产业及其对应的服务业被划分为我国的战略性新兴产业。节能服务是指由专业的第三方机构（能源管理机构）提供的服务，帮助自身组织解决节能运营和转型的技术和实施问题，其服务对象一般是企业组织。节能服务企业也呈现出与节能环保行业相同的地区差异性，如图 2-8 所示。截至 2018 年底，共有 4 803 家节能服务公司在各相关国家职能机构进行注册登记，占公司总数的 74.59%。这些公司主要集中在工业发达的地区（即京津冀、长三角、珠三角地区），并且大部分企业规模较小或处于中等级别，主要是为产业链中的特定环节提供相应的节能服务。

从环保技术发明专利方面来看，2012—2016 年，全球战略性新兴产业的专利

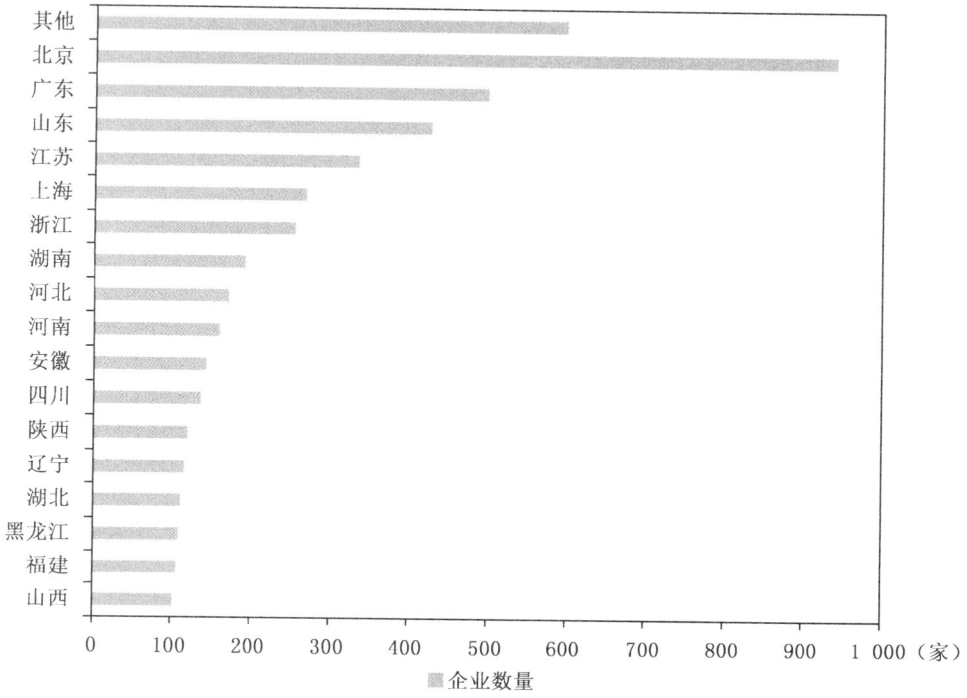

数据来源：https://www.qianzhan.com/analyst/detail/220/190301-ef8e5fbf.html.

图 2-8 截至 2018 年中国节能服务企业地区分布情况

申请数飙升至 357 万件，5 年内的年均增长率达到 5.8%。中国成为全球战略性新兴产业发明数量飞速增长的主力军，2016 年专利申请量（34.4 万件）较 2012 年（16.7 万件）翻了一番，在全球总申请量占比由 2012 年的 27%上升为 2016 年的 44.3%。总体来看，2016 年我国各地区战略性新兴产业发明专利申请数量均呈现明显的正增长，同比增长率均高于 13.6%。不同地区的具体情况有所差异，如图 2-9 所示。中部地区是 2016 年战略性新兴产业发明专利申请量增长最快的区域，增长率高达 20.3%，高于当年平均增幅 7 个百分点，成为技术创新的新的增长极；东部地区稳居专利申请量第一的宝座，2016 年新增专利申请 2.1 万件，占当年总增长量的 61.76%，主导特征明显；西部地区在战略性新兴产业、节能环保以及生物领域的专利发明相对其他地区具有比较优势，形成一种特色化发展态势。[①]

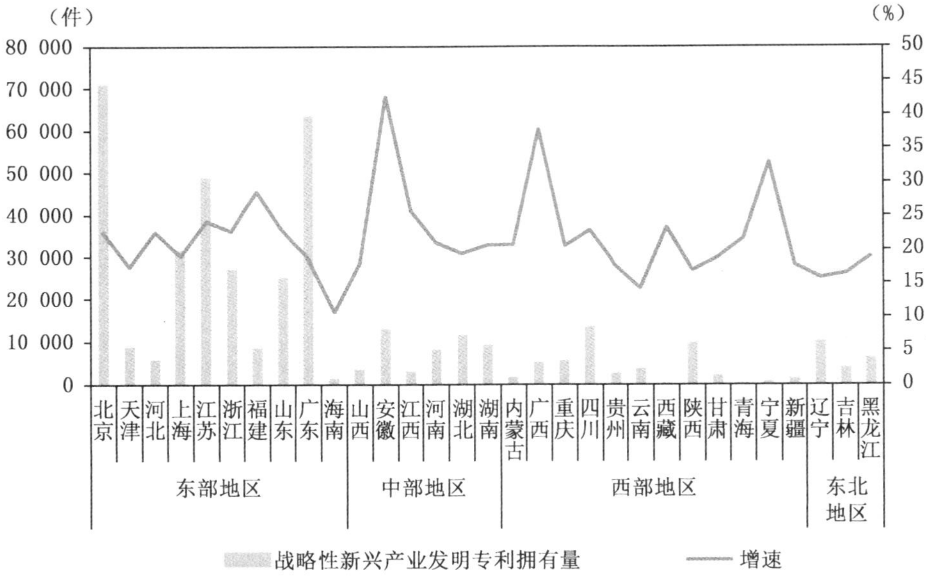

图 2-9　2016 年战略性新兴产业中国有效发明专利拥有情况及比重

2.2.2.3　各地区的污染防治工作

生态环境部启动七项具有里程碑意义的运动和四项特别行动，以落实坚决打击污染的方针。2018 年 6 月，《关于全面加强生态环境保护 坚决打好污染防治攻坚战的意见》正式颁布实施。该意见呼吁各地区、各部门加快生态文明建设和生态环境保护体系的形成，全面推进大气、水、土壤污染防治行动计划的深入实施。随后，针对广东、重庆、天津、河北等地的地方污染防治具体工作安排，明确阶段目标，落实具体措施。广东省呼吁重点关注生态和环境问题，将致力于预防和控制空气、水和土壤中的污染。此外，还要求解决固体废物污染突出问题，加快环境保护基础设施薄弱环节的改善，将中央政府的环保监督整治工作落到实处。《〈重点流域水污染防治规划（2016—2020 年）〉天津市实施方案》提出，要加强工业和城市生活污染防治、饮用水源的保护和治理、农村污染防治。重庆市建议重点关注污

① 相关资料源于《战略性新兴产业专利统计分析报告(2017)》。

染防治的关键领域。河北、内蒙古、四川、湖北、青海等地也陆续制定分阶段污染治理和控制目标以及具体工作计划，加快生态文明体系和经济体制建设，不断推进绿色发展。[①]

不同省、市的工业污染治理投资力度不同，东部地区城市投资力度普遍高于西部地区，见图 2-10。目前，我国生态文明建设和生态环境保护面临着前所未有的挑战和难得的历史机遇，抓住机遇胜于应对。现在面临的主要挑战是，发达国家出现的环境问题已经出现在我国 30 多年的快速发展中，未来打赢污染防治攻坚战仍需要各方的共同努力。

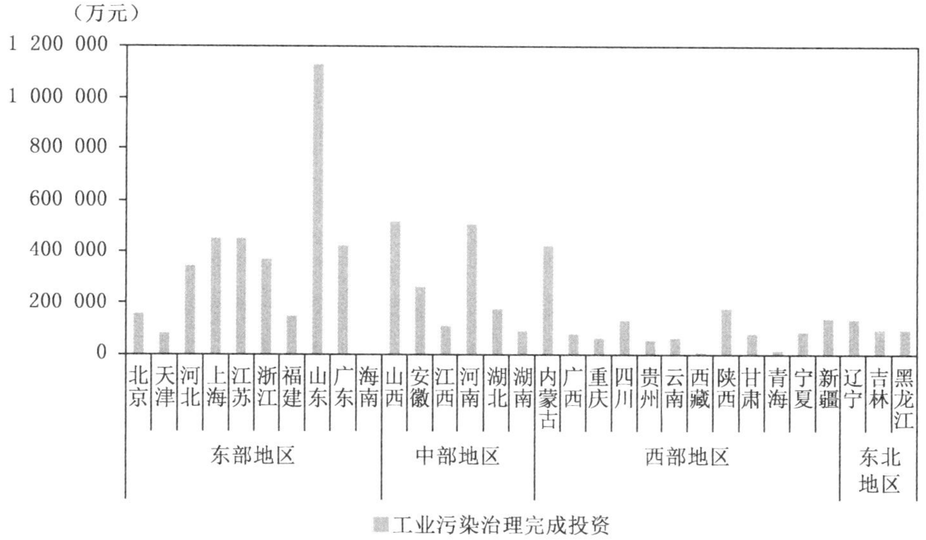

数据来源：2018 年《中国统计年鉴》。

图 2-10　2017 年各地区工业污染治理投资

我国不同地区在污染治理方面也存在较大差异。以黑臭水体处理为例，《水污染防治行动计划》对黑臭水体治理目标是：到 2020 年，地级及以上城市建成区黑臭水体均控制在 10%以内。[②] 截至 2019 年 8 月，全国共有 2 100 个需治理的水

① 相关资料源于 http://jjckb.xinhuanet.com/2018-07/05/c_137302075.htm.

② 相关资料源于 http://www.gov.cn/zhengce/content/2015-04/16/content_9613.htm.

体，总面积达 1 462.786 平方公里，完成治理率为 83.1%，如图 2-11 所示。其中，华东和中南地区的污水治理方案分别为 709 个和 778 个，占全国总治理方案的 70.8%；西北地区是唯一一个黑臭水体治理完成率超过 90%分界线的地区，高于华东、华北、中南、西南和东北地区，位居首位；除东北地区的完成治理率低于 70%外（仅为 68.33%），其余各地区的完成治理情况较为良好，均高于 80%。

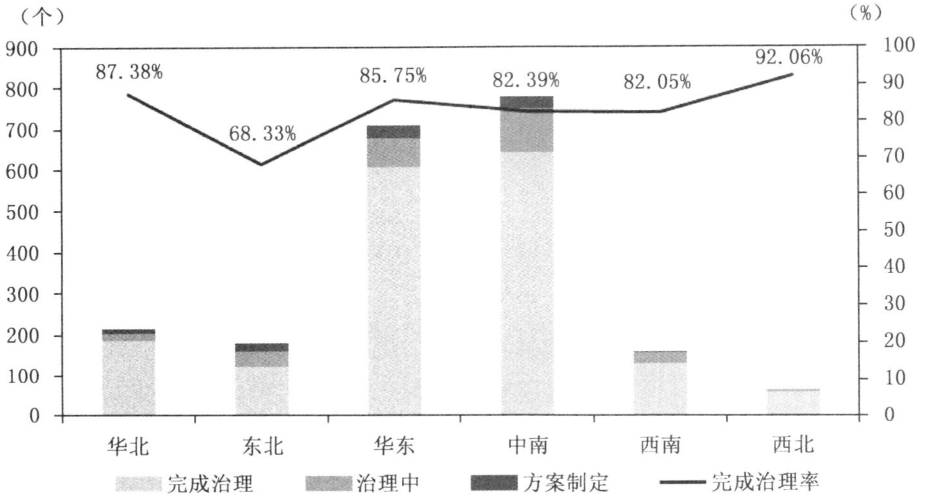

数据来源：环保部、住建部公布的黑臭水体统计数据和在线地图查询。

图 2-11　截至 2019 年 8 月全国各地区黑臭水体整治情况

《关于全面加强生态环境保护 坚决打好污染防治攻坚战的意见》指明，生态环境是统一的有机整体，强调区域间需要相互协同与配合；指出有必要按照系统工程理念建设生态环境防治和管理体系，注重扩大环境容量和生态空间，全区域、全过程、全面地开展生态环境保护。深化生态环境保护体制和机制改革，全面考虑和制定生态环境治理体系规划，加强力量、协调和整合，加强区域协调和各部门整合，强化环境标准，完善经济政策，加强科技支撑和能力保障，使生态环境治理更加系统、统一、协调。将北京—天津—河北地区及其周边地区、长江三角洲、汾河和威平原等重点地区作为主要战场，充分优化产业、能源、地区资源配置，加强区域间的联合效应。[①]

2.2.3 节能环保产业对"绿色技术银行"的现实需求

2.2.3.1 绿色技术转移转化问题

根据相关部门的统计,我国省部级以上的科研成果数量年均达 3 万多项,然而可以实际投入应用且带来经济效用的却不到 15%,7 万多项专利技术仅有 10% 的实施效率。[②] 科技研发投入大,技术转化比例却普遍较低,对我国 GDP 增长的贡献度甚至不足 40%,这与西方国家 60%~80%的水平相比相差甚远。早在 20 世纪 70 年代末 80 年代初,美国等发达国家就发现其大量的科研投入并没有提升高科技工业在世界市场中的竞争优势,技术转化率极低,造成大量科技理论成果的浪费和社会经济发展的滞后。之后,以美国为代表的发达国家逐渐意识到科技成果转化的重要性,利用法律手段强制保障科研优势向经济优势转化。为了促进环保技术的转移和转化,我国也制定了一系列政策和管理规定,最早可追溯至 1993 年颁布的《环境保护最佳实用技术推广管理办法》[③],该文件指明市场机制的合理性会对环保技术的应用和推广产生重要影响。2008 年,国务院办公厅在相关文件政策中提出鼓励技术创新,加大对科技成果产业化投融资支持力度,包括加大政府投入、创业风险投入和信贷支持力度。我国主要通过定期颁布环境保护发展规划确立战略目标,成立国家环境保护技术中心开展环保技术转化工作,同时完善相关规范和标准,为实现科技成果转移转化打造良好的政策氛围。

环境资源具有公共属性,环境保护具有正外部性,环保产业市场需求不足在一定程度上导致了我国科技成果转化率低,环境科研技术难以通过产业化带来规模效益,从而制约环保产业的成熟稳定。发达国家以及我国自身产业的历史进程

① 相关资料源于《中共中央 国务院关于全面加强生态环境保护 坚决打好污染防治攻坚战的意见》,http://www.gov.cn/zhengce/2018-06/24/content_5300953.htm.

② 数据来源于王雪原(2015)《促进科技成果转化的政府行为研究》。

③ 该办法于 1993 年 11 月 10 日颁布,1994 年 2 月 1 日开始实施,并于 1999 年修订为《国家重点环境保护实用技术推广管理办法》。

均说明，环保产业发展离不开技术创新，技术研发可以创造市场，环保产业也能主动创造需求，在提高研发能力的基础上要注重成果应用和转化能力的培养，将科研成果由知识形态转化为落到实地的商品，这就需要资本的助力。

环保类上市企业作为我国节能环保产业的主力军，在节能减排相关工艺开发和创新方面通常具备独有的敏锐洞察力，形成竞争优势。针对同一节能减排工艺，不同企业的技术储备各有差别，体现不同水平的技术创新能力。科学技术进步是绿色发展的前提和基础，但企业技术研发离不开资金支持，否则，科研创新就像无本之木、无源之水。随着我国节能环保产业的发展，产业规模和质量在不断攀升，外部金融环境不完善、不成熟的现状与之并存，突出表现在节能环保企业资金短缺、融资困难等方面，这已经成为阻碍该产业深入发展的重要瓶颈。

融资问题一直是我国企业发展的一大障碍，尤其对于非常依赖于资金的节能环保企业来说，行业的特殊性使得节能环保产业通常具有投资规模大、回收周期长等特征，不符合大多数投资者的收益率要求，造成节能环保公司的融资渠道和手段较为单一，除了政府的补贴或税收优惠外，主要集中于向银行等传统金融机构贷款，对其他金融融资手段利用较少。从传统金融机构角度来看，绿色技术创新具有很大不确定性，加上金融机构无法对绿色技术的专业性做出准确认知和判断，也无法充分掌握企业的技术信息，势必会极大减弱对节能环保企业的金融支持动力。而节能环保企业要实现技术成果转化所需要的资金通常超出一般中小企业的承受能力，因此，在大多数情形下绿色技术转移转化的资金主要依靠政府投资，给予税收优惠或直接对企业进行资金投入是最常见的两种形式。

但是，政府的资金投入毕竟有限，在巨额资金缺口面前不过是杯水车薪，长期的资金补贴也会给政府带来很大的财政压力。一般来说，在节能环保产业发展初期，由于缺少稳定的现金流来源，产业投资风险较大，在资本市场上债权融资、股权融资等各种融资手段均无法实现时，需要借助政府力量予以引导，通过撬动社会资本、优化社会资源配置来弥补企业资金空白，减轻企业融资成本。待到节能环保产业进入成长期，产业的进一步发展应主要依赖于市场力量，通过资本市场来筹集资金是市场经济运作的必然结果。此时，政府的主要工作是为企业完善和拓宽投融资机制（如探索 PPP 模式），鼓励、引导和支持节能环保产业的发展，吸引市场资金的主动输入，打造多元化投资渠道，为企业绿色技术转化分散风险。遗憾的是，目前我国传统金融制度发育尚不成熟，信用担保环境不够完善，国家政策支持力度仍不到位，对于想通过技术创新来达到节能减排目的的企业来说难以通过常规的金融手段融得所需资金，因此，绿色金融应运而生。

2.2.3.2 “绿色技术银行”的优势

在国家政策的支持下，我国绿色金融的发展已经逐步进入成长期，在绿色金融规模、绿色金融产品和绿色金融国际合作等各个方面都取得了初步成效。在绿色信贷领域，根据银监会披露的相关数据，2013 年至 2017 年 6 月我国绿色信贷余额从 5.2 万亿元增长至 8.22 万亿元。根据统计测算，对节能环保产业实施信贷直接导致 2.15 亿吨标煤的节能、4.91 亿吨二氧化碳的减排以及 7.15 亿吨水的节约。① 绿色金融产品从简单的绿色信贷和绿色债券等传统绿色金融，逐步在金融机构和第三方机构推动下大量创新，产生以绿色技术基金、绿色保险和碳金融为主要代表的新型金融产品和分析工具。合理的绿色金融体系实现国有资本与民间资本的投资流入，使投资主体与被投资市场得到利益与社会责任的共赢。

“绿色技术银行”作为涉及绿色技术转移转化、服务于绿色金融体系创建与发展的一切组织或机构（包括政策型基金和非银行绿色金融机构），属于绿色金融的一种具体模式。它以技术服务、金融服务和价值实现为功能定位，构建绿色技术金融平台、绿色技术信息平台和绿色技术服务平台三大路径，以改善环境为导向，重点关注环境与能源节约相关服务。“绿色技术银行”通过加强科技与金融资本等要素的融合，探索破解绿色技术转移转化难的核心问题，从而加快可持续发展重点领域成果的转化应用。“绿色技术银行”对我国节能环保产业的支持作用有以下三个方面：

① 相关数据源于 http://www.cs.com.cn/sylm/jsbd/201802/t20180209_5708652.html.

1. 满足融资需求

资本的输入是撬动万亿元级环保产业风口的重要推手，也是促进社会持续发展的关键要素。节能环保企业作为市场经济主体，在基础设施建设、技术工艺创新以及人才培养等方面都需要投入大量资金。前期的技术创新往往面临着很高的失败风险，并不能给企业带来直接经济效益，高投入以及收益的不确定性减弱了节能环保企业进行技术创新的动力。而“绿色技术银行”的成立能够为企业开展技术研发、转化和应用全程提供充足的资金支持。除了提供基础的贷款服务外，“绿色技术银行”更是通过对项目的成功运作来吸引更多社会资本的加入，通过建设绿色金融市场来为其产业的发展壮大提供内在创新驱动力。同时，“绿色技术银行”也带来风险的重新洗牌与分配，部分转移企业技术创新的风险，增强企业防御能力。

上海市虹口区绿色技术银行于 2017 年 11 月设立绿色技术成果转化基金，投资总额达 35.18 亿元。该基金主要以新能源、新材料、节能环保、污染治理等绿色技术产业作为重点投资领域，为企业绿色技术项目提供资金支持，切实打通绿色技术成果转移转化过程中的“最后一公里”。

2. 完善信息沟通渠道

环保科技成果在转化过程中存在着固有的信息不对称风险，这一方面体现在绿色技术研发与市场需求相脱节，科研院所与企业的价值目标存在差异进而导致环保科技成果应用范围狭窄；另一方面体现在有投资意向的金融机构找不到好的绿色技术项目，而有好科研成果的持有人找不到资金进行中试孵化或产品转化。

“绿色技术银行”的存在可提高信息披露的透明度，为绿色技术专利权转让和成果转化提供平台。一方面，已在平台登记的企业在实际经营过程中可以随时登录该平台录入自身的绿色需求，平台对需求方的绿色技术难题按照环境质量、资源利用、能源利用、生命健康和生态安全等类型进行分类，直接对接平台中的成果库，若该问题已在成果库中得到解决，便可将此成果进行直接应用；若成果库中尚未记载相应解决方案，该需求便会被及时传递至相关科研单位，使得研发部门能够及时了解市场需求。另一方面,由于平台定期会对绿色技术需求方和提供方进行监督和考核,避免了其中一方利用自身信息优势损害另一方权益,也减少了由于前期双方对环保科技成果评估不当、注资规模不合理,导致中途资金流断裂,致使一方陷入进退两难的窘境,从而加快金融机构、企业以及科研院所之间的深度融合,加速成果转化。

当然,"绿色技术银行"平台的公开信息提升了政府和社会对于节能环保企业的监督效率,及时掌握企业绿色发展现状,将监管工作重心前移,注重事前预防和事中监督,无形中给节能环保企业造成约束压力,使得其在进行投融资决策时要全面分析项目潜在的环境风险和成本,更加注重对于生态环境的保护。

3. 引导产业绿色升级

"绿色技术银行"通过汇集资金和引导资金流向助推产业结构调整,使得社会资金从"两高一剩"的企业中抽离继而流入利于环境的企业和项目,最终实现资金的"绿色配置"。以绿色信贷为例,2010 年银行等金融机构大幅缩减对钢铁、电力等产业的贷款,产能过剩行业占贷款总额的比重由 2009 年的 3.94%降至 3.57%,贷款的增长速度远低于行业的增长率。同时,银行业不断加大差别化信贷力度,提高环境违法企业的违法成本,增加贷款难度,对尚未达到环保标准的企业和项目贷款严格执行"一票否决"制度,通过标准来倒逼行业绿色升级、提升治污标准,从而真正促进节能环保产业的发展。

在"绿色技术银行"的推动下,资金、劳动力等各项资源流向绿色技术研发和应用领域,引导生产企业从事绿色生产和管理,实现绿色产业规模经济,促进产业整合和升级,进而有效打破行业、地区限制,在更大范围领域内实现商品、劳动力、技术和金融四大市场的有效资源整合,不断建设完善市场体系,巩固绿色行业长期核心竞争力。

2.3 “绿色技术银行”的平台建设、产品设计和风险控制

绿色科技银行作为中国绿色金融领域的一个分支，近年来呈现出良好的发展态势。2017年底，上海虹口区成立中国首家“绿色技术银行”标志着该战略部署已迈出第一步，它充分展示了中国控制环境污染和发展绿色经济的决心，增强了社会资本对未来绿色政策的信心，帮助引领更多资源进入绿色产业。绿色技术银行的设立契合上海推动科技金融城市建设的需求，自上海市政府2016年发布“科技创新十三五规划”起，已采取多项措施促进上海成为一个技术型金融城市，通过技术和产业变革提升其全球影响力。科技金融支持体系的发展和完善以及科技成果转化是保证行业技术创新的重要力量。规划明确指出要培育发展绿色产业，绿色产业的发展离不开金融的支持，绿色技术银行不仅为绿色产业发展提供绿色技术和金融支持，其搭建的“绿色技术银行”平台也体现了金融与科技的结合，汇集关键绿色技术为绿色产业提供个性智能化服务，加快绿色产业向智能化、多元化、高效化等多功能、多模式方向发展。

绿色技术银行的建立是为了弥补绿色领域融资困难的缺陷，通过汇聚国内外先进绿色技术，成立绿色技术成果库、需求库和专家库，搭建绿色技术信息平台为地方政府的区域绿色发展进行发展规划与方案设计，配置绿色技术解决方案，创新设计绿色技术金融产品(如绿色技术信贷、绿色技术债券、绿色技术基金和碳金融)，将绿色技术与金融元素相结合，构建绿色技术金融平台，为环保产业绿色技术的发展提供全面的解决方案，实现绿色技术成果的资本化，促进国内外绿色技术的转让和产业化。

绿色技术银行体系的开发和建设无疑对我国绿色产业和绿色经济的发展具有重要意义，建立可行高效的绿色技术银行体系与各种创新的绿色技术金融产品及服务密不可分。本部分主要围绕“绿色技术银行”的平台建设、产品设计和风险控制三部分展开。

2.3.1　“绿色技术银行”的平台建设

2.3.1.1　平台建设的功能定位

绿色技术银行是政府为实现绿色技术的应用和转移转化而设立的政策性金融机构，与一般性商业银行的区别在于绿色技术银行是以绿色技术服务、金融服务和环境目标实现为功能定位。

“绿色技术银行”平台的建设是以实现绿色技术银行功能为导向，落实国家科技创新发展战略为需要，通过建立一个服务绿色产业、促进绿色技术成果转移转化的智能化服务中心，实现科技与绿色技术向“智能、互联、转化、创新”方向融合发展，加快推动我国绿色产业转型发展。平台立足上海，服务全国，同时与国际接轨，促进绿色技术向国际转移转化。

“绿色技术银行”平台将发挥科技创新金融服务平台的功能，通过大数据、云计算、移动互联网等新一代信息技术将绿色技术向绿色领域渗透，并发挥平台的信息安全保障能力，针对绿色领域的不同需求，使平台提供的服务更趋智能化、定制化，促进绿色技术银行与绿色技术创新企业的有效对接。同时，绿色技术银行平台也是绿色技术成果等信息发布、交流与共享的平台，发挥平台在资源共享、主体协同联动和创新技术转化等方面的枢纽作用，为绿色技术成果的转移转化提供服务，促进成果资本化和产业化，推进技术资本化运营。

2.3.1.2　平台建设主体

“绿色技术银行”平台由上海市政府牵头设立，科技部和国家有关部委共同参与建设。上海市政府负责平台的管理和维护，国家有关部委负责平台的监督检查工作。

绿色技术银行是我国在绿色金融大发展背景下为加快绿色发展目标实现而成立的一家政策性银行，利用市场化运作方式为绿色技术发展和环境目标的实现提供金融服务。除了满足绿色区域的融资需求和绿色技术的发展，绿色技术银行的建立也充分体现了我国控制环境污染和发展绿色经济的决心。它有助于为绿色产业带来更多的社会资源。绿色技术银行不仅是为绿色领域提供一般意义上的金融支持，还通过汇聚国内外可持续发展重点领域的先进绿色技术提供面向环保产业和地方政府区域绿色发展的综合解决服务，以绿色技术与金融相结合的方式实现绿色技术成果的资本化，从而促进国内外绿色技术的转移和产业化。

2.3.1.3 平台运作模式

从组织结构来看，绿色技术银行由3层组织架构组成，分别负责绿色技术银行的决策、管理和运营。其中，通过设置决策机构来制定绿色技术银行的发展战略和整体规划；设置管理中心负责绿色技术银行的具体运营管理和监督；运营主体可以通过设置多个机构部门，如绿色技术评估机构、绿色技术转移转化机构、商业银行、基金公司、咨询部门等，面向市场发挥统筹协调作用。

绿色技术银行平台主要由3个子平台共同搭建，即绿色技术金融平台、绿色技术信息平台和绿色技术服务平台。平台运作模式，见图2-12。

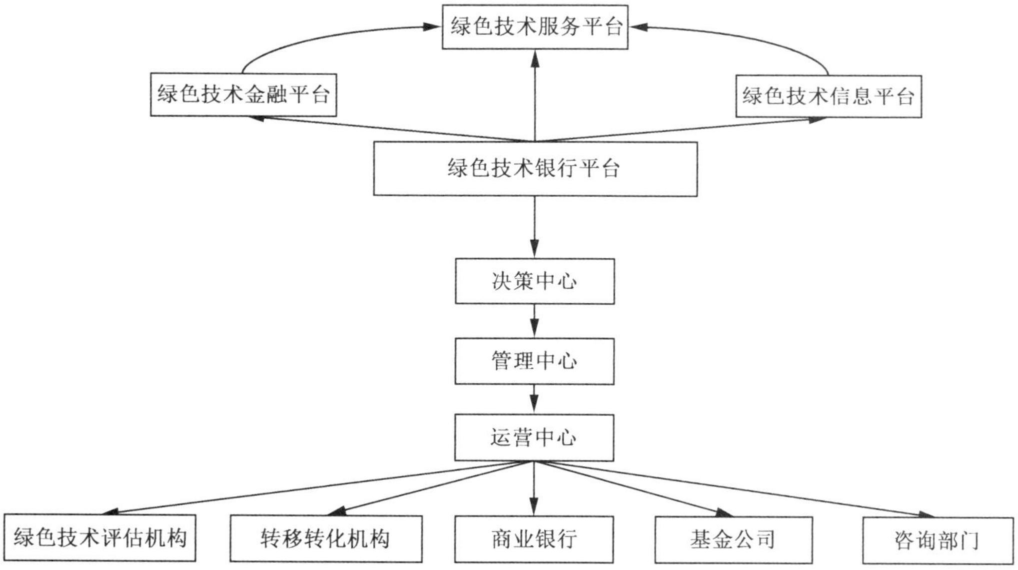

图2-12 平台运作模式图

绿色技术金融平台以金融为导向，为环保产业绿色技术发展提供综合解决服务，扶持企业应用于发展绿色技术、支持企业绿色技术的改造升级。一方面，通过创新设计出绿色技术与金融要素相结合的绿色技术金融产品。例如，绿色技术信贷、绿色技术债券、绿色技术基金和碳金融等金融产品，为绿色技术项目提供多元化的金融服务解决其融资需求。另一方面，通过绿色技术项目的成功运作来吸引更多的社会资本投入到绿色产业。构建一个成熟完善的绿色金融市场是各种金融服务和金融产品得以持续创新发展的前提，也是发展绿色经济的内在创新驱动力，因此要积极参与绿色金融市场的建设。

绿色技术信息平台以绿色技术为导向。一方面，通过汇聚国内外先进绿色技术，成立绿色技术成果库、需求库和专家库，利用绿色技术信息优势为节能环保产业和区域绿色发展提供发展规划和方案设计。另一方面，支持节能环保产业的绿色技术发展和改造升级。绿色技术银行的关键在于对绿色技术的支持，在提供融资支持的同时，必须注重技术质量，真正为能够改善环境与能源的绿色技术提供金融支持。绿色技术项目的成功运作可以丰富绿色技术项目成果库，进一步促进绿色技术的转移转化。

绿色技术服务平台以环境目标为导向。绿色金融和绿色技术发展的最终目的就是环境改善和绿色发展目标的实现。因此，在提供金融服务和绿色技术服务、评估绿色项目时，要注重环境效益，考虑环境目标的实现。

2.3.2　“绿色技术银行”的产品设计

根据 2013 年世界经济论坛对绿色基础设施转型升级方面资金需求量的估计，仅是向能源、交通和建筑等绿色领域的投资额，每年就需要增加约全球 GDP 总额 1.5%的额外投资。2015—2020 年，在工业污染治理、环境修复、可持续能源、环境基础设施建设、能源与资源节约五大领域，绿色融资的需求达到 14.6 万亿元，最多可达 30 万亿元。[①]

未来几年，随着中国经济和财政收入增长放缓，“去杠杆”等系列政策措施改革，地方政府在债务融资方面压力较大，通过以财政资金直接支持绿色发展项目

① 相关资料源于 http://envi.ruc.edu.cn/index.php? s=/Index/news_cont/id/3104.html.

的比例可能会大打折扣,因此,面对环保产业巨大的资金缺口,必须依靠市场化的融资方式来解决。因此,绿色技术银行研究设计并推广绿色技术金融产品,如绿色技术信贷、绿色技术债券、绿色技术基金和碳金融产品。以市场为导向,引导社会资金进入节能、环保、清洁能源、清洁交通等绿色产业,更好地发挥财政资源配置的作用,加快绿色产业转型升级,促进社会可持续发展尤为重要。

从中国绿色金融的发展和实践来看,中国商业银行实施绿色金融的主要途径是绿色信贷。近年来绿色债券和绿色基金发展规模逐渐扩大,但产品仍潜藏着巨大的发展潜力,可通过进一步创新优化扩大投资需求。总的来说,中国的绿色技术金融产品在广度、深度和规模方面落后于整个中国金融市场的发展。

2.3.2.1　绿色技术银行的产品特征分析

1. 绿色特性

绿色技术银行发展的首要条件是对绿色金融活动支持的“绿色”目标做出明确界定。从国内外关于“绿色”的定义来看,中国、孟加拉国和巴西已经开始对其赋予标准。2013 年中国证监会在“绿色信贷指标体系”中将 12 类项目确定为绿色信贷支持项目,国际资本市场协会(ICMA)和中国金融学会绿色金融专业委员会(绿金委)也针对绿色债券领域分别给予了“国际定义”和“中国定义”。具体的“绿色”定义如表 2-3 所示。

表 2-3　　国内外关于“绿色”标准的定义

发布部门	政策文件	“绿色”标准
中国银监会	《绿色信贷指标体系》	绿色农业、绿色林业、工业节能节水环保、自然保护、生态修复及灾害防控、资源循环利用、垃圾处理及污染防治、可再生能源及清洁能源、农村及城市水项目、建筑节能及绿色建筑、绿色交通运输、节能环保服务
国际资本市场协会(ICMA)	《绿色债券原则(GBP)》	可再生能源、能效、污染防控,可持续的自然资源管理,陆地和海洋生物多样性保护,清洁交通,可持续水处理,气候变化适应,具有生态效益的产品、生产技术和流程
中国绿金委	《绿色债券项目支持目录》	节能、污染防治、资源节约与循环利用、清洁交通、清洁能源、生态保护和适应气候变化

与发展中国家不同，发达国家在发展初期几乎解决了环境污染问题，因此在评价项目是否“绿色”时更侧重于关注气候变化和碳排放方面，而很少关注项目的治污作用。

总而言之，无论是绿色金融活动还是绿色技术金融产品的设计，最终都以“绿色”为指导。在进行绿色技术金融投资时需考虑环境风险和环境成本，制定有利于环境目标实现的投资决策，开展能源节约的绿色服务，将资金运用于绿色产业，加快促进绿色经济转型。

2. 金融特性

资金是开展经济活动的前提，金融的根本作用是支持和服务于实体经济，绿色经济转型离不开金融的支持与引导。“以绿色为导向，金融为手段”是绿色金融的本质要求。

绿色技术金融产品的金融特性主要包括两个方面：一是直接通过提供资金支持的方式为环保产业提供金融支持；二是以市场化的手段发挥金融的资源配置能力，引导社会资金投向环保产业，解决环保产业发展绿色技术的融资问题。

除了满足绿色领域的融资需求外，针对绿色领域的相关投资活动提供系统化的金融服务是金融体系的另一重要作用。一方面，通过绿色技术银行等金融机构制定相应的绿色融资准则和信贷标准，将资金真正配置到有绿色技术发展需求的环保产业，满足那些符合标准的环保产业的资金需求。另一方面，利用绿色技术银行等金融机构在日常经营中积累的信息优势（如大量的客户信息、政府信息和市场信息等），通过对信息的处理分析为企业提供咨询顾问服务，帮助企业在进行绿色项目发展时更好的判断市场、寻找机会和资源配置，提供相应的决策支持服务。

3. 技术特性

资本导向技术，技术探索创新，创新驱动发展。对于企业来说，绿色技术水平的提高是其保持核心竞争力、巩固行业壁垒的关键所在。

绿色技术银行成立的理念是向企业和地方政府的区域绿色发展提供绿色技术综合性服务，从而推动绿色技术的转移转化。一方面，通过绿色技术金融产品，为有绿色技术发展需求的企业提供资金支持，支持企业改造和升级其所需的绿色技术。另一方面，通过绿色技术银行的绿色技术信息平台，包括绿色技术成果库、需求库和专家库的成功项目案例为环保产业的绿色技术转移转化提供一揽子综合解决方案。

目前，绿色技术在各领域都获得了快速发展和巨大进步，其发展前沿主要有3D打印、大数据、物联网、机器人与智能制造技术、生态化农业技术、生物工程技术、循环经济技术、新材料新能源技术、节能减排技术、污染处理技术、生态修复技术等。随着近年来互联网的快速发展，以“蚂蚁金服”为代表的互联网企业通过网络技术以绿色的方式为节能环保和低碳经济做出了贡献，如利用网络信息系统，通过推行线上远程实时会议和电子5i发票普及以实现无纸化办公，“蚂蚁森林”和“碳足迹”产品更是将信息技术应用于“碳领域”的范本，利用移动互联网、大数据和云计算等技术将客户端的低碳行为和现实中的环保行为连接，鼓励亿万用户参与低碳生活、提高环保意识。在未来互联网企业还可以继续推动云计算，使用清洁能源、普及电子单据和发票，降低碳排放，促进绿色经济转型。

4. 风险性

环境问题一直是企业面临的最大风险，一旦企业出现环境危机，便会将风险传导至银行系统，造成直接或间接的损失。风险主要有以下几个方面：

信用风险。环保标准的提高以及环境问题的出现，对于企业的运作会造成一定的影响，面对这些问题时，一些企业不当的社会表现会导致发生各类环境违法事件，进而导致企业市场形象受损、还款能力下降，银行可能会面临企业无法履约的风险，加大银行的信用风险。

市场风险。国际资本市场逐渐成熟完善，一些绿色金融产品已经可以定价发行并上市交易，如绿色债券和CDM项下的碳排放权等，产品的价格波动对于持有该产品的企业有重要的影响，若该产品作为资产抵押给银行，银行同样面临相应的风险。

操作风险。银行内部人员的操作不当和管理不善，使得银行面临一定的操作风险。例如，工作人员因为业务指标考核可能会放松绿色信贷准入标准，使得环境风险较高的问题企业获得信贷资格，另外，尽职调查不尽责、企业贿赂工作人员等问题均加大了银行的风险。

声誉风险。银行作为资金供给者和资金需求者的信用中介，声誉是其自身的形象体现。声誉风险主要是和环境问题企业有业务关联的银行所面临的受损风险。客户企业出现环境问题，银行的风险控制和贷款能力就会受到质疑，对于投资者来说会降低对银行的收益预期和信任程度。

2.3.2.2　绿色技术信贷

绿色信贷是指银行业金融机构通过以信贷方式为绿色经济、低碳经济、循环经济提供资金支持，在优化信贷结构的同时，增强自身的环境和社会绩效，防范环境和社会风险，促进经济可持续发展。① 国外绿色信贷产品相对成熟，主要包括住房抵押贷款、商业建设信贷、房屋净值信贷、汽车和交通信贷、绿色信用卡和项目融资等。

从我国近年的实践来看，绿色信贷主要集中在企业项目融资上。作为中国第一家采用“赤道原则”的绿色银行，兴业银行逐步实现绿色项目融资模式。“8＋1项目融资模式”满足了节能环保领域的多种金融需求，其成功实践对于绿色信贷的进一步创新发展有着重要的意义。②

2016年是我国绿色金融发展中的里程碑，不仅是政策层面有创新，在绿色金融实践方面也取得较大进展，如绿色金融产品、工具、方法的不断创新。绿色信贷是我国银行业金融机构涉及最早的领域，也是目前发展最为成熟、进展最快的绿色金融产品。

我国为支持绿色信贷的积极开展，先后制定出台一系列重大政策文件，逐渐构成我国的绿色信贷制度体系，见表2-4。

---

① 中国银监会印发的《绿色信贷指引》中关于绿色信贷的内涵表述。

② 据兴业银行官网显示，“8＋1”融资模式包括节能减排技改项目融资、CDM项下融资模式、节能服务商(EMC)融资模式、节能减排设备供应商买方信贷融资模式、节能减排设备制造商增产融资模式、公用事业服务商融资模式、融资租赁模式和排污权抵押融资模式。

表 2-4　　绿色信贷相关政策及其主要内容

绿色信贷制度	政策文件	主要内容
绿色信贷制度框架	《节能减排授信工作指导意见》 《绿色信贷指引》 《能效信贷指引》	明确规定银行业金融机构开展节能环保授信、绿色信贷的管理方式和考核措施，促进信贷资金投向低碳环保产业
绿色信贷统计监测体系	《绿色信贷统计制度》	银行业金融机构要对所涉及的落后产能、环境、安全等重大风险企业的贷款情况和节能环保项目、服务贷款情况进行跟踪统计
综合考核评价体系	《银行业金融机构绩效评价指标(试行)》 《绿色信贷实施情况关键评价指标》	设置社会责任类指标，考核评价结果将作为银行业金融机构准入、工作人员履职评价和业务发展的重要依据

1. 绿色信贷发展现状

2017 年 6 月 14 日，国务院批准在部分地区进行绿色金融改革创新试点的建设工作，选取示范区分别位于浙江、广东、江西、贵州、新疆五个省(自治区)。近两年来，中国全面加快绿色金融的发展，取得令人瞩目的成就，所取得的成绩基于完善的顶层设计的支撑，成为世界上第一个由政府部门制定系统的绿色金融政策框架的国家。以绿色债券为例，2016—2018 年，境内绿色债券市场累计发行绿色债券 255 只，金额达 5 449 亿元，其中包含 26 单绿色 ABS；2018 年共发行贴标绿色债券 144 只，总发行额超过 2 600 亿元，占全球绿色债券发行总量的 18%，居世界第二位。2019 年上半年，绿色公司债券的发行规模突破榜首，其发行规模跃升至顶峰(422 亿元)，超过绿色金融债券发行规模(380 亿元)。① 据 2019 年 7 月 4 日银保监会国新办新闻发布会上答记者问的相关信息，21 家国内主要银行机构②绿色信贷的余额已经超过 10 万亿元，比 2018 年同期增长 11%，比 2013 年翻了近一倍；2014—2016 年末绿色信贷余额占贷款总额的比例分别为 9.3%、9.68% 和 9.0%。③ 总体来说，绿色信贷余额有继续走高的趋势，其占各项贷款比例维持较

① 相关资料源于 http://www.sohu.com/a/325755656_238300.

② 21 家主要银行包括国家开发银行、中国进出口银行、中国农业发展银行、中国工商银行、中国农业银行、中国银行、中国建设银行、交通银行、中信银行、中国光大银行、华夏银行、广东发展银行、平安银行、招商银行、浦东发展银行、兴业银行、民生银行、恒丰银行、浙商银行、渤海银行、中国邮政储蓄银行。

③ 相关数据源于 http://www.cbrc.gov.cn/chinese/newIndex.html.

高水平，显现出我国绿色信贷市场规模稳步增长的趋势。

另一方面，2013—2017 年，21 家主要银行的节能环保项目及其服务贷款不良率分别为 0.32%、0.20%、0.42%、0.49%和 0.37%，均低于同期其他各项贷款不良率，较低的不良率实际上也为银行利润提升提供了更大的空间，促进绿色金融能力的可持续发展。[①] 绿色信贷的投入预计可年节约标准煤 1.87 亿吨，减排二氧化碳当量 4.35 亿吨，减排化学需氧量 397.73 万吨，氨氮 43.45 万吨，二氧化硫 399.65 万吨，节水 6.23 亿吨。[②] 数据表明我国绿色信贷的资产质量较高，主要原因是在贷款审核时纳入环境和社会风险因素；也体现了绿色信贷对于我国节能环保产业发展的促进作用。

2. 绿色信贷市场需求

国家明确提出了“十三五”期间完成环境改善的目标，并引入了“十大气”“水十”“十大十”政策，环保产业的社会投资具有巨大的拉动效应，绿色领域的融资需求巨大。绿色信贷是最重要的绿色融资方式之一，绿色领域中的大部分融资需求仍依靠绿色信贷来满足，绿色信贷的发展前景十分广阔。已发布的《中国绿色金融发展研究报告(2019)》显示，2018 年我国环保企业对绿色金融的总需求为 2.1 万亿元，而总供给仅为 1.3 万亿元，供需之间存在 8 000 亿元的缺口，预计 2019 年，该项资金总需求量将攀升至 2.5 万亿元。[③]

3. 绿色信贷运作流程——以“渣打银行”为例

环境风险的管理是绿色信贷运作流程中的核心环节，既可以体现银行业金融机构的风险控制能力，也是评价项目优劣的关键因素。西方发达国家在此方面发展比较成熟，下文将通过分析渣打银行实施绿色信贷过程中的环境风险管理措施及其环境风险管理经验，这对于绿色技术信贷的设计和推动发展有着重大的参考意义。

① 相关数据源于 https://www.yicai.com/news/100023641.html.

② 数据来源：《兴业研究：2017 年中国绿色金融市场综览》《中国绿色金融发展报告(2017)》。

③ 相关数据源于 https://finance.sina.com.cn/roll/2019-05-23/doc-ihvhiqay0770854.shtml.

案例：渣打银行环境风险管理体系和流程[①]

渣打银行（Standard Chartered Bank）是一家总部位于伦敦的英国银行，创建于1853年。渣打银行集团在全球拥有600家分支机构，遍布世界56个国家，但其超过90%的利润来自亚洲、非洲及中东市场。在支持绿色经济发展方面，渣打银行始终以负责任的态度管理项目可能涉及的环境与社会风险。

渣打银行通过参考IFC绩效标准、赤道原则和行业内相关标准，针对特定行业制定立场声明，明确渣打银行与客户业务往来过程中须遵守的行为标准，通过公司内部政策与项目流程落实。

环境风险管理是渣打银行贷款审批过程中的核心环节。渣打银行贷款审批及环境风险管理过程主要包括初始风险评估、详细的尽职调查、信贷批准和监管四个阶段，见表2-5。

表2-5　渣打银行贷款环境风险管理流程

管理流程	流程说明	备　注
初始风险评估	渣打银行根据相关立场声明要求的标准，采用公司内部的环境与社会风险评估工具（ESRAs），对符合相关标准的所有客户与交易进行风险评估。该环境与社会风险评估工具适用性强、且简单实用，客户经理及一线员工可利用该工具评估客户的环境与社会风险及商誉风险，包括潜在的人权影响。该工具会帮助明确需要进一步分析和审查的议题，并指导客户经理和一线员工就与运营或项目相关的环境和社会风险与客户沟通	所有涉及项目的交易都会根据赤道原则进行分类与评估
详细的尽职调查	渣打银行在初始风险评估后会通过多种途径收集并审查相关资料，包括：（1）客户取得的环境与社会影响评价、地方及国际相关认证、许可与批准；（2）必要时，委派内部专家到客户现场进行考察与审查；（3）独立第三方尽职调查，以确认某项交易的社会与环境影响，并就相关风险推荐限期整改计划	如发现存在不符合渣打银行相关标准等特定风险，渣打银行的信贷与客户关系团队会将该交易提交给公司内部的环境与社会风险管理小组
信贷批准	所有客户参与交易的环境与社会风险审查都需要渣打银行信贷部门的批准。需要进一步审查的客户或交易将提交给企业责任和声誉风险管理委员会。渣打银行集团执行副总裁担任该委员会的主席，集团关键职能部门的高级管理人员组成该委员会的委员	客户如未能履行承诺采取必要措施来根据赤道原则或公司相关环境与社会标准管理其环境与社会风险时，该委员会有权拒绝交易
监管	将环境与社会影响方面的相关规定写入贷款协议中，客户须承诺在规定时间内采取相应措施以达到这些规定的要求	目的是确保已经发现的环境与社会风险能够得到解决，或促使客户尽快达到相关的环境与社会标准

渣打银行将环境风险纳入信贷管理流程，从风险评估、尽职调查、审批和贷后管理四个方面，更有效地实现环境风险管理的全过程，确保环境风险管理的有效执行。

---

① 《中国绿色金融发展报告（2017）》案例。

4. 绿色技术信贷产品设计

绿色技术信贷的设计可借鉴绿色信贷的操作模式。绿色技术银行发放贷款时,在考虑环境风险管理的同时需兼顾绿色技术需求的实现,将资金配置到真正有绿色技术需求的可持续发展领域。整个流程可分为贷前风险评估、尽职调查、贷款审批、贷后管理四个阶段,将环境风险管理和绿色技术需求贯彻到整个信贷流程,见图 2-13。

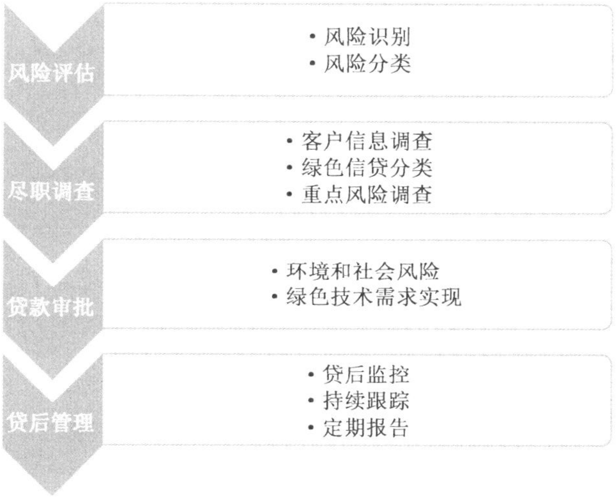

图 2-13 绿色技术信贷流程图

风险评估是风险管理流程的核心环节,也是绿色信贷后续操作的基础。风险评估具体分为风险识别和风险分类。风险识别是指运用各种方法系统地认识和分析潜在风险,便于银行提前做好风险控制措施,将风险产生的负面影响最小化。一般来说,风险识别包括企业的经营风险和环境风险两个层面。银行等金融机构进行风险识别时,通常采用风险清单和财务分析的方法,根据企业的实际经营活动进行深入分析。财务分析是指分析公司的资产和负债,了解整体业务情况。在进行风险评估时,除了考虑企业的经营情况外,还要将其环境和社会表现纳入信贷评估流程,根据企业的环境风险状况进行分类。例如,同等条件下优先支持环境和社会表现好的企业(如节能环保领域企业),对从事污染和高耗能企业提高授信准入条件。一般实践中,银行等金融机构采用"决策树模型"进行风险评估,通过对企业的一系列表现对其环境风险进行判断分类,以决定是否接受该客户。

尽职调查主要分为客户信息调查、绿色信贷分类和重点风险调查。客户信息调查是指收集信贷业务办理的有关资料信息，通过调查客户经营资质、相关部门的认证、许可和批准等途径充分了解客户合法合规情况和环境表现。绿色信贷分类主要是基于所收集的客户相关信息，根据绿色信贷分类标准做出判断进行分类，并将分类结果及时录入银行的管理系统备份存档。重点风险调查是将那些可能会对生态环境产生较大负面影响的企业或项目列为重点关注对象，对其环境风险管理水平、社会认可度等进行重点调查评估。

贷款审批主要包括环境和社会风险以及绿色技术需求的实现。环境和社会风险主要是指在进行贷款审批时，除了考虑企业经营风险，也要将环境风险指标纳入考量范围。根据客户面临的环境风险程度不同，确定合理的授信审批流程，并根据总体风险最后确定授信额度。绿色技术信贷的主要目标是满足企业的绿色技术发展需求，扶持企业应用发展绿色技术，银行充分了解企业的融资用途使资金的使用与绿色技术的实现相契合。

贷后管理主要包括贷后监控、持续跟踪和定期报告。在贷后监控中，一方面，银行通过与企业所在地的环保部门、工信部和安全生产部等有关部门进行沟通，充分了解企业的环保合法合规情况，关注企业的环境风险水平；另一方面，应关注企业的融资用途是否用于绿色技术的发展。根据贷款后企业的环境与社会表现，需对绿色信贷分类及贷款质量分类等指标进行及时更新，及时准确的分类管理是做好信贷风险防范的前提。对于存在重大风险的企业，必须对其贷款风险状况和风险控制措施的落实情况进行持续跟踪监控，并落实相关贷后管理规定。贷后客户表现的及时反馈也是贷后管理的一项重要环节，银行应建立环境风险报告制度，定期进行内部环境风险报告，当客户发生重大环境风险事件时，可以及时采取应急预案和风险处置措施。

2.3.2.3 绿色债券

绿色债券作为一种新型绿色融资工具，我国自 2016 年起发展迅速。国内外有关部门对绿色债券做出相关定义，见表 2-6。

表 2-6　全球主要机构对绿色债券的定义

发布机构	定义内容
国际资本市场协会（ICMA）	包括所有将所得资金专门用于资助符合规定条件的绿色项目或为这些项目进行再融资的债券工具

续表

发布机构	定义内容
中国人民银行	指金融机构依法发行的、募集资金用于支持绿色产业并按约定还本付息的有价证券
国家发展改革委	募集资金主要用于支持节能减排技术改造、绿色城镇化、清洁能源高效利用、新能源开发利用、循环经济发展、水资源节约和非常规水资源开发利用、污染防治、生态农林业、节能环保产业、低碳产业、生态文明先行示范实验、低碳试点示范等绿色循环低碳发展项目的企业债券
气候债券倡议组织（CBI）	目的是为具有积极的环境效益或气候变化效益的项目提供资金，绿色债券本身是由发行人的所有资产作为支撑的，除此之外，绿色债券还包括资金具有指定用途的绿色收益债券、绿色项目债券和绿色证券化债券

以上关于绿色债券的定义，是各机构部门结合自身领域进行的定义，从我国近年绿色债券的实践来看，在某些方面有一定的差异。本书的绿色债券指政府、金融机构和企业等作为发行一方向投资者发行募资的一种有价证券，募集资金将用于支持绿色项目的发展。绿色债券实质上是附带“绿色标签”的债券，除了资金投向上的“绿色”限制，作为一种债务融资工具，其他属性与普通债券基本无异。由于绿色债券可以满足绿色领域的中长期融资需求，这一特点构成其特有的产品优势。

针对绿色债券，我国出台了多项政策文件对其进行支持指引，见表 2-7。

表 2-7　　绿色债券相关政策及其主要内容

发行部门	政策文件	主要内容
中国金融学会绿色金融专业委员会	《绿色债券支持项目目录》	为绿色债券审批与注册、第三方绿色债券评估、绿色债券评级和相关信息披露提供重要的参考依据
中国人民银行	《关于在银行间债券市场发行绿色金融债券事宜的公告》	明确绿色金融债券发行支持范围和备案（审核）要求
	《关于支持绿色金融改革创新试验区发行绿色债务融资工具的通知》	明确试验区内绿色债务融资工具可以投资绿色基金；明确绿色企业发行的融资工具不用对应具体绿色项目
中国人民银行、证监会联合	《绿色债券评估认证行为指引（暂行）》	从机构资质、业务承接、业务实施、报告出具以及监督管理等方面做出具体的规范和要求
国家发展改革委	《绿色债券发行指引》	明确绿色企业债券发行支持范围和备案（审核）要求

续表

发行部门	政策文件	主要内容
七部委联合	《关于构建绿色金融体系的指导意见》	建立和完善我国统一的绿色债券界定标准；规范第三方认证机构对绿色债券评估的质量要求
上海证券交易所	《关于开展绿色公司债券试点的通知》	明确规定绿色公司债券是按照《公司债券管理办法》发行的、募集资金将用于支持绿色产业
深圳证券交易所	《关于开展绿色公司债券业务试点的通知》	
中国银行间市场交易商协会	《非金融企业绿色债务融资工具业务指引》	要求企业发行绿色债务融资工具应在注册文件中明确披露绿色项目具体信息，并鼓励第三方认证机构进行评估

1. 绿色债券发展现状

我国“绿色债券”于 2015 年正式推动发展。2016 年，绿色债券真正出现在中国市场，其中兴业银行和上海浦东发展银行是最早也是发行规模最大的绿色债券发行人，其发行量约占我国发行总额的 43%。首批绿色金融债券发行后即实现超额认购，两家银行的成功实践吸引了各家金融机构和企业的参与，为我国绿色债券市场打开新局面。

2019 年上半年，我国的绿色债券市场发展迅速，共发行 84 期绿色债券，总金额高达 1 316 亿元，相比 2018 年上半年(48 期，523 亿元)有很大增长，发行期数和发行规模的增幅分别为 75%和 52%。2019 年，绿色债券类型更加多元化，并增加了地方政府绿色市政特别债券；在西部地区，先后发行第一批绿色债券，并进一步扩大分销领域。2019 年相比 2018 年同期，绿色债券发行数量和规模在债券市场总发行数和总金额中所占比重均有大幅提升，分别由 2018 年的 0.9%、0.78%上升到 1.32%和 1.65%，涨幅分别高达 46.7%和 1.12%。[①] 2019 年上半年，根据中央银行发布的《绿色债券支持项目目录(2015 年版)》，绿色债券筹集的资金中已经确定并可以合理估计的部分主要用于清洁能源、清洁交通和污染防治，见图 2-14。其中，用于清洁能源所募集资金占披露资金募集量的 34%，比 2018 年同期上涨 16 个百分点；用于清洁

① 相关资料源于 http://www.ceh.com.cn/qyzq/1146553.shtml.

交通的资金数量占披露投资募集资金的24%，比2018年同期增长11个百分点。2019年，未能明确估算具体资金用途的绿色债券[①]仅占发行总金额的3%，明显低于2018年同期的24%，这表明绿色债券融资信息披露的透明度进一步提高。[②]

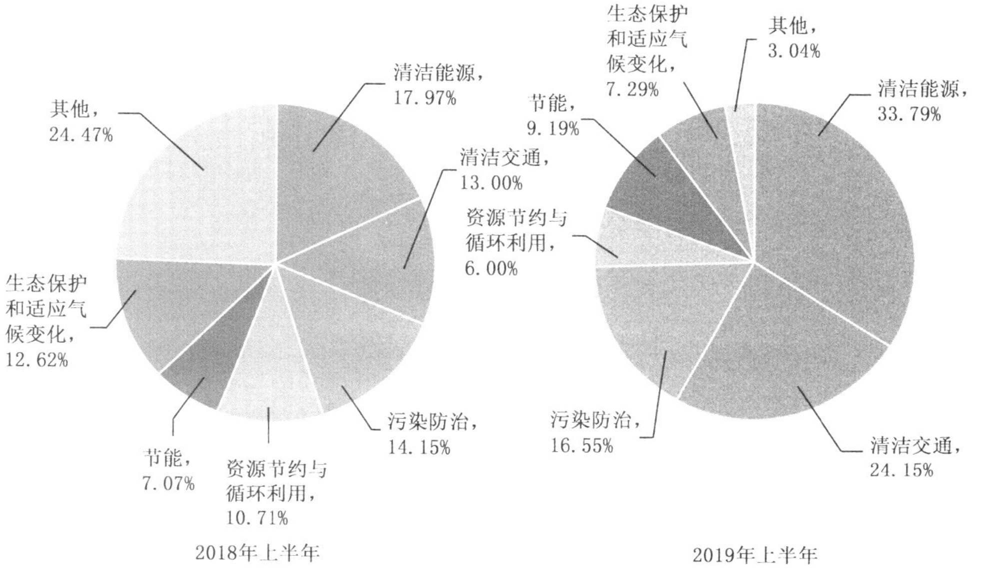

数据来源：Wind数据库。

图2-14　2018年上半年和2019年上半年绿色债券资金用途统计

2. 绿色债券市场需求

绿色债券的"绿色"性质，以及低发行成本和稳定的营利性特征，正契合绿色领域的融资需求，尤其适合资金需求量大、融资期限较长的绿色项目，相对绿色信贷来说，绿色债券可以弥补融资期限过短产生的期限错配问题。在"一带一路"的大背景下，绿色债券在国际范围可发展空间巨大。气候债券倡议组织公布的数据显示，2018年全球绿色债券总发行规模为1 673亿美元，比2012年增长了60多倍；中国发行的绿色债券规模达到300多亿美元，处于世界第二的领先水平。[③]

① 主要为部分信息披露不完全的绿色金融债以及非公开发行的私募债、资产支持证券和资产支持票据。

② 相关资料源于 http://www.sohu.com/a/325755656_238300.

③ 相关资料源于 http://www.ceh.com.cn/qyzq/1145441.shtml.

2016—2018年，每年的绿色债券发行规模均约为2 000亿元，且下半年的发行规模普遍高于上半年，平均每月增长10%～22%。由此估算，到2019年底，我国绿色债券规模将超过3 000亿元，年度发行量有望突破历史最高水平。①

3. 绿色债券案例分析——基于兴业银行首单绿色金融债券

兴业银行是我国第一家采用“赤道原则”的绿色银行。通过结合传统信贷模式，兴业银行对绿色金融融资模式进行大胆创新，其推行的“8＋1”融资模式是典型代表，同时兴业银行也是国内绿色金融产品最丰富的银行。兴业银行发行的我国首单贴标绿色金融债券是我国绿色债券发展历程的里程碑。

案例：兴业银行发行的我国首单贴标绿色金融债券

发行人	兴业银行股份有限公司
发行时间	2016年1月28日，2016年7月14日，2016年11月15日
发行额	100亿元，200亿元，200亿元
币种	人民币
信用评级	主体AAA级、债项AAA级
评级机构	上海新世纪资信评估投资服务有限公司
债权性质	金融债
期限	3年，3年，5年
票面利率	2.95%，3.2%，3.4%
承销商	中国工商银行，中国农业银行，中国银行，中国建设银行
绿色认证机构	中央财经大学气候与能源中心
交易市场	银行间
募集资金投向	环保、节能、清洁能源和清洁交通等支持改善环境、应对气候变化的绿色项目
发行人	北京汽车股份有限公司

绿色金融债券的出现为绿色领域的融资提供了一种新的途径，对于银行的绿色金融业务发展来说也是一大创新。它不仅解决了绿色领域的中长期融资需求，

① 相关资料源于 http://www.financialnews.com.cn/sc/zq/201907/t20190730_164934.html.

而且优化了银行的信贷结构。兴业银行通过聘请第三方绿色认证机构，进一步提高我国首单贴标绿色债券的“绿色”可信度和绿色债券信息披露的透明性，这标志着中国绿色债券逐步标准化和成熟。

4. 绿色技术债券设计

根据发行人不同，绿色技术债券可以分为绿色技术金融债券和绿色技术企业债券。例如，绿色技术银行等金融机构法人可以通过向投资者发行绿色技术金融债券支持绿色产业发展；重点企业可以通过发行绿色技术公司债券来募集资金用于绿色技术的创新发展需要。针对绿色技术银行这一主体特征，借鉴当前绿色债券的成功实践经验，通过发行规模、发行程序和风险控制等方面来研究和设计绿色技术金融债券，以满足绿色领域融资需求的同时注重绿色技术的实现和转移转化。

政府和相关部门可以出台财政贴息和税收减免等优惠措施支持绿色技术债券的发展，发行对象除了合格投资者要求外，也可以大力鼓励各类机构投资者和证券投资基金、社保基金、企业年金和慈善基金投资于绿色技术债券。发行规模方面，通过分析募投绿色项目总投资规模，结合项目绿色属性，可以适当放宽发行额度。以当前绿色债券为例，其募集资金的 80%可用于绿色项目投资。另外，需考虑地方公共预算收入和区域发展情况，结合实际情况确定发行规模。

绿色技术债券发行流程如下：

第一，确定筹款项目具备“绿色”性质。绿色技术债券所募集资金重点在于要支持绿色产业的绿色技术发展需求，因此绿色技术债券的发行首先要关注拟投项目是否具备“绿色”属性。一方面，可以通过官方发布的“绿色”标准确认募投项目是否达到具体认定标准(关于“绿色”标准已在上文“绿色属性”部分叙述)；另一方面，选择一个独立的专业评估或认证机构为筹款项目发布“绿色认证报告”或“第二意见”。对募投项目做出的绿色评估及认证具有重要的参考作用。

第二，确定债券发行方案。绿色技术债券发行方案的确定，需综合考虑拟发行债券类型、募集资金使用用途、债券存续期限、拟投项目的资产规模、回收期和预测现金流等多个因素。

第三,风险控制。绿色技术债券发行过程中,绿色技术银行要完善环境信息披露机制,对募集资金使用情况持续定期披露,确保发行人将募集资金应用于绿色领域中绿色技术的发展实现,保证绿色技术债券信息的公开透明,让投资者有充分的知情权,消除投资者的疑虑,并充分保证资金流入绿色领域。此外,有必要加强对募集资金的管理,发行人应建立专项账户,以收取、转移和偿还资金;与存款银行签订账户监管协议,确保筹集的资金按规定用途使用。信用担保的方式可以大幅降低风险,保证投资者权益实现:一方面,可以通过使发行人提供抵押担保的方式实现内部增信;另一方面,通过外部信用增强措施降低风险。

2.3.2.4 绿色基金

绿色基金是一种可以最大化聚合社会资本的资金平台,将募集资金用于支持低碳经济和节能环保产业,致力于绿色目标的发展和实现。现阶段,绿色基金主要包括产业基金、并购基金以及用于支持区域绿色目标发展的 PPP 绿色基金等。绿色产业基金与一般基金的最大区别在于须将资金总额的 60%投向绿色低碳领域,实质上是一种股权投资基金,主要用于支持实力较强、发展潜力较大的未上市节能环保企业,具有一定的营利性。绿色并购基金为发展较为成熟的上市企业提供资金支持,用于发展核心技术,提升公司核心竞争力,通过市场化的方式引导产业资源流向优势企业,同时提高节能环保产业的市场集中度。PPP 绿色基金主要满足于区域绿色发展需求,通过公私合作的方式设立 PPP 模式绿色基金或项目公司,满足地方绿色发展项目的长期融资需求,以市场化的手段使低收益绿色项目转化为满足市场需求的利润水平。

自 2010 年大力推行绿色基金发展以来,出台了多项政策文件对其予以引导支持,近年已步入快速发展阶段,相关政策文件见表 2-8。

表 2-8　　　　绿色基金相关政策及其主要内容

发行部门	政策文件	主要内容
国务院	《关于支持循环经济发展的投融资政策措施意见》(2010 年)	明确鼓励绿色产业投资基金的发展，引导社会资金投资于资源循环利用企业
	《国务院关于加快培育和发展战略性新兴产业的决定》(2010 年)	鼓励社会资本投资于节能环保产业、新能源产业、新能源汽车产业等战略性新兴产业
	《国务院关于加强环境保护重点工作的意见》(2011 年)	明确指出大力发展环保产业，拓宽环保产业融资渠道
党的十八届五中全会	提出发展绿色金融，设立绿色发展基金(2015 年)	确定“绿色”发展理念
国务院	《关于深入推进新型城镇化建设的若干意见》(2016 年)	提出创新金融服务推动绿色经济发展
绿色金融研究小组	《G20 绿色金融综合报告》(2016 年)	支持政府以绿色金融带动社会资本投入绿色领域
中共中央办公厅及国务院办公厅	《国家生态文明试验区(福建)实施方案》(2016 年)	明确提出鼓励各类绿色发展基金实施市场化运作
七部委联合	《关于构建绿色金融体系的指导意见》(2016 年)	支持设立各类市场化运行的绿色发展基金，鼓励以政府和社会资本合作(PPP 模式)引入社会资金
国家发展改革委	《“十三五”节能环保产业发展规划》(2016 年)	引导和支持社会资本建立绿色发展基金，投资节能环保产业
党的十九大	提出生态文明建设目标(2017 年)	明确绿色经济转型战略
中国证券投资基金业协会	《绿色投资指引(试行)》(2018 年)	界定绿色投资的内涵，明确绿色投资的目标、原则和基本方法

1. 绿色基金发展现状

随着政策的大力支持，绿色基金近年发展迅猛，大批绿色基金在金融机构的积极探索下相应成立。2014 年后，我国绿色产业发展基金数量迅速增加，在基金业协会注册登记的基金年度设立数量由 2014 年的 23 只增长至 2017 年的 175 只。但是，自 2017 年 10 月以来，绿色产业发展基金的数量开始下滑，进入 2018 年后迅速减少。2018 年在基金业协会备案设立的绿色产业发展基金为 92 只，较 2017 年下跌47.43%。[①] 据有关资料显示，截至2018年9月末，我国境内共有71只公开发行的环境与社会责任证券投资基金，发行股份总数计1 395.13亿元。截至2018年9月共有557家绿色私募股权投资基金，被命名为绿色、环保、节能、新能源、循环经济的分别有63只、151只、43只、280只和20只。

除了证券投资基金外，绿色产业基金也是推动绿色发展的重要力量。我国已经建立了近250只绿色产业基金，其中大部分由地方政府牵头设立，并且发展迅速。总的来说，我国绿色基金的发展正处于稳步上升阶段。[②]

2. 绿色技术基金设计

绿色技术基金的设计是以绿色技术的发展实现和转移转化为导向，通过基金这一平台募集社会资金来满足绿色产业融资需求。根据绿色技术基金设立模式的不同，一方面可以通过借鉴绿色产业基金的设立模式，设计绿色技术产业基金，重点支持绿色领域的绿色技术发展；另一方面可以通过和地方政府合作，针对区域绿色项目的发展需要，设立PPP绿色技术基金。绿色技术基金的发行规模应综合考虑募投项目的资金需求、融资期限、区域发展水平等要素，合理确定发行规模以保证基金的正常设立。

(1)绿色技术产业基金

绿色技术产业基金，可以通过已设立的绿色技术成果转化创业基金，为具备较大发展潜力的绿色技术提供资金支持，以更好地促进绿色技术的转移转化；并积极吸引更多的社会资本参与设立绿色技术产业基金，以市场化的运作方式推行绿色技术资本化。

(2)PPP绿色技术基金

PPP绿色技术基金是将一个区域内的“绿色项目”通过绿色技术银行提供的绿色金融技术进行技术、产业、资源和资本的综合性整合，以“公私合作”的方式设立PPP绿色技术基金或项目公司，通过市场化运作手段使低利润绿色技术项目转

① 相关资料源于 http://www.sohu.com/a/298859683_820796.

② 相关资料源于 http://www.financialnews.com.cn/zq/jj/201811/t20181115_149490.html.

化为满足市场需求的收益水平。拟设计的PPP绿色技术基金不仅能解决区域绿色技术项目的长期巨额融资需求,也为其提供长期绿色技术金融服务。总体来说,PPP绿色技术基金的设计为区域绿色发展目标的实现提供新的融资渠道。基于绿色技术银行作为非营利性金融机构的定位,绿色技术银行既可以作为发起人,也可以作为参与方。除此之外,绿色技术银行既可以通过提供资金支持绿色技术的发展,也可以利用其绿色成果库的大量成功实践,为区域绿色项目提供绿色技术支持。

基于绿色技术银行的PPP绿色基金结构,见图2-15。

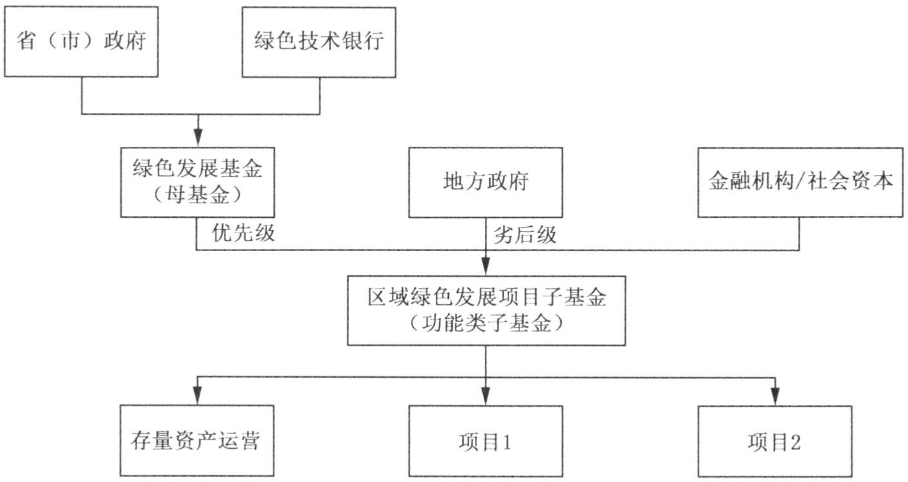

图2-15 基于绿色技术银行的PPP绿色基金结构图

在PPP绿色技术基金结构的设计上,可以由省级政府出资设立,绿色技术银行通过对区域内的绿色技术项目进行筛选并提供绿色金融技术支持,与政府合作建立绿色发展基金,区域地方政府作为下一级,以母基金为优先,通过结构化设计方式吸引其他金融机构和社会资本参与,共同成立子基金,子基金再用于区域绿色发展项目的存量资产运营或者其他子项目。基于PPP运营模式这一特征,在具体设计时应考虑以下三方面:基于区域绿色技术项目的融资需求特点和内部收益率特征进行整合设计,以更好地吸引外部资本的进入;制定风险和收益分配方法合理的PPP协议，明确权利和责任；满足绿色目标和商业利益的共同实现，实现基金运作增值。

绿色技术基金可通过设置优先/劣后结构化的设计方式，即地方政府通过购买劣后级基金充当“安全垫”，出现风险时用劣后级份额偿付投资者持有的优先级基金，使其优先获取基金份额收益。另外，也可以通过提供担保或签订流动性协议的方式提供外部增信。

2.3.2.5　碳金融

关于碳金融的内涵，综合国内外学者的相关定义来看，是与温室气体减排和环境改善有关的投融资等金融活动以及咨询中介服务。我国碳金融市场已逐步形成，各类碳金融产品不断丰富完善，主要包括碳回购融资、碳质押、碳期货和碳配额掉期。

碳回购融资是以碳排放额为标的物，配额持有者向碳排放权交易市场或配额需求者出售碳排放额。这是一种短期融资行为，规定在一定时间内回购以约定价格出售的碳排放额。碳回购融资过程中，配额持有者作为出让方，配额需求者作为受让方，通过签订回购协议，约定回购时间、配额数量、回购价格等相关事项。回购协议有效期内，受让方可以对碳排放配额进行处置。

碳质押是债务人以持有的碳配额排放权作为质押品移交债权人占有以获取融资的行为。由于存在质押关系，当债务人无法履行债务时，债权人对于碳配额拥有优先受偿的权利。同时碳排放权在交易所进行交易，有透明规范的交易流程和价格信息，这都为碳质押的设计操作提供了参考。从碳市场的相关实践来看，银行可以向节能减排企业进行碳质押贷款。

碳期货是以碳排放额现货为标的资产的标准化合约，并约定某一日期通过现金结算差价的方式进行交割。减排企业可以通过在现货市场和期货市场进行反向买卖操作进行风险对冲，达到套期保值目的。此外，碳期货市场的价格信息可以反映现货市场的价格走势，具有价格发现功能。

碳配额掉期交易是一种场外交易活动，当事人以碳配额为标的物，进行即期与远期对价交易。具体交易条款由当事人自主约定,交易所负责保证金的监管、交易清算和结算等。碳配额掉期可以为账期较长的项目提供融资服务,也可以规避一定的汇率风险。

碳金融产品的不断丰富,加快了我国碳金融市场的构建和完善,也引导了社会资金流入节能环保和低碳产业,在为碳金融市场提供流动性的同时降低了交易成本。碳金融产品(如碳期货)可以为碳交易参与者提供风险对冲工具,进行套期保值、规避价格波动风险。碳金融产品拓宽了低碳产业的融资渠道,为低碳产业带来更多的低碳投资,满足低碳发展需求,加快推动节能减排的实施。

自碳金融发展以来,国家先后出台多项政策文件对其进行引导和支持,具体政策文件及相关内容,见表 2-9。

表 2-9　　碳金融相关政策及其主要内容

发布时间	政策文件	相关内容
2007 年 6 月	《中国应对气候变化国家方案》	将应对气候变化与国家可持续发展战略结合起来,努力控制和减缓温室气体排放
2010 年 8 月	《关于开展低碳省区和低碳城市试点工作》	研究利用市场手段推动实现减排目标
2011 年 10 月	《关于开展碳排放权交易试点工作的通知》	批准北京、天津、上海、重庆、湖北、广东和深圳七个地区开展碳排放权试点工作
2012 年 6 月	《温室气体自愿减排交易管理暂行办法》	明确规定自愿减排项目管理、项目减排量管理、交易、审定与核证
2014 年 12 月	《碳排放权交易管理暂行办法》	明确全国碳排放权交易市场的方向、思路、组织架构等
2015 年 9 月	《生态文明体制改革总体方案》	深化碳排放交易试点,完善全国碳排放权交易市场
2016 年 3 月	《国民经济和社会发展第十三个五年规划纲要》	明确指出建设全国统一的碳排放交易市场,实行碳排放报告、核查、核证和配额管理制度
2016 年 8 月	《关于构建绿色金融体系的指导意见》	要求建立全国统一的碳排放权交易市场和具有国际影响力的碳定价中心,有序发展各类碳金融产品
2016 年 10 月	《"十三五"控制温室气体排放工作方案部门分工》	推动区域性碳排放权交易体系向全国碳排放权交易市场顺利过渡,并于 2017 年启动运行全国碳排放权交易市场

续表

发布时间	政策文件	相关内容
2016 年 11 月	《“十三五”控制温室气体排放工作方案》	对碳排放权交易市场的建立、运行和基础支撑做出明确部署；建立温室气体排放信息披露制度
2016 年 12 月	《“十三五”节能减排综合工作方案》	推进碳排放权交易，2017 年启动全国碳排放权交易市场
2017 年 12 月	《全国碳排放权交易市场建设方案(发电行业)》	启动全国碳排放交易体系，建设全国碳排放权交易市场
2018 年 12 月	《建立市场化、多元化生态保护补偿机制行动计划》	提出建立市场化、多元化生态保护补偿机制，要健全资源开发补偿、污染物减排补偿、水资源节约补偿、碳排放权抵消补偿制度
2019 年 3 月	《碳排放权交易管理暂行条例(征求意见稿)》	规范碳排放权交易，加强对温室气体排放的控制和管理

1. 碳金融市场需求

我国为实现低碳发展的目标做了情景模拟。中国人民大学能源与气候经济学项目组模拟的结果显示，我国自 2015 年至 2030 年的低碳投资年均增量需求可达 2 100 亿美元，2030 年后为使碳排放持续下降和减排目标严格化，年均增量投资将扩大至 5 000 亿美元。

随着“一带一路”倡议的加快推进，大量行业的低碳技术需求将不断扩大，包括低碳技术研发设计、制造、运营和转移转化等。我国碳金融市场的发展，可以解决国际低碳技术发展的需要，为全球经济发展向低碳转型做出贡献。

2. 绿色技术银行发展碳金融产品

绿色技术银行可以借助碳金融系列产品扩大自身发展空间。一是可以借鉴国外的成功实践，开发设计碳理财产品、碳信用卡等，提供相关的碳咨询、结算、代理等中间业务。二是清洁发展机制(CDM)下的绿色低碳技术有较大的资金需求，目前兴业银行、浦发银行等均开展了 CDM 项目贷款业务且发展较为成熟，可以借鉴其成功经验。三是可以开展实施碳配额质押贷款、碳回购、碳配额掉期等业务，为低碳环保产业提供流动性支持，满足其绿色低碳技术发展需求，加快实现我国低碳发展的目标。

2.3.3 “绿色技术银行”的风险控制

2.3.3.1 “绿色技术银行”的风险特征分析

我国的“绿色技术银行”发展尚处于起步阶段，产品设计、运行机制和风险评估等仍存在诸多不足，技术的不成熟使得绿色技术银行的发展面临多方面的风险。对于绿色技术项目的投资，需要对多个阶段甚至整个项目周期的整体发展效果进行考核。

在事前，银行应该对政策、银行产品本身以及客户的风险都有一个全面的认识。首先，绿色技术银行的运营和发展需要绿色金融政策的引导，因此政策是否合理将给绿色技术银行带来不同的发展机遇。由于对市场的变化特征、地区经济发展的特点了解不足，绿色技术银行的发展体系、运行机制的设计可能会与当地产业结构、市场需求不匹配，使得“绿色技术银行”无法充分发挥其对于经济发展、环境保护、产业扶持等方面的积极作用，导致资源浪费。其次，目前绿色技术银行推出的产品种类较少，无法充分满足政府、企业以及个人的投融资需求。对于在绿色技术银行平台上进行投资的企业，与政府和银行不同，他们更看重所投项目的经济效益，而绿色项目具有投资期限长、前期回报率低的特点，使得众多投资者望而却步。尽管某些企业参与绿色技术银行，更多的是出于想留个好印象，因而如何依靠自身产品使得企业真正看到投资价值是“绿色技术银行”需要考虑的。最后，目前我国“绿色技术银行”对企业的资质以及绿色产品的风险评估都有不足，如果对申请绿色技术投资的企业可能存在的捏造绿色项目及相关材料或公司实力无法开展所申请项目等问题不能在事前及时发现处理，就会造成公众的质疑，影响绿色技术银行的发展。因此，银行需要全面评估项目风险，理性判断项目的真实性、可发展性以及与国家鼓励政策的相关性，防止被虚假信息蒙蔽。

即使通过了事前的风险评估，在投资过程中仍然不能放松对绿色技术项目的监管。一方面，绿色项目的投资大多投资期限较长，而目前关于“绿色技术银行”的成立与发展的政策还不够成熟，在政策不断调整的过程中原本符合投资要求的项目可能不再有前景，这对申请融资以及参与投资的企业都将产生影响，最终导致资金短缺、项目腰斩,“绿色技术银行”对这类事中风险要有预判和解决方案。另一方面,获得绿色技术投资的企业的资金流向以及研发进度都需要接受监督。某些企业由于能力有限,可能最终无法成功地研究出该项技术或者将申请得到的资金用于其他发展项目,并没有重视对绿色技术的研发,这些都将导致政府的扶持资金、投资者的投资得不到预期的回报,导致绿色技术银行的口碑、声誉受到影响。

在投资完成、绿色技术成功发布后,“绿色技术银行”还会面临投资回报无法完全收回的风险。一方面,企业可能为了自身利益谎报、瞒报项目收益,使银行遭受损失;另一方面,“绿色技术银行”是由政府支持建立的政策性银行,很多产品及项目得到政府的资金补助,可能出现由于监管的不完善在运营过程中银行内部人员与企业合伙骗取资金的行为。

2.3.3.2 建立“绿色技术银行”投资前期风险评估模型

事前风险的控制应从政策、产品以及风险评估三方面进行。政策的制定需要政府多部门相互协作,全面考察本地金融市场的发展方向及环境保护的需求,因地制宜,因时制宜,制定真正能够激励企业参与“绿色技术银行”项目的政策。“绿色技术银行”的产品设计要注重多样性、合理性,满足多种需求,让不同领域的客户都有选择的余地。评估申请绿色信贷等业务企业的风险需要建立适当的模型,以评估结果作为考虑是否投资的重要因素。由于“绿色技术银行”出现时间较短,很多研究还没有深入展开,若简单使用传统方法构建绿色技术银行的风险评估模型,容易产生主观偏误、模型过拟合等问题。随机森林是一种性能优越的组合分类器,它的泛化错误率较低,能有效解决小样本、非线性、高维数等特征的问题,用来构建“绿色技术银行”投资前期风险评估模型十分适用。

1. 指标的选取

对于在“绿色技术银行”申请绿色信贷等绿色金融产品的企业的风险评估与商业银行所进行的信贷风险评估是不同的,虽然都要考虑企业的还款能力,但“绿色技术银行”更重视对企业本身承担的社会责任及其绿色项目对改善环境的积极作用、市场应用前景方面的考量，识别与评估一个绿色项目所涉及的技术知识、盈利能力、环境保护效果都需要进一步研究。因此，在建立风险评估指标体系时不仅需要纳入企业的财务指标，还要纳入技术指标。通过查阅文献建立初步的指标体系，见表 2-10。

表 2-10　　“绿色技术银行”风险评估初步指标

财务指标	盈利能力	销售净利率(x_1)
		总资产净利率(x_2)
		平均净资产收益率(x_3)
	偿债能力	流动比率(x_4)
		速动比率(x_5)
		资产负债率(x_6)
	营运能力	存货周转率(x_7)
		应收账款周转率(x_8)
		总资产周转率(x_9)
	成长能力	营业收入增长率(x_{10})
		净利润增长率(x_{11})
		净资产增长率(x_{12})
技术指标		研发投入占比(x_{13})
		研发人员占比(x_{14})
		专利技术的价值(x_{15})

表 2-10 显示，整个指标体系分为财务指标和技术指标两类。财务指标主要反映企业的经营情况，从盈利能力、偿债能力、营运能力和成长能力四个方面来衡量企业的整体实力及发展前景，避免因企业经营不善导致绿色项目无法顺利开展的风险。技术指标主要包括企业的研发投入比例、研发人员占比以及专利价值，研发投入和研发人员的占比越高、专利技术的价值越大，说明企业对技术研发越重视，企业的研发能力越强，其项目成果的实用性、科学性就越大，对环境保护的贡献也越大。绿色技术银行成立的最终目的是希望通过对绿色企业的资金支持实

现环境保护，提高能源利用效率，企业本身能否真正履行社会责任十分重要，因此，选择企业在环境和经营中是否存在违规事项作为目标变量，来划分企业风险程度。

2. 模型构建

由于主观性的存在，模型在选取指标的过程中难免会有偏差，因此，可以利用随机森林算法对初步选取的指标进行筛选，从而建立克服主观偏误的“绿色技术银行”风险评估指标体系，并利用最终的指标体系对风险进行合理评估。

随机森林（Random Forest，RF）是一种基于 CART 决策树的组合分类器算法，在管理学、医学等众多领域都得到广泛应用。它的基本思想是：将原始样本随机生成 n 个新样本，对 n 个新样本分别建立决策树得到分类结果，最后通过决策树的投票决定最终分类结果。

要实现随机森林算法分类主要有三步：

第一，从原始训练集中通过 Bootstrap 重抽样方法抽取 n 个新训练集，假设每个新训练集的样本容量为 m。

第二，对 n 个新训练集分别构造决策树，假设样本中所有指标个数为 K，对每棵树都从 K 个指标中随机选择 $k(k \leqslant K)$ 个指标，以 m 个样本、k 个指标为样本数据构建决策树。

第三，将生成的 n 棵决策树组成随机森林，按决策树分类器的投票决定最终分类结果。

训练集在 Bootstrap 抽样的过程中还会产生一部分未被抽中的数据，我们称之为袋外数据，可用于误差估计（OOB 估计）来估算模型的泛化误差，从而起到检验模型分类效果的作用。

随机森林算法在对数据进行分类的过程中还能够反映指标的重要性，重要性越低的指标对分类结果的影响程度越小，因而可以通过对指标重要性的排序来构建指标体系。计算指标重要性需要将训练集再分为训练和验证两个部分，对于第 i 个指标，用随机森林在训练集进行拟合并在验证集进行测试，得到一个精确度，随机地变更验证集中的值获得另一个精确度值，两个数值的差异程度就是第 i 个指标的重要性。通过剔除对最终分类结果影响较小的指标，能够更合理地构建指标体系，简化之后的进一步分析，提高分类效率。

基于随机森林算法构建"绿色技术银行"风险评估指标体系的过程如下：

第一，利用随机森林算法得到各指标的重要性。

第二，从重要性排序中位置最低的指标开始剔除，逐渐增加剔除个数，直至剩下 2 个指标。

第三，将剔除不同指标后得到的模型分类精度进行比较，选择对应精度最高且指标数量最少的指标作为最终的风险评估指标体系。

随机森林算法构造每棵决策树的样本是随机抽取的，每棵树的每个分支节点的选择也是随机产生的，因此，具有较高的分类准确率，且不易产生过拟合，能够有效解决不平衡分类的问题，在风险评估等方面展现出强大的性能。

3. 绿色技术银行风险评估实证分析

首先，节能环保型企业更愿意在环境保护方面做出自己的努力，且本身具有高技术性和营利性，因此，节能环保型企业必将成为绿色技术银行的主要客户群体。其次，市场上对上市公司信息披露的管理一直十分严格，因此上市公司的数据相对可靠。基于此，我们将 166 家节能环保上市公司 2017 年的数据作为样本，建立风险评估模型。

公司的数据主要来源于同花顺 iFind 软件，在股票的概念板块中选择节能环保、节能减排、新能源概念的共 286 家上市公司，提取各指标对应的数据，剔除数据缺失过多的公司，最终保留了 166 家公司作为最终样本。将 2017 年存在环境和财务违规的公司作为风险较大的一方，令目标值 y 为 1，样本中有 36 条数据；认为 2017 年没有违规行为的公司风险较小，其 y 记为 0，共 130 条数据。划分样本训练集和测试集分别有 116 条和 50 条数据，y 为 1 的数据，训练集中有 23 条，测试集中有 13 条。

除目标变量 y，依据表 2-10 的初步指标体系共选取 15 个变量，分别是盈利能力方面的销售净利率、总资产净利率、平均净资产净利率，反映偿债能力的流动速率、速动比率、资产负债率，营运能力方面的存货周转率、应收账款周转率、总资产周转率，衡量企业成长能力的营业收入增长率、净利润增长率、净资产增长率，以及技术方面的研发费用占比、研发人员占比和专利技术账面价值，并将它们分别记为 x_1、x_2…x_{15}。

使用 Python2.7 软件 sklearn.ensemble 模块中的 Random Forest Classifier 函数建立随机森林模型，对样本进行拟合，并对模型参数的选取进行交叉验证，最终建立包含 100 棵决策树的随机森林模型，OOB 估计为 0.83，分类精度达到 0.9。

将建模过程中得到的指标重要性进行排序，结果见表 2-11。

表 2-11 **指标重要性排序**

指标	x_{15}	x_{11}	x_1	x_6	x_{13}	x_{14}	x_8	x_4
重要性值	0.191	0.085	0.079	0.072	0.072	0.067	0.065	0.052
指标	x_{10}	x_2	x_3	x_5	x_7	x_{12}	x_9	
重要性值	0.051	0.051	0.049	0.045	0.043	0.042	0.036	

表 2-11 显示，专利技术的价值、净利润增长率、销售净利率是在影响风险评估结果中重要性相对更大的指标，而总资产周转率、净资产增长率、存货周转率影响力较弱。将排名靠后的变量逐个剔除，发现将 x_7、x_{12}、x_9 指标去掉和将 x_3、x_5、x_7、x_{12}、x_9 指标去掉后建立的模型，精度都达到最高 0.94。在同样的精度下倾向于选择更少的指标来反映模型，因此，最终保留重要性排名前 10 位的指标建立绿色技术银行风险评估指标体系，即专利技术的价值（x_{15}）、净利润增长率（x_{11}）、销售净利率（x_1）、资产负债率（x_6）、研发投入占比（x_{13}）、研发人员占比（x_{14}）、应收账款周转率（x_8）、流动比率（x_4）、营业收入增长率（x_{10}）和总资产净利率（x_2）。

利用新构建的指标体系重新进行分析，得到 OOB 估计为 0.84、分类精度为 0.94，将得到的测试集的预测值与真实值进行比较，见表 2-12。

表 2-12　　测试集的预测值与真实值结果对比

真实值	预测值	真实值	预测值
0	0	0	0
0	0	0	0
0	0	0	0
0	0	0	0
0	0	0	0
1	0	1	1
0	0	0	0
0	0	0	0
0	0	0	0
0	0	0	0
1	1	1	1
0	0	0	0
1	1	0	0
0	0	0	0
1	0	0	0
1	1	0	0
0	0	1	1
0	0	0	0
0	0	0	0
1	1	0	0
0	0	0	0
1	1	0	0
1	1	0	0
1	1	1	0
0	0	0	0

通过随机森林模型建立的“绿色技术银行”风险评估指标体系，剔除了原始指标中对评估结果影响相对较小的部分，使得模型更加精简、更为合理。在各指标中，总资产周转率的重要性最小，说明公司全部资产的利用效率和经营质量对公司绿色项目的发展没有显著影响；存货周转率指标在重要性排序中位于倒数第三位，与总资产周转率同样反映公司的营运能力。同时，体现技术方面的指标专利

技术价值和研发投入占比的重要性位居前列，表明营运能力是一个公司整体实力的重要体现，但“绿色技术银行”考量一个公司的绿色项目可靠程度时更看重公司的技术研发能力，这符合“绿色技术银行”的核心理念。“绿色技术银行”流通的是“技术”，能够为环境改善、资源利用发挥效用的技术，接受“绿色技术银行”资金投入的公司能够重视研发的投入，重视绿色技术的创新，才真正能够实现“绿色技术银行”的价值。

模型精度为 0.94，说明模型的分类准确率非常高。在模型分类结果中，有 10 家公司被分为风险较大，与真实结果相比，有 3 家高风险公司被错分为风险较小。同时，用 OOB 估计的泛化精度达到 0.84，说明模型的泛化能力很好，能够很好地推广到对未知的数据的评估。

利用随机森林算法建立的风险评估指标体系以及评估模型，能够对申请“绿色技术银行”资金支持的企业进行合理的分类，具有较高的实践价值，对“绿色技术银行”投资前期的风险评估可行且有效。

2.3.3.3 以绿色信贷为例的风险测试

关于绿色信贷风险评估的问题，国内外许多专家学者都有系统、深入的研究。国外学者对绿色信贷的研究兴起较早，实现可持续发展在国际上已形成共识，在 1972 年《联合国人类环境会议宣言》之后，国外发达国家意识到发展绿色金融对可持续发展的重要作用，因此对绿色金融、绿色信贷的理论研究逐渐发展起来。国际上通常将绿色信贷称为可持续融资，认为可持续融资的出现将环境问题与金融业务紧密联系起来，有助于实现经济的可持续发展。Weber 等(2010)认为，可持续融资是指银行调配资源为可持续性项目提供贷款融资，并通过收费服务产生社会影响力。Baron(2010)认为，绿色信贷是银行以环境保护和社会责任作为信贷条件开展的信贷活动。2003 年，“赤道原则”正式确立，作为绿色信贷的标准和规范在国际上得到了认可，成为国内外各大银行发展绿色信贷、绿色债券等业务的依据。Monaghan(2013)研究发现，将“赤道原则”作为信贷审批的准则能够有效避免商业银行在投资中所面临的环境风险，实现利润与环境保护双赢。

绿色信贷的复杂性导致银行对其风险评估更加谨慎全面，许多专家学者对此进行了大量研究，提出一些不同环境下的风险评价标准。Criscuolo（2015）分析了29个国家的绿色投资部门的风险投资，证实绿色行业的风险融资将面临更多挑战，环境政策对不同国家间投资风险差异的影响显著。根据陈海若（2010）的研究，国外机构及学者认为环境风险是评估绿色信贷风险的核心，为构建环境风险评价指标体系设计一系列指数，代表性的有道琼斯可持续性群组指数（DJSI）、评定企业社会与环境方面表现指数（FTSEDomini 400 Social Index）、欧元区财务绩效指标体系（ASPI Index）和评估企业社会责任投资指标体系。McAleer、Pauwels（2007）等认为，道琼斯可持续性指数和埃塞贝尔可持续发展指数等环境可持续性指数，为管理可持续发展的投资组合提供了基准；Escrigolmedo、Munoztorres 和 Fernandezizquierdo（2010）研究发现，目前正在使用的可持续性指数是多样的但缺乏标准化；Ralph Chami（2002）等认为，发展绿色信贷等绿色金融业务不仅能够提高金融机构的声誉，而且有利于金融企业更好地控制风险。

国内也有许多学者通过定性或定量的方法对绿色信贷的发展进行研究。关于绿色信贷带来的影响，孙光林和李庆海等（2017）利用商业银行的季度数据，建立固定面板和动态面板模型研究发现绿色信贷对商业银行风险有显著的负向影响，并能够改善银行效益；何凌云等（2018）运用系统 GMM 回归方法研究 9 家上市银行，发现商业银行绿色信贷能够有效提高总资产收益率，提升商业银行竞争力；徐胜等（2018）利用灰色关联度及面板模型分析得出绿色信贷对推动产业结构升级的影响效果显著，同时比较发现东、中、西三大地区的绿色信贷业务对产业结构调整的影响存在差异。关于绿色信贷的发展及建议，马秋君和刘璇（2013）对美国花旗银行、荷兰合作银行和荷兰银行的绿色信贷审批流程、风险防范措施等进行案例分析，提出我国商业银行应尽快完善可量化的评估指标，强化绿色信贷业务的准入机制等建议；韩立岩和王臻（2014）通过比较美国、日本等发达国家的绿色信贷发展特色，对我国绿色信贷的发展提出制定绿色信贷标准实施细则、打造绿色信贷数据平台、构建激励机制、创新盈利模式等建议；黄贤和钟为亚（2014）认为我国绿色金融市场体系并不完备，应健全约束激励机制、完善市场体系、加强各部门之间的协作。关于绿色信贷的风险，马晓微和陈慧圆(2015)认为商业银行绿色信贷的风险主要表现在环境风险、信贷风险、操作风险和声誉风险，并为风险预警建立了指标体系；李云燕和殷晨曦(2017)为绿色信贷信用风险转移构建GCRT优化模型，结果表明商业银行将信用风险转移到非银行业金融机构可以减小绿色信贷风险。

对于绿色信贷风险评估方面的研究，也存在许多基于主观、客观、定性、定量的研究方法的文献。专家法、德尔菲法、网络分析法等方法在风险评估方面应用广泛。吴劼和田颖琪(2013)利用德尔菲法，以长三角为基础构建绿色信贷风险评价体系；张新爽和常佳(2015)利用层次分析法对绿色信贷风险进行研究，赋予指标适当权重，构建出绿色信贷风险评估指标体系；陶黎、孟庆军和唐勇军(2017)以深圳垃圾填埋场沼气回收利用项目为例，结合波特钻石模型和网络分析法，建立绿色金融项目风险评价指标体系。由于绿色信贷的风险评估过程具有复杂性、非线性和不确定性，传统的评估方法很难适用。为了解决主观偏误、泛化能力差以及过拟合等问题，许多学者开始利用神经网络、随机森林、支持向量机等更前沿的方法进行风险评估。王忠超(2013)、赵萌词(2016)、汤洁茹(2018)等人利用上市公司的数据，通过BP神经网络的方法构建绿色信贷风险评估模型，有效避免主观偏误；李进(2015)运用随机森林算法构建风险评估模型，并以重污染行业上市公司为对象进行实证分析；李姝(2012)基于支持向量机算法，将上市公司是否属于沪深300作为被解释变量构建商业银行绿色信贷评级模型，实现对企业的二分类。专家法虽然简单方便，但是对于指标权重的选取具有主观性，从而导致结果的不合理。而神经网络方法的普遍应用，避免主观性带来的偏差，但存在随机性过强、容易陷入局部最优。

支持向量机(SVM)是一种二分类模型，在数据挖掘、图像分类、模式识别等领域都获得广泛应用。Vanpnik等于1995年以统计学习理论为基础，提出针对小样本、高维数问题的支持向量机算法。该算法以结构风险最小化为准则，具有计算简单、泛化能力强、全局最优等优点。支持向量机算法提出后，对其进行优化拓展的研究也相继涌现。Smits(2002)研究发现基于混合核函数的支持向量机模型有更强的泛化能力；沈翠华等(2005)提出一种用最近邻(NN)对训练集进行修剪，用支持向量机进行分类，同时在分类过程中判断待识别样本是否在间隔之外的 NN-SVM-KNN 分类方法；贾凝(2010)通过对线性支持向量机和非线性支持向量机进行分析，进一步探索出支持向量机在统计学领域的应用，并与 Boosting 算法相结合提升支持向量机模型的强度；徐成贤等(2010)对应用于金融时间序列预测的支持向量机进行改进，提出不等权重支持向量机方法(USVM)，并通过实证研究证明该方法的有效性；吴敏(2014)从不同角度分别提出三种支持向量机的优化方法，包括基于黎曼几何的修正核函数方法、基于距离的隶属度函数修正方法以及欠抽样和代价敏感支持向量机相结合的不平衡数据分类算法；魏洒洒等(2018)基于随机分组抽样集成法选择支持向量机的训练数据，大大降低模型训练的时间复杂度。针对支持向量机在实际应用中的各种问题，众多学者都给出众多不同的解决方案，再次证明支持向量机能够应用于各个领域，且分类性能良好。

在金融领域，曾江洪等(2013)引入支持向量机模型对中小公司的融资风险进行检测，并经过实例验证模型对于小样本、非线性、高维数等现实问题具有很好的通用性；沈沛龙等(2010)以 200 家中小企业作为样本，利用支持向量机找出财务指标，并引入新的违约概率计算方法，同时对所给模型与现有模型进行违约概率的一致性检验，得出理想的结果。在新兴的互联网融资领域，李杰等(2018)将模拟退火算法(SA)与支持向量机相结合，构建健壮性好、精度高的众筹违约风险预警模型；王庆和姚康(2018)对比分析各种评估方法，得到基于 bagging 集成的支持向量机算法在中小企业信用评估中错分率最低、性能最好。

1. 我国绿色信贷风险状况

在银监会发布的 21 家银行绿色信贷统计数据中，将节能环保及服务和战略性新兴产业进行细分，行业覆盖面十分广。以 2017 年 6 月的数据为例，大部分绿色信贷的资金都投向了绿色交通运输项目、可再生能源及清洁能源项目、新能源和节能环保，而绿色林业和绿色农业开发项目由于投资期限长、收益率低等原因，乏人问津，获得的资金十分有限，见表 2-13。但是，前人栽树，后人乘凉，绿色林业、绿色农业对人类生活、自然环境都有着长远意义，政府应该采取措施鼓励企业和银行重视这些项目，提高他们的积极性。

表 2-13　　2017 年 6 月绿色信贷资金投向　　单位：%

项　目	占　比
绿色农业开发项目	0.54
绿色林业开发项目	0.65
工业节能节水环保项目	6.10
自然保护、生态修复及灾害防控项目	4.07
资源循环利用项目	1.93
垃圾处理及污染防治项目	4.49
可再生能源及清洁能源项目	19.41
农村及城市水项目	2.32
建筑节能及绿色建筑	1.62
绿色交通运输项目	36.35
节能环保服务	0.81
采用国际惯例或国际标准的境外项目	0.45
节能环保	9.18
新能源	11.30
新能源汽车	0.78

截至 2017 年 6 月末，我国 21 家主要银行绿色贷款不良余额为 241.7 亿元，从 2013 年 6 月末至 2017 年 6 月末绿色贷款的不良率均保持在 0.5%以下，没有较大波动，比我国其他各项贷款不良率低 1.32%。不良率较低说明绿色信贷业务在我国顺利开展、前景美好，但从另一个角度来说还存在一些问题。不良率偏低在一定程度上是因为规模相对较小，近 5 年我国 21 家主要银行的绿色信贷规模仅占金融机构整体贷款额的 7%左右。绿色信贷项目往往涉及环保、污染治理等技术性

问题，且周期较长，对企业的科技创新能力、运营管理能力都有着严格的要求。因此，要增强企业及银行的社会责任感，引导他们认识到生态环境保护、可持续发展的重要性，以保障绿色信贷的长足发展。

根据银监会发布的相关数据，开展绿色信贷的环境效益主要体现在各个行业对污染物的减排以及资源的节约量上。表 2-14 表明，截至 2017 年 6 月末，由于节能环保及服务等项目贷款所产生的节约中，标准煤从 2013 年 6 月的 3.18 万吨增加到 2.15 亿吨，二氧化碳的减排从 7.19 万吨增长到 4.91 亿吨，节水量由 9.96 万吨增长到 7.15 亿吨。可以看出，这五年中节能减排量增长十分明显，节能环保项目和服务贷款对资源生态环境的保护作用越来越凸显。除了对绿色项目的投入直接带来环境效益，绿色信贷还通过限制对“两高一剩”行业的资金投入间接增加节能减排量。高污染、高能耗的公司得不到足够的资金，就会减少生产活动，从而降低污染物排放。绿色信贷以资金作为手段，不断引导企业绿色生产、绿色管理、绿色消费，增强企业社会责任感，使越来越多的企业转变为绿色企业，其未来所产生的环境效益将更加可观。

表 2-14　　节能环保项目和服务贷款节能减排量　　单位：亿吨

时间	节能减排量						
	标准煤	二氧化碳当量	化学需氧量	氨氮	二氧化硫	氮氧化物	节水
2013 年 6 月	0.000 3	0.000 7	0.046 4	0.004 3	0.101 4	0.025 6	0.001
2013 年 12 月	1.87	4.79	0.033	0.003 6	0.066 5	0.015 5	4.38
2014 年 6 月	1.89	4.57	0.029 6	0.003 1	0.053 8	0.013 1	4.26
2014 年 12 月	1.67	4.00	0.034 1	0.003 4	0.058 8	0.016	9.34
2015 年 6 月	1.74	4.19	0.067 4	0.004 1	0.045 9	0.011 6	7.46
2015 年 12 月	2.21	5.50	0.035 5	0.003 8	0.048 5	0.022 7	7.56
2016 年 6 月	1.87	4.35	0.039 8	0.004 3	0.04	0.020 1	6.23
2016 年 12 月	1.88	4.27	0.027 1	0.003 6	0.048 8	0.028 3	6.02
2017 年 6 月	2.15	4.91	0.028 3	0.002 7	0.046 5	0.031 3	7.15

2. 绿色信贷风险的表现

银行开展的绿色信贷同传统信贷业务相比，既有共通性又有其独特性。共通性是都为有资质的企业或项目提供资金支持，并获得利益回报；不同点在于绿色信贷所投资的项目要有利于环境保护，为可持续发展做出贡献。因此，绿色信贷面临的风险包括信用风险、环境风险、操作风险及声誉风险等。

环境风险是绿色信贷特有的风险。随着国家对环境保护问题的日益重视，环境风险已成为绿色信贷面临的主要风险之一。所谓环境风险，是由于环境政策调整或企业自身的环境违法行为使其受到谴责及处罚，给企业的经营活动造成负面影响，从而导致银行无法收回贷款。环境风险给银行带来的不仅是利益损失，更可能是由于环境污染受害方要求赔偿而导致的声誉受损，银行形象破坏给银行未来的发展带来消极影响。

绿色信贷在发展过程中面临种种风险，要想规避就必须明白风险的成因，对症下药。绿色信贷涉及政府、银行和企业三方主体，各主体参与的目的、态度及方式都不尽相同，在相互磨合的过程中导致风险的产生，因此，绿色信贷的风险来源可以分为政策、企业以及银行三个方面。

从政策方面看。第一，政府的监督管理缺乏力度。有些绿色信贷相关政策还停留在意见和指引层面，缺少强制性和权威性，即使银行不实施绿色信贷或在实施过程中不符合标准，有关部门也没有相关法规依据加以惩处。第二，绿色信贷缺乏激励制度。目前的国家政策着重强调对绿色信贷的限制与约束，有关税收减免、财政补贴、呆账核销等优惠政策还不多，无法充分调动银行扩大绿色信贷投放、企业提高环保投入的积极性。第三，政府、银行、企业间信息共享机制不够完善。相关的环评信息、绿色项目、绿色开发信息仅在各部门掌握，其评定标准、评定名录未在银行间广泛应用，银行对绿色项目的评估无法充分利用职能部门评定的绿色环保结果，由于这种信息的不全面、不连续，导致评估结果错误，造成风险。

从企业方面看。一方面，企业对绿色发展动力不足，绿色金融需求不高。绿色项目大多期限长、风险大、收益低，企业要想达到项目标准往往需要投入大量成本建设和购买环保设施及技术等，收益不足容易打击企业参与绿色信贷的积极性或导致其在项目中的违规行为。另一方面，申请绿色信贷的企业存在资质不足捏造相关材料骗取投资的行为。虽然企业向银行申请绿色信贷需要经过严格审批，但部分企业在审批期间控制产出、减少污染，蒙混过关，获得贷款后无法实现改善环境的目的甚至是项目本身造成严重污染，这些导致公众对绿色信贷的质疑。

从银行方面看。首先，银行内部绿色信贷产品缺乏多样性，无法满足各个行业的投融资需求。虽然部分银行有针对性地开展“排污贷”“清洁贷”“惠农贷”等绿色信贷业务，但这些产品无法完全满足市场需求，还有许多绿色项目缺少对应的信贷产品。其次，银行缺少专业性复合型人才。绿色信贷业务要求银行从业人员掌握金融、环保、产业政策等多方面的知识，许多银行缺少该类人才，银行也缺乏对员工相关业务能力的培训。而且，大多数银行并未设立专门针对绿色信贷业务的部门和岗位，把绿色信贷与传统信贷混合管理，一定程度上影响银行对绿色信贷业务的风险把控。最后，银行对绿色信贷的风险评估尚未健全。与传统业务相比，绿色信贷是创新产物，其投放的企业项目等具有特殊性，各银行立足于自身经营理念，依据“赤道原则”进行绿色信贷的风险把控，但企业信息披露制度的不完善、对绿色标准的不统一，都给绿色信贷的风险评估带来极大挑战。

3. 绿色信贷风险评估模型

支持向量机算法的泛化错误率低，具有良好的学习能力，在解决小样本、非线性、高维数等问题时具有显著优势。支持向量机，可见图 2-16。图 2-16 中有两类数据点被分隔，虚线 l_1、l_2 是间隔边界，在间隔边界上的点我们称之为“支持向量”，也就是距离超平面最近的点，中间的实线 l 为分隔超平面，间隔指两个间隔边界 l_1、l_2 之间的距离。支持向量机的基本思想是：选择某种非线性函数关系将样本数据映射到一个高维空间中，在这个空间中构造最优分隔超平面，使得支持向量到分隔超平面的间隔最大。

假设训练样本数据为(x_1, y_1)，(x_2, y_2)，…，(x_n, y_n)，其中 x_i 代表第 i 条数据，y_i 代表第 i 条数据对应因变量的取值，分别为 1 和－1，令 ω 表示权向量，b 表

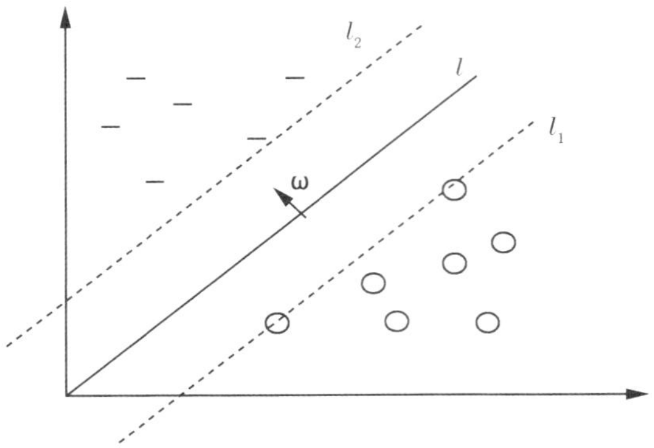

图 2-16 支持向量机

示偏置向量，则超平面 l 表示为：

$$\omega \cdot x_i + b = 0 \tag{1}$$

数据点(x_i, y_i)到超平面的几何间隔为：

$$\gamma_i = y_i\left(\frac{\omega \cdot x_i + b}{\|\omega\|}\right) \tag{2}$$

若分类正确，则 y_i 和$\omega \cdot x_i + b$ 同号，几何间隔 γ_i 为正；若分类错误，则 γ_i 为负。为了简化运算，我们可以令支持向量的表达式为 $\omega \cdot x_i + b = \pm 1$，支持向量到超平面的距离就可以表示为$\frac{1}{\|\omega\|}$，那么 l_2 上面的数据点应满足 $\omega \cdot x_i + b \geqslant 1$，$l_1$ 下面的数据点应满足 $\omega \cdot x_i + b \leqslant -1$，由于因变量 y_i 的取值为 1 和-1，所以两个不等式可以表示为所有数据点满足 $y_i(\omega \cdot x_i + b) \geqslant 1$。

支持向量机的核心思想认为数据点距离超平面的距离越远，得到的分类结果越准确，所以需要找出这个最优分隔超平面使得间隔最大，其目标函数及其约束条件就可以表示为：

$$\max \frac{2}{\|\omega\|} \text{或} \min \frac{1}{2}\|\omega\|^2 \tag{3}$$

$$\text{s. t. } y_i(\omega \cdot x_i + b) \geqslant 1, i = 1, 2, \cdots, n$$

得到最终的目标函数后，需要对问题进一步优化。根据研究，最有效的优化目标函数的方法是引入拉格朗日乘子构建拉格朗日函数：

$$L(\omega,b,\alpha)=\frac{1}{2}\|\omega\|^2-\sum_{i=1}^{n}\alpha_i[y_i(\omega\cdot x_i+b)-1] \tag{4}$$

利用拉格朗日对偶性，求解偏导，得到最终的目标函数为：

$$\min\frac{1}{2}\sum_{i=1}^{n}\sum_{j=1}^{n}\alpha_i\alpha_j y_i y_j(x_i\cdot x_j)-\sum_{i=1}^{n}\alpha_i$$

$$\text{s. t.}\sum_{i=0}^{n}\alpha_i y_i=0 \tag{5}$$

$$\text{s. t. }0\leqslant\alpha_i, i=1,2,\cdots,n$$

其中，α_i 为拉格朗日乘子。

根据数据类型的特征，支持向量机可分为线性可分、线性不可分以及非线性分类支持向量机。针对不同的类型支持向量机有不同的优化方法，绿色信贷的风险评估是一个非线性问题，因此需要引入核函数。

核函数是支持向量机的核心部分，也是支持向量机优于传统的机器学习算法的地方。对于非线性问题核函数的功能就是将它转化为高维空间的线性分类问题，避免在高维空间的复杂运算，使支持向量机模型在有限样本的情况下能够有效处理高维数据。利用核函数 $K(x,z)$代替内积，得到的分类函数为：

$$f(x)=\text{sign}(\sum_{i=0}^{n}\alpha_i y_i K(x,z)+b) \tag{6}$$

核函数有多种类型，既有简单的线性核函数，也有复杂的多项式核函数，选择恰当的核函数建立模型能够有针对性地解决实际问题。选择核函数并没有公式可以套用，只能通过经验判断或者多方比较。针对绿色信贷风险评估，拟选取三种最常见的核函数——线性核函数、多项式核函数、高斯核函数进行对比分析，以找出最佳的核函数构建模型。

线性核函数(Linear Kernel)的表达式为：

$$K(x_i,x_j)=x_i'\cdot x_j \tag{7}$$

线性核函数直接计算两个特征向量的内积，只适用于线性可分的数据集，是最简单的核函数。线性核函数参数少、运算快，适合处理特征比样本量大的数据。

因为其简单方便，通常在建立支持向量机模型时首先选择尝试该核函数。

多项式核函数(Polynomial Kernel)通过多项式映射函数，可以拟合出相对复杂的分割超平面，适合于正交归一化后的数据。多项式核函数需要调整的参数较多，需要更多的计算量，其表达式为：

$$K(x_i,x_j)=[\gamma(x_i'\cdot x_j)+c]^d \tag{8}$$

高斯核函数(Gaussian Kernel)也称径向基核函数(Radial Basis Function)，其表达式为：

$$K(x_i,x_j)=\exp\left(-\frac{\|x_i-x_j\|^2}{2\sigma^2}\right),\sigma>0 \tag{9}$$

高斯核函数是应用最广泛的核函数，无论对大样本还是小样本都有很好的分类性能，而且参数相对较少、使用方便，但也有计算相对较慢、容易过拟合的缺点。

构造一个性能良好的支持向量机模型，核函数的选择是关键。一般的原则是当数据量很大时选择复杂的模型，因为数据量很大可以弥补由于模型复杂可能造成的过拟合问题；而当数据量较小时选择相对简单的模型，此时要特别注意是否出现欠拟合的问题，如果有可以通过增加多项式来调整。另外，除了要考虑核函数的类型，还要不断调整选择最优的参数，这样才能使模型的结果在各方面达到最佳。

集成学习是一种将多个基分类器的预测结果结合起来以提高分类器的分类准确率的方法，拥有更好的泛化能力和健壮性，能够有效解决分类问题、回归问题、特征选择问题、异常点检测问题等各种机器学习问题。

集成学习有多种形式，有的是不同算法的集成，有的是同一种算法在不同设置下的集成，还有的是数据集不同部分分配给不同分类器后的集成。应用最为广泛的 Bagging 和 Boosting 算法是基于同一种算法多个不同数据集的集成方式。要实现集成学习，主要有两个步骤：一是确定单个基分类器的建立方式，二是采用特定策略结合各基分类器。

Bagging 算法通过有放回地抽样从原始训练集中随机抽取若干样本得到采样集建立基分类器，重复 T 次获得 T 个采样集并基于每个采样集建立基分类器，结合基分类器，决定最终的分类结果。Boosting 算法同样适用于对同一类型的基分类器进行集成，它首先根据原始训练集用初始权重建立一个基分类器，再根据输出结果对训练样本进行赋权，使被错分的样本受到更多关注，然后利用带有权重的训练集建立新的基分类器，如此重复建立 T 个基分类器，最终将这 T 个基分类器进行加权结合。Boosting 算法最具代表性的是 AdaBoost 和 GBDT，我们选用 AdaBoost 进行支持向量机算法的集成。

首先对原始训练集 $T=\{(x_1,y_1),(x_2,y_2),\cdots,(x_m,y_m)\}$ 赋予相同的初始权重 $D(1)=(\omega_{11},\omega_{12},\cdots,\omega_{1m}),\omega_{1i}=\frac{1}{m}$；接着利用带有权重 $D(t)$ 的样本进行训练，建立基分类器 $Gt(x),t=1,2,\cdots,T$，并根据分类结果计算得到每个基分类器的错误率：

$$\varepsilon_t=\frac{\text{未正确分类样本数目}}{\text{所有样本数目}} \tag{10}$$

由此，给每个基分类器分配权重：

$$\alpha_t=\frac{1}{2}\log\left(\frac{1-\varepsilon_t}{\varepsilon_t}\right) \tag{11}$$

然后，更新样本权重，对于分类正确的样本为：

$$\omega_{t+1,i}=\frac{\omega_{ti}e^{-\alpha_t}}{\sum_{i=1}^{m}\omega_{ti}e^{-\alpha_t}} \tag{12}$$

如果分类错误，那么权重就变为：

$$\omega_{t+1,i}=\frac{\omega_{ti}e^{\alpha_t}}{\sum_{i=1}^{m}\omega_{ti}e^{\alpha_t}} \tag{13}$$

如此进行迭代，得到最终的强分类器为：

$$f(x)=\text{sign}\left(\sum_{t=1}^{T}\alpha_t G_t(x)\right) \tag{14}$$

4. 风险评估模型的检验

绿色信贷风险评估是一个二分类的问题，可以将模型最终得到的结果与真实结果组合分类，从而对模型的分类效果进行检验。假设模型的被解释变量是(0，

1)变量,其中“0”为正例,“1”为负例。那么,当真实结果为“0”、预测结果也为“0”时,称为真阳例 TP(True Positive);当真实结果为“1”、预测结果为“0”时,称为假阳例 FP(False Positive);真实结果为“0”、预测结果为“1”时,称为假阴例 FN(False Negative);真实结果和预测结果均为“1”时,称为真阴例 TN(True Negative)。利用这些组合构建混淆矩阵,再经过适当的运算,对模型精确度、适用性进行评价。常见的评价标准有 ROC 曲线、AUC 值、P 值、召回率、Kappa 系数等。

混淆矩阵(Confusion Matrix)是一个将预测结果、真实结果置于一个矩阵中进行比较分析、直观展示模型评价结果的方法。如表 2-15 所示,矩阵的列表示模型预测结果,行表示真实结果。

表 2-15　　混淆矩阵

混淆矩阵		模拟	
		0	1
真实	0	TP	FN
	1	FP	TN

利用混淆矩阵可以直接计算出 Accuracy、P 值、Sensitivity 等值,从而对模型的分类性能进行评价。ROC 曲线是一种应用非常广泛的评价方法,它以图示的方式将灵敏度(Sensitivity)与特异性(Specificity)结合在一起进行比较,反映两者的关系。ROC 曲线在绘制时,以真阳性率为纵坐标,假阳性率为横坐标,首先计算出每个样本被划分为正例的概率 p,再通过设定不同的阈值将 p 与阈值进行比较,当 p 大于阈值时将样本划分为正例,反之则分为反例,这样对每一个阈值就会产生一组新的真阳性率与假阳性率,将它们绘制在坐标轴中,即为 ROC 曲线。ROC 曲线越趋近左上角下方面积(AUC)越大,说明模型效果越好,而且对不平衡数据也能进行很好的评价。

AUC(Area Under ROC Curve)是指 ROC 曲线下方的面积,用于衡量模型的分类效果。AUC 的值一般为 1.0~0.5。在 AUC>0.5 的情况下,越接近 1,说明模型分类效果越好:AUC 值为(0.5,0.7],表示模型有一定的解释能力,AUC 值为

(0.7,0.9]表示模型解释能力较强,AUC 值为(0.9,1]表示模型解释能力极强;当 AUC=0.5 时,说明模型完全不起作用;若 AUC<0.5,则不符合真实情况,在实际应用中极少出现。AUC 在训练集中不同类别的样本分布发生变化时也能够保持相对稳定,说明在数据不平衡时 AUC 指标也能够很好地起到评估模型的作用。

Accuracy 为正确率,衡量的是模型整体的正确率,计算公式为:

$$\text{Accuracy}=\frac{\text{TP}+\text{TN}}{\text{TP}+\text{TN}+\text{FP}+\text{FN}} \tag{15}$$

这是一种十分直观的评价标准,在数据平衡的情况下能够反映模型的精度,但对于不平衡数据,这种评价方式是无法起作用的。

Precision 为精确率,反映的是预测为正的样本中有多少真正的正例,其计算公式为:

$$\text{Precision}=\frac{\text{TP}}{\text{TP}+\text{FP}} \tag{16}$$

在风险评估模型中,“0”表示风险较低的分类,划分为“0”的样本应该尽可能准确,这样模型的结果才越可靠,所以精确率越高越好。

Recall 为召回率,也称查全率,它度量原来的样本有多少正例被分为正例,反映真实为“0”的准确率,公式为:

$$\text{Recall}=\frac{\text{TP}}{\text{TP}+\text{FN}} \tag{17}$$

在信贷风险评估的问题中,如果将高风险的样本错误地划分到低风险类别中并为其提供借款,银行所遭受的损失将远远高于将低风险划分为高风险的情形,因此,对于高风险类别的召回率越高越好。召回率与精确率通常此消彼长,根据这两个值绘制的 PR 曲线能够反映模型的分类效果。

5. 基于 RF 建立指标体系的风险测试

绿色信贷以环境准入优化信贷管理,实现资金在资源环境保护的基础上的合理分配,在指标选取中加入环境因素衡量企业在环境保护方面的贡献,加入技术指标衡量企业在发展绿色项目上的投入及能力,同时,银行等金融机构投入资金并不是无偿资助，因而仍需考虑企业的财务指标来确定该笔借款所带来的经济效益。

企业的基本资料包括经营范围、经营年限、资产情况等，这能够反映一个企业的整体形象，有助于银行对贷款资金的走向进行把握。本文选择企业所属行业类别、成立年限以及总资产作为基本信息指标，将涉及的行业类别作为定性指标，分别用数字 1、2、3…表示，年限及总资产作为定量指标进行考核。

企业的财务状况可以从盈利能力、偿债能力、营运能力和成长能力四个方面体现。盈利能力衡量的是企业从主要业务中获得收益的能力，反映企业是否能够有效地利用资产和资源产生效益。偿债能力是指企业偿还到期债务的能力，这是影响企业生存和发展的关键，也是银行考量是否批准贷款以及贷款额度的重要因素。营运能力指的是企业运用各项资产获取收益的能力，体现了一个企业运用资产的效率，这是分析盈利能力的基础。成长能力又称为发展能力，是指企业扩大规模、增加利润、壮大自身实力的潜在能力，反映企业未来的发展前景。

技术指标是各项环保技术的不断革新。因此，企业在研发技术方面的投入及能力，对于绿色信贷的风险评估是一个十分重要的考核标准。企业研发费用的支出、研发人员的数量及拥有的专利技术等内容可以表明一个企业对科技研发的投入程度及态度，因此选择研发投入占比、研发人员占比和专利技术账面价值作为技术指标。

研发费用是企业研究与开发某项目所支付的费用，在财务报表中都有披露，考虑到各企业规模大小、发展程度的不同，通常以研发费投入占比作为衡量企业技术投入的重要指标。科研还在于人才储备，越是先进的技术越需要更多的专业人才。对高新技术企业更是有明确的规定：具有大学专科以上学历的科技人员占企业当年职工总数的 30%以上，其中研发人员占企业当年职工总数的 10%以上。因此，研发人员占比这一指标可以反映企业从事技术开发的能力和实力。企业拥有的专利技术能够很好地展现企业科技研发成果、体现研发实力。技术需要消耗大量人力、物力、时间和金钱，一项专利技术的价值有多种衡量方法，专利技术账面价值是将专利原值扣除减值准备和累计摊销后的剩余价值，利用这样统一的标准量化企业专利的价值，使得不同企业的专利技术具有可比性。

环境指标在风险评估中必须考虑企业及项目对环境的破坏程度和对环保的贡献度，而这些信息通常会在企业环境信息披露的相关报告中有所展现。环境信息披露是信息使用者获取企业环境信息状况的最根本的方式。环境信息披露作为上市公司环保或污染的重要考察机制，在评估绿色信贷风险时必须纳入考核标准，当前量化上市公司环境信息披露状况的方法首要是打分，选取和讯网的数据，根据和讯网的评测报告提取社会责任得分和环境责任得分这两个指标。该评测体系的环境责任得分考察包括上市公司的环保意识、环境管理体系认证、环保投入金额、排污种类数和节约能源种类数五项数据，而社会责任得分通过对所得税占利润总额比和公益捐赠金额的计算得到。另外，将企业在 2017 年是否存在市场操作或环境等方面的违规行为也作为一项指标进行分析。

综上所述，绿色信贷风险评估测试指标体系建立见表 2-16。

表 2-16　　风险测试指标

<table>
<tr><td colspan="2" rowspan="3">基本信息</td><td>所属行业(x_1)</td></tr>
<tr><td>成立年限(x_2)</td></tr>
<tr><td>总资产(x_3)</td></tr>
<tr><td rowspan="12">财务指标</td><td rowspan="3">盈利能力</td><td>销售净利率(x_4)</td></tr>
<tr><td>总资产净利率(x_5)</td></tr>
<tr><td>净资产收益率(x_6)</td></tr>
<tr><td rowspan="3">偿债能力</td><td>流动比率(x_7)</td></tr>
<tr><td>速动比率(x_8)</td></tr>
<tr><td>资产负债率(x_9)</td></tr>
<tr><td rowspan="3">营运能力</td><td>存货周转率(x_{10})</td></tr>
<tr><td>应收账款周转率(x_{11})</td></tr>
<tr><td>总资产周转率(x_{12})</td></tr>
<tr><td rowspan="3">成长能力</td><td>营业收入增长率(x_{13})</td></tr>
<tr><td>净利润增长率(x_{14})</td></tr>
<tr><td>净资产增长率(x_{15})</td></tr>
</table>

续表

技术指标	研发费用占营业收入比例(x_{16})
	研发人员占比(x_{17})
	专利技术账面价值(x_{18})
环境指标	违规情况(x_{19})
	和讯网企业环境责任得分(x_{20})
	和讯网企业社会责任得分(x_{21})

样本的数据主要来源于同花顺 iFinD 软件 3 562 家上市公司 2017 年度财务报告和和讯网 2017 年度上市公司社会责任测评报告,根据指标体系提取相关数据,共选取 21 个变量,将它们分别记为 x_1、x_2…x_{21}。部分上市公司公布了相关机构给出的信用评级结果,考虑到绿色信贷投资周期长、风险大、收益低,对公司的风险划分应该更加严格,因此,将样本中信用评级结果为"AA"及以上的公司划分为低风险类型,目标变量 y 记为"0";其他公司则作为高风险样本,y 记为"1"。

(1)数据预处理

缺失值处理。缺失值的处理方式有用均值或众数填补、剔除缺失值过多的样本、人工填充以及不处理等,针对不同类型的数据应该灵活地选择处理方法。在 3 562 家上市公司中,仅有 1 259 家公司公布了相关机构信用评级结果,并存在少部分样本缺少流动速率、速动比率、存货周转率、应收账款周转率等多项指标的数值,对这种情况可以选择直接剔除记录。另一方面,研发投入占比、研发人员占比以及专利技术账面价值三个指标值也有缺失的情况,由于上市公司年报审核要求严格,不存在大范围漏报某些指标的可能,因此可认为这些公司缺乏研发投入,将缺失值用"0"填补。经过对缺失值的处理,最终保留 971 家上市公司作为最终样本,其中属于高风险的样本有 100 个。

数据归一化处理。不同的指标类型有不同的单位和属性,造成量纲不统一,如正向型指标和负向型指标无法共同比较、连续型指标与离散型指标也不能直接使用,这就要求对数据进行无量纲化。需要注意的是,虽然在构建指标体系时使用的随机森林模型对量纲没有要求，可以直接使用原始数据，但支持向量机模型需要对不同量纲的指标数据进行归一化处理，提高分类精度，加快运行速度。因此，模型的建立需要对数据进行归一化，公式为：

$$X_i=\frac{x_i-\min(x_{ij})}{\max(x_{ij})-\min(x_{ij})} \tag{18}$$

数据不平衡处理。当不同类别下样本数目相差很大时就存在数据不平衡现象，这种现象在银行信贷问题的研究中比较常见。在本书选取的样本中，高风险样本量为 100，低风险样本量为 871，比例达到 1∶9，存在数据不平衡的问题。要解决数据不平衡的问题，一方面可以从样本训练集的抽取入手，另一方面可以利用一些算法进行调整。从训练集出发，有过抽样（增加少数类样本数量）、欠抽样（减少多数类样本数量）等方法；从算法入手，可以选择对不同样本数量的类别赋予不同的权重来平衡数据，也可以利用集成算法对正负类样本分别进行采样，还有特征选择等方法。SMOTE 算法是过抽样方法的代表性算法，大部分文献都选择利用该方法来解决不平衡数据问题。通过对少数类样本进行插值产生新的样本，它能够改善传统过抽样方法的过拟合问题。

实现 SMOTE 算法的主要步骤是：找出少数类样本中的每一个样本 x_i 的 k 近邻，近邻点的选择可以通过欧氏距离计算得到；对于每一个样本 x_i，从其 k 近邻中随机选择一个样本 x_{in}，计算 x_i 与 x_{in} 所对应特征的差值，并产生一个在(0,1)之间的随机数 γ，通过公式构建新的样本：

$$x_{inew}=x_i+\gamma(x_{in}-x_i) \tag{19}$$

重复第二步 N 次，对每一个少数类样本 x_i 产生 N 个新样本。

利用 Python2.7 软件中的 SMOTE 函数，通过设定少数类数量为 600，使原始样本中 $y=0$ 与 $y=1$ 的数据比达到 3∶2，基本实现平衡。

再对新的样本划分训练集和测试集，见表 2-17。

表 2-17　样本划分

y	训练集	测试集	合计
0	615	256	871
1	414	186	600
合计	1 029	442	1 471

(2)支持向量机模型应用

使用 Python2.7 软件进行计算,调用 SVM 模块的 SVC 函数在训练集中建立模型,并利用 GridSearchCV 模块的五折交叉验证寻找模型在不同核函数下的最优参数,对比使用线性核函数、多项式核函数和高斯核函数三种模型的精度,确定绿色信贷风险评估模型适用的核函数。

线性核函数(Linear Kernel)的参数很少,只有一个惩罚参数 C,C 的默认值为"1",模型越大、越复杂,分类效果越好,但数值过高容易出现过拟合的现象。将参数 C 的值设定在 1 和 5 000 之间,经过交叉验证,发现当 $C=5\ 000$ 时,AUC 达到最大(0.94),正确率为 0.84。

多项式核函数(Polynomial Kernel)有 gamma、degree 和 coef0 三个参数需要选择。其中,gamma 值控制模型的复杂程度,其越小支持向量越多,模型越简单;degree 是核函数中最高次项次数,要大于 1。经过筛选,最终确定当参数 gamma=1,degree=2,coef0=100 时,能够使多项式核函数模型得到最优结果——AUC 值为 0.95,正确率为 0.83。

高斯核函数(Radial Basis Function)是 SVC 函数中的默认核函数,其有两个参数,即惩罚参数 C 和 gamma。将参数 C 的取值设置为(1,3 000),gamma 的取值在{10,3,1,0.1,0.01}中,进行交叉验证。根据这些参数在训练集中的表现,可以确定当 C 的值为 2 500,gamma 的值为 3 时,AUC 的值为 0.96,正确率高达 0.90。

不同核函数在模型中的表现对比,见表 2-18 所示。

表 2-18　　核函数结果对比

函数类型	参数			AUC	正确率
	C	gamma	degree		
线性核函数	5 000	—	—	0.94	0.84
多项式核函数	100	1	2	0.95	0.83
高斯核函数	2 500	3	—	0.96	0.90

另外，对样本训练集分别建立逻辑回归，和决策树模型进行对比，其在测试集中的表现见表 2-19。

表 2-19　　模型结果对比

模型	正确率	精确率_1	召回率_1	AUC
SVM-rbf	0.90	0.89	0.87	0.96
逻辑回归	0.79	0.93	0.54	0.88
决策树	0.87	0.88	0.80	0.92

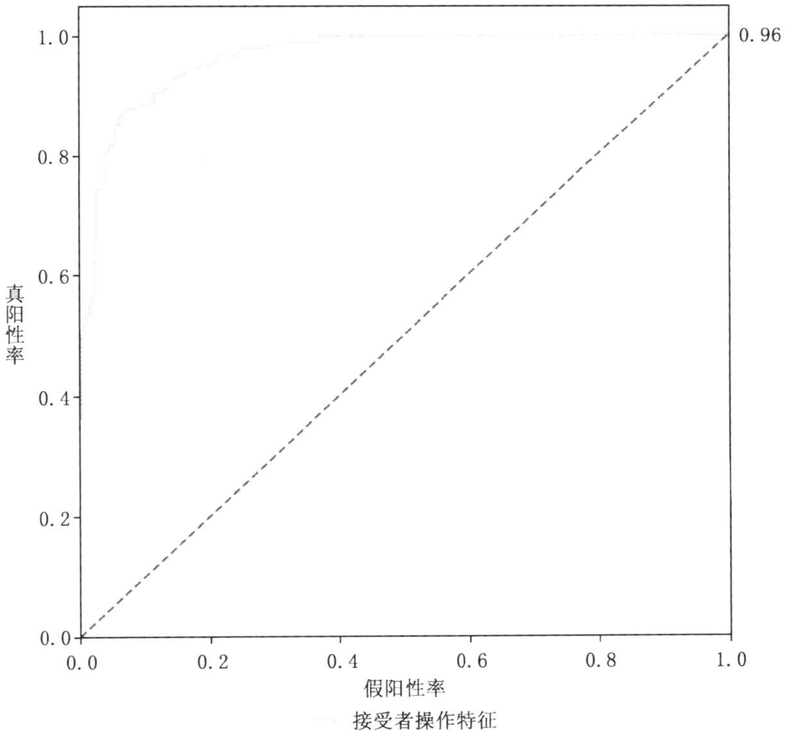

图 2-17　支持向量机 ROC 曲线

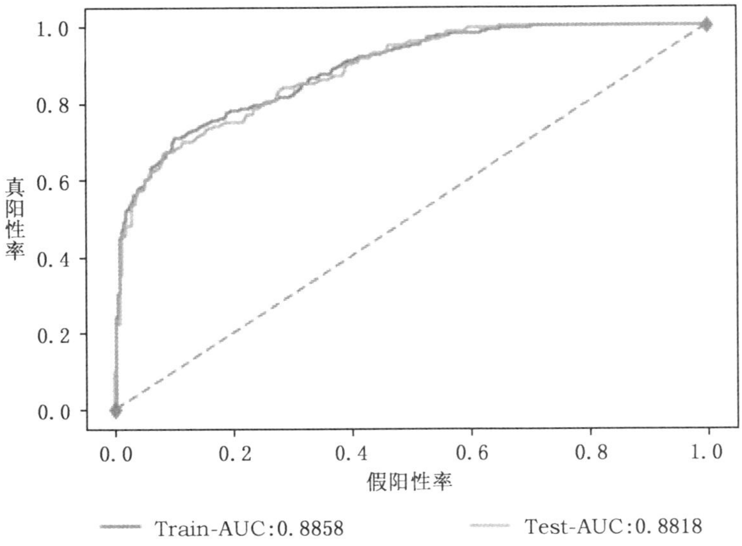

图 2-18　逻辑回归模型 ROC 曲线

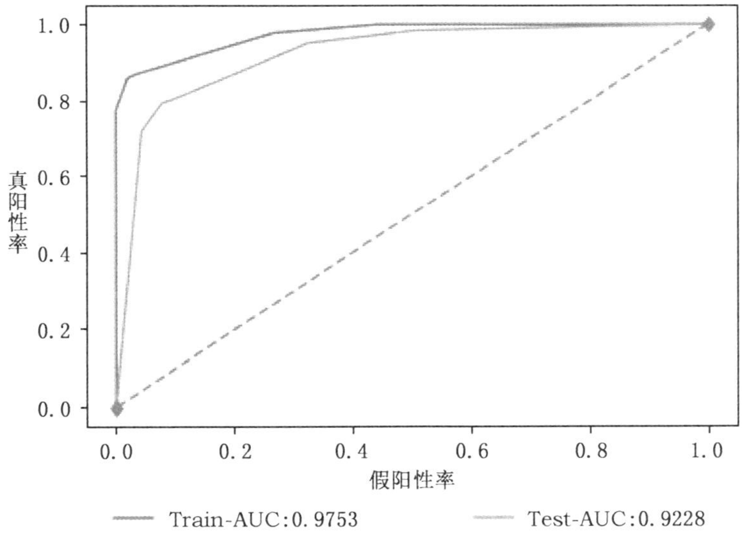

图 2-19　决策树模型 ROC 曲线

根据 AUC 值、分类准确率的大小，可以确定在绿色信贷风险评估模型中分类效果最好的是高斯核函数。因此，最终选择高斯核函数来建立支持向量机风险评估模型。

利用 Python2.7 软件中的 ensemble 库能够简单快速地进行支持向量机模型的集成，对比使用 Bagging、AdaBoost 和 Stacking 三种集成方式构建的模型，确定绿色信贷风险评估模型最优的集成学习方法。

三种方法中，Bagging 和 AdaBoost 直接以上文建立的支持向量机模型作为基分类器进行集成，并通过交叉验证进行参数寻优。以高斯核函数支持向量机模型和多项式核函数支持向量机模型为第一层分类器，以分类结果较差的线性核函数支持向量机模型作为第二层分类器进行集成，集成结果对比见表 2-20。

表 2-20　　集成学习结果对比

模型	正确率	召回率_0	召回率_1	AUC
SVM-rbf	0.900 5	0.918 0	0.874 3	0.963 9
SVM-bagging	0.880 1	0.968 8	0.758 1	0.965 2
SVM-adaboost	0.875 6	0.945 3	0.779 6	0.957 1
SVM-stacking	0.884 6	0.882 8	0.887 1	0.964 5

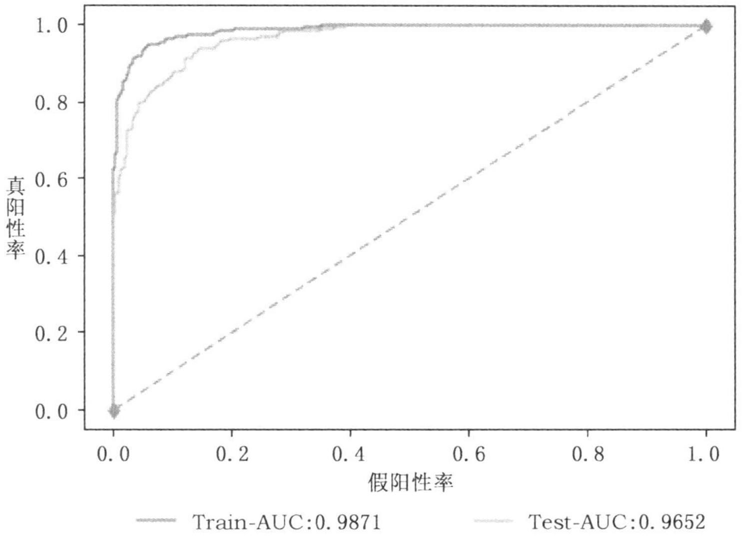

图 2-20　Bagging 集成 ROC 曲线

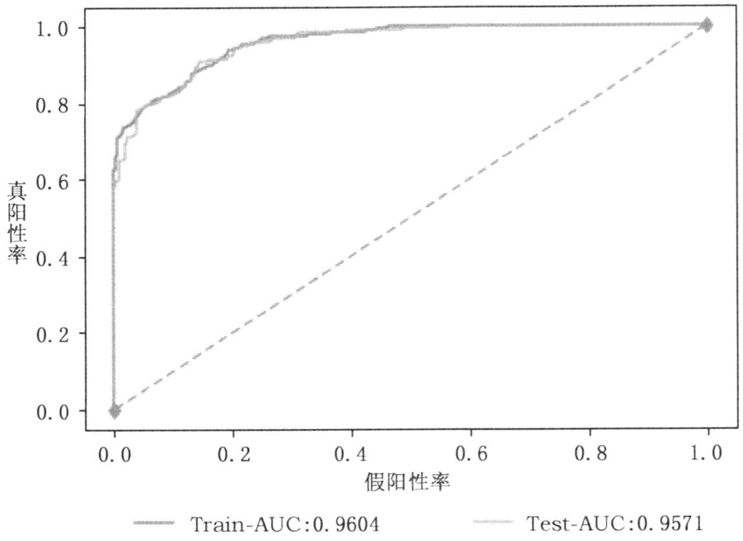

图 2-21　AdaBoost 集成 ROC 曲线

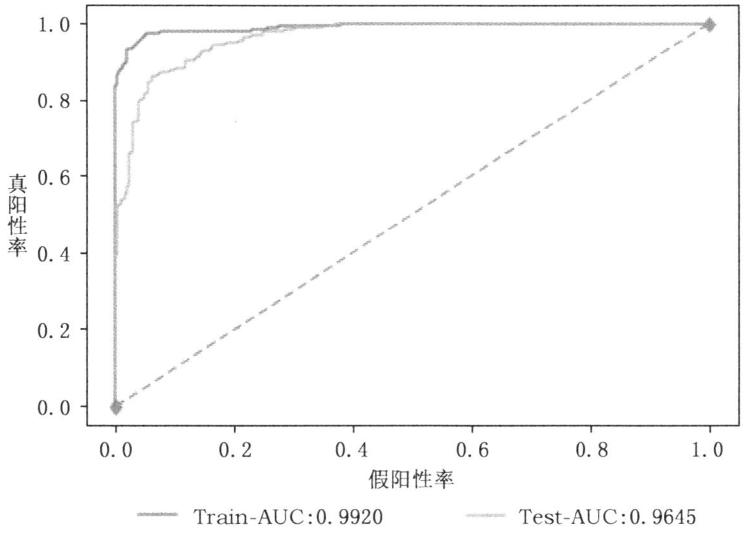

图 2-22　Stacking 集成 ROC 曲线

由对比结果可知，使用 Bagging 和 Stacking 集成方法的模型，AUC 值都有所提升，模型的解释能力更强。虽然在进行集成后模型整体的分类正确率有所下降,但对于具体类别的分类效果有不同程度的提高。对于低风险类别,Bagging 和 Adaboost 集成模型得到的召回率值明显增加,说明更多的低风险样本分类正确,而 Stacking 算法提高了高风险类别的召回率,减小了将高风险样本划分到低风险类别的概率。由于银行业在进行贷款审批时倾向规避风险,需尽可能地识别高风险公司,因此,高风险召回率越高越好。基于此,可以选择 Stacking 算法集成支持向量机模型结果更加精确合理,为我国绿色信贷的风险控制提供便捷有效的方法基础,有助于在大范围推广绿色信贷业务的同时加强风险防范。

剔除为了平衡数据进行过采样得到的样本数据,测试集中还剩 291 个真实样本。在这些公司中,被模型预测为高风险的有 55 家。所以,从上市公司分析来看,我国绿色信贷总体信用状况良好、风险较低,政府及银行应加大绿色信贷投入力度,吸引更多公司参与绿色项目,提高经济发展的社会效益、环境效益。另外,要想扩大绿色信贷在非上市公司中的应用市场,还需要继续加强风险防范,严格把关绿色信贷风险评估。

6. 绿色信贷风险防范建议

由于绿色信贷的特殊性,对其的风险控制需要政府、银行、企业三方相互协作,共同完成。基于测试结果,可以对绿色信贷的风险防范提出以下建议。

(1)政府方面

首先应该完善绿色信贷相关的约束性法律法规。目前,各部门发布的相关指导意见、指引等政策都属于搭建整体框架,细节上的规定不够完善,缺乏具有强制约束力的条款。即便有部分银行、企业为了利润违反规定,导致污染物排放不减反增,使得环境问题更严重,作为监督机构的银行和银监会也无法进行惩处。其次,应搭建全面及时的信息共享平台,建立更严格的信息披露机制。根据选取指标时加入的和讯网公布的 2017 年各上市公司的环境责任得分显示,3 000 余家公司中仅有 15 家公司有分值,其他公司都为“0”,这说明公司环境信息披露不充分。绿色信贷对申请公司的要求比一般信贷更为严格,为了杜绝银行或公司弄虚作假,给环境、社会带来更恶劣的影响,需要进一步规范企业信息披露的各项要求,保证银行与环保等部门的信息实时共享。最后,政府制定绿色信贷相关政策时,应因地制宜。在国家出台绿色信贷发展的一系列总体指导意见下,各地方应根据自身的发展方向、产业结构等进一步完善相关政策,确定本地区绿色信贷发展的重点行业及项目,对项目的准入标准、风险管理等做出明确规定。

(2)银行方面

一是要加大绿色信贷产品及服务的创新力度。环境保护涉及各行各业,不同企业在不同领域的需求不同,银行应该积极开发排污权、碳排放权质押等绿色信贷产品,加大金融产品的创新力度,满足客户需求,形成绿色信贷的核心竞争力。二是注重绿色信贷风控专业人才的引进及培养,完善风险控制机制。绿色信贷提出的时间不长,银行内部掌握相关知识的人才资源不足,因此,银行需要加强对员工风险控制、环保知识的培训,培养贷前识别风险的能力。三是对审批通过的企业或项目仍要定期调查。绿色信贷的风险控制贯穿一个项目的始终,在投入资金后,银行需要持续性收集信息并提高企业信息披露质量,对企业开展业务的各个流程进行现场检查,核实企业没有弄虚作假或违规的成分;要求企业定期汇报项目进程及资金使用情况,并要求企业项目负责人及高管对项目的进度、预期的市场前景、内部的审计及风险控制进行讲解,考察企业对项目的投入程度;根据已获得的信息对项目中期发展进行分析,形成书面报告,将相关建议反馈给企业管理层,要求其做出相应调整。只有对每一个环节都严格把控,才能规避风险。

(3)企业方面

首先,要明确环境责任,加强环保意识。环保问题是影响我国发展的关键,各个企业不论规模大小都应当勇于承担社会责任,努力实现绿色转型,提升自身的社会价值。其次,要真正做到绿色生产。企业需要将自身的社会责任感投入产品中,努力提升专业能力,利用技术、管理等手段对生产过程进行绿色改造,立足长远,绿色经营,实现自身产业结构的升级。最后,企业应自觉自愿按期进行环境信息披露,严格按照相关部门的规定全面真实地公开环保及污染信息,接受公众监督。

2.3.3.4 确立“绿色技术银行”风险分担机制

由于国内“绿色技术银行”成立较晚，对于绿色项目的风险评估及控制都还不完善，而国外的绿色银行发展十分成熟，因此，可以与国际金融机构进行联合，建立风险共担机制，降低我国“绿色技术银行”在运作和管理过程中的各种风险。

1. 国际绿色银行

国际上对绿色银行的定义是指投资于新能源和可再生能源、环境保护等绿色行业的专业银行。它既包括政策性银行，也包括商业银行；既有专门从事绿色金融业务的银行，也有在传统银行业务上另行发展绿色金融业务的银行。国际上比较有代表性的绿色银行有：荷兰特里多斯银行、英国绿色投资银行、日本政策投资银行等。

荷兰特里多斯银行是世界上第一家社会银行，它的贷款主要集中在自然与环境、文化与福利、社会事务三个领域，涉及能源与气候、有机食品与农业、小额信贷与可持续贸易、艺术与文化等行业。除信贷业务，荷兰特里多斯银行自 1994 年起陆续推出多只绿色金融相关的基金。

英国绿色投资银行是一家投资于国内的绿色基础设施项目的商业银行，它要求投资的项目能够提供符合市场要求的商业回报，投资领域主要包括节能、垃圾和生物能源以及海上风力发电等。英国绿色投资银行为其投资的绿色项目制定五大绿色标准。英国绿色投资银行的成立及发展为英国绿色经济的发展提供了创新驱动力。

日本政策投资银行是一家非营利性的政策银行，其投资对象主要是环境管理以及温室效应防治领域。2004 年，日本政策投资银行建立了世界上第一套基于环保等级评价的融资服务体系。该体系首先根据环保管理水平对贷款企业进行评级，再根据评级结果确定贷款利率水平，评级系统结合日本政策银行多年的绿色金融工作经验，十分成熟。

各国绿色银行的发展都有其自身的特色，从成立到成熟都经过了多年的经验累积，以及各部门、各机构的磨合，对我国的“绿色技术银行”管理有参考和学习价值。同时,可以寻求与各国绿色银行的合作,依靠他们成熟的风险控制体系,为我国的绿色技术提供一定支持。

2. 国内外风险分担

风险分担机制是风险管理的一部分,是各行各业应对风险的一种策略。“绿色技术银行”的投资项目具有投资期限长、营运周期长、风险因素多等特点,与一般的银行项目比风险更大。因此,为防范风险,既要建立国内风险分担机制,也要建立国际风险分担机制。

我国“绿色技术银行”业务的开展涉及政府、银行和企业三方主体,各自承担着不同的风险。其中,政府承担政治风险和法律风险,包括相关文件的审批、财政资金的拨付等;银行需要对项目进行投资风险的分析、可行性的分析,承担企业的违约风险;企业承担着营运风险,应该对自身的绿色技术研发、绿色项目开发以及公司正常运作等负责。建立国内风险分担机制,应依据各主体的风险偏好及优势,确定独自承担的风险进行风险管理,并通过协商谈判对共同承担的风险进行分担。同时,要制定奖励政策,激励主体们分担各方承担意愿都较低的风险。

与国外绿色银行的风险分担合作,应从风险评估、引进投资和市场应用等方面着手。在风险评估的国际合作方面。日本政策投资银行与其商业银行共同搭建了一个信息共享平台,商业银行收到企业的贷款申请后,可以经由该平台将相关信息传递到日本政策投资银行进行环保等级评估,并将结果反馈到商业银行,从而对是否发放贷款及发放贷款金额进行合理评估,促进了日本环境友好项目的全面开展。我国可以与国外的绿色银行建立信息共享平台,将在我国“绿色技术银行”申请绿色项目融资的企业信息录入系统,匹配项目发展方向与各绿色银行的主要投资领域,寻找合适的风险评估体系,通过国外成熟的风险评估机制对投资风险进行评估。在引进国际投资方面。对于通过了风险评估的企业及项目,不能仅依靠政府的财政支持,还要从社会各方寻求投资者。国外的绿色银行机制运行多年,各个领域的企业及个人对绿色技术相关项目的认知度、参与度都高于国内。因此,可以将部分国内的项目提交国际绿色银行审批,在国际间寻找合适的合作方、投资者，分担投资风险。在将成功研发的绿色技术推广至世界市场方面。“绿色技术银行”可以与国外友好城市建立技术推广机制，将本国企业研发的符合他国需求的绿色技术以优惠金额出售给对口企业，促进绿色技术在国际市场间的流通，既能够控制绿色技术项目的事后风险，又极大地提高了企业参与“绿色技术银行”相关项目的积极性。

无论是国内还是国际的风险分担，其风险的分配都不是一个静态的、一次性的过程，而是要贯穿一个项目的始终。从收到企业申请开始，不断进行风险识别、风险评估，以确定在不同环境下、在面临不同信息时各方风险分担的量及分担的方式。

“绿色技术银行”风险分担机制利用一个项目将政府、银行和企业绑定在一起，三方相互合作、相互监督，认真履行各自的责任，既可降低项目风险，也可完善我国绿色金融的发展体系。同时，借鉴并发展国外绿色银行成熟的风险控制手段，积极寻求国际合作，大大加快我国“绿色技术银行”的发展进程。

3

环境规制对“绿色技术银行”及节能环保产业的影响

3.1 环境规制对企业环境信息披露质量的影响①

国家环境保护局、中国证监会等部门从 2003 年开始连续发布了《关于企业环境信息公开的公告》《关于进一步规范重污染行业生产经营公司申请上市或再融资环境保护核查工作的通知》、“大气十条”“水十条”“土十条”、《上海证券交易所上市公司环境信息披露指引》、新《环保法》等一系列规制。尤其是新环保法加入了生态文明建设和可持续发展的立法理念，明确保护环境的基本原则，完善环境管理基本制度，强化政府监管责任。2017 年 6 月，环境保护部与证监会签署了《关于共同开展上市公司环境信息披露工作的合作协议》，旨在共同推动建立和完善上市公司强制性环境信息披露制度，督促上市公司履行环境保护社会责任。2017 年 12 月，《公开发行证券的公司信息披露内容与格式准则第 2 号——年度报告的内容与格式》完成修订，要求重点排污单位详细披露排污信息、防治污染设施的建设和运行情况、建设项目环境影响评价及其他环境保护行政许可情况、突发环境

① 此部分内容已公开发表在 2019 年第 6 期《上海商业》期刊。

事件应急预案以及环境自行监测方案等具体信息。这些政策及相关法律法规的出台都是“环境规制”力度加强的体现，这也意味着未来企业环境信息披露的重要性将不断加强，逐渐成为企业进入资本市场的“必选项”。

目前企业环境信息披露一般从宏观和微观两个层面入手：宏观上，伴随着可持续发展经济目标的设立，环境质量与自然资源的利用程度被纳入国民经济核算体系中；微观上，企业进行环境信息披露，是对外界利益相关群体释放出的市场信号，成为其做出相关投资决策的依据之一，也是企业了解自身环境行为及其影响的信息渠道之一。企业对环境信息的公开披露常见于企业社会责任报告、年报等，对企业在环境保护方面做出的努力进行阐述。

3.1.1 假设的提出

国外学者 Wilmshurst、Frost(2000)等通过实证研究发现，上市公司环境信息披露与财务绩效呈正相关关系。Clarkson 等(2006)实证得到了自愿信息披露理论。Gray 等(1996)研究发现，环境信息披露与公司规模、盈利能力呈正相关关系。Meng X H、Zeng S X 和 Tam C M(2013)通过研究中国制造业 A 股上市公司，发现公司治理结构和环境信息披露水平之间存在显著的正相关关系。但 Hackston 和 Milne(1996)提出不同意见，其研究显示盈利能力与环境信息披露无关。在关于环境规制的研究上，Patten(1991)发现在受到外部监管压力下，环境敏感型企业提供环境信息的自愿性更强。Kolstad(1996)认为环境规制对环境质量的改善具有正向作用。Cormier D、Magnan M 和 Van Velthoven B(2005)研究发现外部压力会推动企业进行环境信息的披露。Frost(2007)也发现，当政府及相关部门颁布了新的环境法律规定后，企业环境信息披露质量提高了。Freedman 和 Patten (2004)研究发现环境政策的颁布对环境信息披露多的企业的市场价值具有正向的促进作用。Cho(2007)认为，企业对环境信息进行披露的行为是对环境规制这一外部压力的反应。

国内学者汤亚莉(2006)等以沪深两市披露环境信息的 60 家公司为对象进行

实证研究发现公司规模与绩效和环境信息披露正相关。朱金凤（2008）实证检验了公司特征与自愿性环境信息披露的关系，得出公司规模越大，重污染行业上市公司会披露更多的环境信息。李朝芳（2010）证实合法性是企业进行环境信息披露的重要动机之一，企业处于不同的组织变迁阶段，其环保意识也不同，随着组织变迁的进行，企业进行环境信息披露的自主性就越强。钱红光（2014）以 2012 年 140 家沪市 A 股上市公司为样本，验证了环境信息披露质量对企业资本配置效率有显著的正向影响。黄珺（2012）证实管理层因素对环境信息披露具有正向作用。李志斌（2014）实证研究了我国制造业上市公司环境信息披露状况，并发现内部控制对环境信息披露水平具有显著的正向作用。傅鸿震（2015）证实环境信息披露质量会受到企业所属行业的影响，垄断性行业公司的环境信息披露水平显著高于竞争性行业，因此政府对企业进行环境规制必须要考虑其行业竞争属性，从而提高我国整体企业环境信息披露水平。李强和冯波（2015）研究发现环境规制与企业环境信息披露质量呈现非线性关系，其中，与国有企业呈现正“U”形关系，与民营企业呈现倒“U”形关系。

宗子薇（2018）对新《环保法》进行深刻解读，提出环境规制的执行应当考虑企业所属行业、经济区域来调整规制力度，从而提高企业进行环境信息披露的合规性。候蕴慧（2018）以煤炭行业的上市公司为研究对象，实证发现政府环境的管理和控制以及媒体关注度显著影响企业进行环境信息披露的质量。环境规制、政策监管力度越强，进行环境信息披露的企业数量就越多。郑建明（2018）研究表明 2015 年“新环保法”的出台对企业环境信息披露质量有正面影响，并且这一影响在强环境规制力度的地区效果更明显。

国外学者在 20 世纪 70 年代对环境信息披露进行研究，研究方向集中在企业环境信息披露内容的质量和数量以及相关驱动因素上。研究结果表现为企业环境信息披露数量在不断增加，但整体质量不高。国内学者对环境信息披露的研究前期主要是对环境信息进行披露的内容与方式，后来随着环境问题的日益严重以及相关政策的颁布，国内学者开始探讨影响我国企业环境信息披露的公司特征、公司治理、外部监管等因素。2015 年新《环保法》颁布后环境规制对企业环境信息披露质量的影响研究较少，从政府角度出发研究企业环境信息披露影响的更少，因此有必要对这一问题进行更深入的探讨。

为改善日益严重的环境问题，国家层面对产业结构进行合理规划与调整，作为污染源头之一的重污染行业企业，必然会受到来自政府对产业结构调整的影响。高污染高耗能的企业也必然会受到市场淘汰，逐步向技术和知识密集型的高技术产业、现代服务业等绿色产业发展，从而降低外部严格的环境规制带来的高额成本。因此环境规制会对整个重污染行业结构上产生影响，对整个行业内的企业环境信息披露质量的整体水平产生影响。

环境规制对重污染行业企业带来成本增加，该类企业为了能够继续生存下去不得不进行生产技术上的研发创新以及组织管理模式上的改进。环境规制会对企业的污染排放进行控制，企业为了满足不超过规定的指标量，会考虑引进节能环保设备、加大绿色技术研发，降低产品污染。另一方面，环境规制的严格标准会对企业的生产率产生影响，Porter 和 Linde(1995)提出的“波特假说”表示，严格并且恰当的环境规制能够刺激企业的创新活动，由此产生的创新“补偿效应”能够抵消环境规制的“遵循成本”效应，即“补偿效应”占主导地位。因此环境规制对企业经济行为的影响路径取决于“遵循成本”和“补偿效应”的主导地位，不同的企业环境信息披露质量水平受到环境规制的影响程度不同。

企业披露环境信息的行为就是一种履行社会责任的表现。低的环境绩效可能会降低外部投资者对企业的投资偏好，监管部门越来越严格的惩罚措施可能会给企业带来环境负债等额外的成本。受制于这些道德和法律层面的要求，企业需要通过污染治理和保护生态环境等来解决这些社会问题。与此同时，可持续发展理论的确立，使得企业在追求自身利益最大化的同时，也要考虑其自身生产行为对外部环境所造成的影响，摒弃“纯理论人”的假设，站在“社会人”的角度兼顾社会效益和环境效益。

企业进行经营活动对外部环境造成污染，实则是一种“生产的外部不经济”行为，该种“外部不经济”行为表现为私人成本小于社会成本。根据外部性理论，政府及相关部门通过颁布相关法律法规来对企业经营行为产生一定的约束，这种约束使得企业面临着违规成本，当违规成本不断增大，会对企业的盈利产生影响，届时企业便会选择遵守相关规定，提高环境信息公开透明度。

因此，企业进行环境信息披露的动机之一是为了应对政府及相关部门的环境规制，树立良好的企业形象以此来获得更好的社会资源，持续保持自己的合法性地位，减少因为逃避管制带来的或有环境负债。因此环境规制强度与企业环境信息披露质量水平之间存在着一定联系。

因此提出假设：环境规制强度与企业环境信息披露质量呈现正相关关系。

3.1.2 实证分析

3.1.2.1 样本选择与数据来源

研究样本选自 2014—2016 年在上海证券交易所上市的所有重污染行业的 A 股上市公司，剔除掉 ST 以及财务数据异常的公司，最终共得到 481 个样本。

数据来源主要有以下 3 种途径：一是环境信息披露质量指标来源于“润灵环球”责任评级（RKS）的评价数据结果；二是环境规制强度指标来源于公众环境研究中心（IPE）和国际自然资源保护协会（NRDC）联合发布的 PITI 指数；三是上市公司年报和财务数据来源于巨潮资讯网以及 WIND 数据库。

3.1.2.2 变量设计

1. 被解释变量：企业环境信息披露质量

目前有关企业环境信息披露并没有一套完整统一的评价体系，国内学者研究企业社会责任和环境信息披露的文章中大多采用“内容分析法”，即自行建立指标评级体系，根据企业相关报告中有关环境信息披露的内容进行打分赋值。本文采取“润灵环球[①]”发布的社会责任（CSR）评级数据对企业环境信息披露水平进行度

① 润灵环球（RKS）是中国企业社会责任权威第三方评级机构，致力于为责任投资（SRI）者、责任消费者及社会公众提供客观科学的企业责任评级信息。公司网址：http://www.rksratings.cn.

量，选用第三方机构数据可以避免内容分析法中主观因素对研究结果的影响。“润灵环球”的评价体系用整体性 M(Macrocosm)、内容性 C(content)、技术性 T(Technique)、行业性 I(Industry)四个零级指标，其中“环境”该一级指标下包含环境整体管理信息、预防污染信息、可持续资源使用信息、减缓及适应气候变化信息四个二级指标，具体内容见表 3-1。该指标满分为 100 分，其中整体性评价 M 值权重为 30%，满分为 30 分；内容性评价 C 值权重为 45%，满分为 45 分；技术性评价 T 值权重为 15%，满分为 15 分；行业性评价 I 值权重为 10%，满分为 10 分。

表 3-1　“润灵环球”评价指标

环境二级指标	具体内容	采分点
环境整体管理信息	包括公司运营的环境管理体系，通过环境管理体系认证及年度复核，年度环保投资额度等信息	环境管理体系认证及年度复核 年度环保投资额
预防污染信息	包括识别污染及废物，测量、记录及报告污染源头，采取控制措施等信息	排放污染及废物的识别 测量、记录及报告污染源头 采取控制污染措施
可持续资源使用信息	包括识别能源、水及原料来源，测量、记录及报告它们的使用量(资源消耗量)，采取资源效能措施(例如节约措施)，寻求取代非再生能源的可行机会等信息	识别能源、水的来源 测量、记录及报告能量及水的用量 采取能源、水的节约措施 寻求取代非再生能源的可行机会
减缓及适应气候变化信息	包括识别温室气体排放源头，测量、记录及报告温室气体排放，采取减排措施，避免或减少气候变化的不良影响，在产品生产及业务开展过程中考虑气候变化等方面的信息	识别温室气体排放源头 测量、记录及报告温室气体排放量 温室气体减排措施 避免或减少气候变化的不良影响 在生产及业务过程中考虑气候变化

资料来源：润灵环球 MCTI 社会责任报告评价体系简介。

2. 解释变量：环境规制

环境规制的衡量，本文借鉴国内学者马军(2008)、沈洪涛(2012)、郑思齐

(2013)的研究方法，选用由公共环境研究中心(IPE)①与自然资源保护委员会(NRDC)②两家机构共同开发的“中国污染源监管信息公开指数”(PITI 指数)来衡量企业受到外界尤其是政府和相关环保部门监督与管制的程度。PITI 指数从环境监管信息、污染源自行公开、互动回应、企业排放数据、环境影响评价信息 5 个方面展开，满分 100 分，各项权重分别为 30%、26%、15%、14%、15%。具体指标内容，如表 3-2 所示。

表 3-2　　中国污染源监管信息公开指数 PITI 指数指标

一级指标	二级指标	主要内容
环境监管信息	日常超标违规记录	环保部门发布企业超标、违规处罚信息
环境监管信息(30 分)	日常超标违规记录	环保部门对污染源监督性监测开展及监测结果公示
	企业环境行为评价	环保局公布的企业环境行为评价结果
	排污费公示	环保部门对排污费征收工作的开展与结果的公示情况
污染源自行公开(26 分)	自行检测信息公开	评价各地自行检测平台发布的信息情况，包括废水、废气流量等
	重点排污单位信息公开	各地市重点排污单位名录公开情况
互动回应(15 分)	环境信访投诉	环保部门对环境信访、投诉案件及处理结果的公示情况
	依申请公开情况	环保部门对受理公众信息公开申请是否配套了规范、完善的回应体系
企业排放数据(14 分)	重点企业排放数据公开	评价企业污染物年度排放信息发布情况
	清洁生产审核公示	政府部门对强制清洁生产审核企业名单及代企业公布其主要污染物的排放情况
环境影响评价信息(15 分)	—	环境影响评价报告书全本的公开情况及各级环保主管部门

资料来源：城市污染源监管信息公开指数(PITI 报告)。

3. 控制变量

公司环境信息披露除了受到环境规制的影响，还有其他众多因素的影响，比

① 公众环境研究中心是一家在北京注册的公益环境研究机构，致力于收集、整理和分析政府和企业公开的环境信息，促进环境信息公开和环境治理机制的完善。公司网址：http://www.ipe.org.cn.

② 自然资源保护协会是一家国际公益环保组织，成立于 1970 年，致力于共同推进环境的综合治理与改善。公司网址：http://www.nrdc.cn.

如公司治理和公司特征也是影响企业环境信息披露的主要因素。因此本文引入股权集中度、独立董事比重、资产规模、资产负债率、净资产收益率、股权性质作为控制变量。所有变量说明，如表 3-3 所示。

表 3-3 变量说明

变量指标	变量名称	变量符号	变量定义
被解释变量	环境信息披露质量	CSR	润灵环球公布的各年各企业的社会责任评分
解释变量	环境管制强度	PITI	由公共环境研究中心与自然资源保护委员会共同发布的中国污染源监管信息公开指数
控制变量	公司规模	Size	期末总资产的自然对数
	盈利能力	ROE	净资产收益率，即净利润/净资产
	资本结构	DAR	资产负债率，即负债总额/资产总额
	股权性质	State	虚拟变量，国有资本控股为“1”，否则为“0”
	股权集中度	OC	第一大股东的持股比例
	年份	Year	虚拟变量，2015 年之后年份为“1”，否则为“0”

3.1.2.3　模型构建

根据上述分析及参照沈洪涛(2010)和毕茜(2012)等学者的相关研究，本文构建模型(1)来检验本文提出的假设。

$$CSR=\alpha+\beta_1 PITI+\beta_2 Size+\beta_3 ROE+\beta_4 DAR+\beta_5 State+\beta_6 OC+\beta_7 Year+\varepsilon$$

模型(1)

1. 企业环境信息披露质量分析

根据润灵环球的数据，本文对研究的被解释变量环境信息披露质量 CSR 从时间和行业两个方面进行了分析。

(1)环境信息披露质量的整体分析

图 3-1 和图 3-2 分别反映的是 A 股上市公司企业社会责任报告披露情况。

由图中数据可知，近几年来企业披露社会责任报告的数量稳步增加，由 2012 年的 644 份增长到 2016 年的 795 份。在这些披露的报告中，仍以按规披露的占比较多，自愿披露数量也呈现稳步增长趋势。2016 年自愿披露的报告数为 378 份，

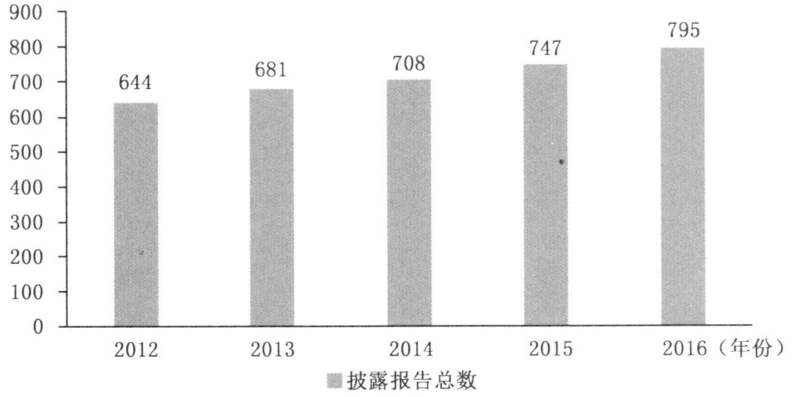

图 3-1　企业环境信息披露报告总数

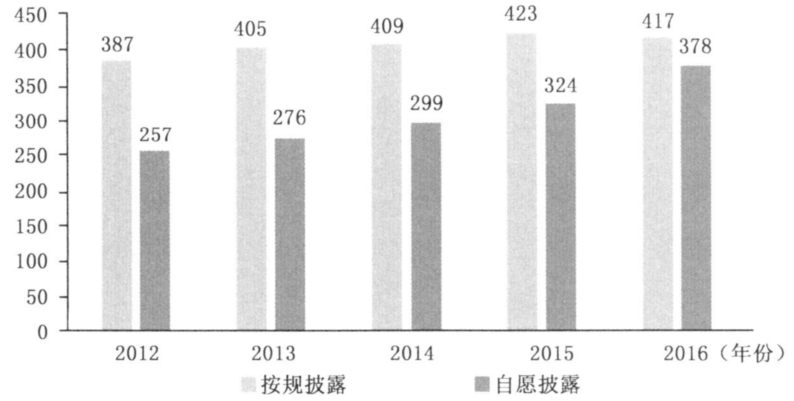

图 3-2　企业按规披露报告数和自愿披露报告数

占比 47%。这些数据在一定程度上反映了企业对这应履行的社会责任的重视度在不断提高，也影响着企业环境信息披露的质量。

样本企业 2014—2016 年企业环境信息披露质量的整体分析，见表 3-4。从数据来看，2014 年企业环境信息披露质量平均水平在 43.07 分，2015 年为 41.88 分，2016 年为 43.14 分，整体来看企业环境信息披露在 2015 年之后有所提升，但幅度较小；2014 年、2015 年的标准差差异很小，最值方面差异也不大，但 2016 年有所改变，这表明所选企业的环境信息披露质量之间的差距有所提升。

表 3-4　　环境信息披露质量的整体分析

年份	2014	2015	2016
观测值	152	163	166
最小值	25	24	17
最大值	87	87	87
均值	43.07	41.88	43.14
中位数	39.55	38.77	39.09
标准差	12.258	12.326	12.617

(2)环境信息披露质量的行业分析

从行业层面对企业环境信息披露质量的分析结果,见表 3-5。

表 3-5　　环境信息披露质量的行业分析

年份	2014	2015	2016
采掘业	49.76	48.60	50.64
电煤水生产供应业	44.93	45.36	46.21
纺织服装皮毛业	36.12	35.68	36.01
金属非金属	40.43	39.81	41.35
石化塑胶业	41.08	37.98	38.49
食品饮料业	43.15	41.62	43.10
医疗生物制药业	45.17	44.19	46.08
造纸印刷业	35.26	35.78	36.58

数据表明,2014 年采掘业类企业环境信息披露质量得分最高(49.76),造纸印刷业类企业环境信息披露质量得分最少(35.26);2015 年采掘业类企业环境信息披露质量得分最高(48.60),纺织服装皮毛业类企业环境信息披露质量得分最少(35.68);2016 年采掘业类企业环境信息披露质量得分最高(50.64),纺织服装皮毛业类企业环境信息披露质量得分最少(36.01)。整体来看,采掘业企业的环境信息披露水平相对较高,在中等水平。纺织服装皮毛业、石化塑胶业、造纸印刷业

的质量水平较差,得分普遍没有超过 40 分。

(3)变量描述性统计分析

变量描述性统计,见表 3-6。被解释变量为环境信息披露质量 CSR,均值为 42.69 分,中位数为 38.97 分,表明我国企业环境信息披露质量整体处于中等水平,CSR 最小值为 17 分,最大值为 87 分,标准差为 12.39,说明不同企业之间对环境信息的披露质量水平差异较大;核心解释变量 PITI,均值为 56.08 分,中位数为 56.90 分,表明当前我国政府对企业进行环境相关方面的管制强度处于中等水平以上,PITI 指标最小值为 21.70 分,最大值为 77.10 分,标准差为 13.78,说明处于不同地域的企业所受到的环境规制力度有较大的差异,受地域性的影响较大。

表 3-6　　各变量的描述性统计表

变量	观测值	均值	中位数	最小值	最大值	标准差
CSR	481	42.69	38.97	17.00	87.00	12.39
PITI	481	56.08	56.90	21.70	77.10	13.78
Size	481	14.16	14.07	11.33	19.30	1.46
ROE	481	0.05	0.06	−4.06	0.47	24.05
DAR	481	0.50	0.51	0.06	1.04	19.24
State	481	0.72	1.00	0.00	1.00	0.45
OC	481	40.86	40.53	3.39	86.35	16.65

2. 相关性分析

在进行回归分析之前,采用 Person 相关性检验对各变量进行相关性分析,分析结果见表 3-7。

表 3-7　　各变量相关性分析表

	CSR	PITI	Size	ROE	DAR	State	OC
CSR	1						
PITI	0.285***	1					
Size	0.453***	0.299***	1				

续表

	CSR	PITI	Size	ROE	DAR	State	OC
ROE	0.015	0.127***	0.023	1			
DAR	0.084*	−0.082*	0.412***	−0.228***	1		
State	0.205***	−0.015	0.204***	−0.035	0.117**	1	
OC	0.294***	0.054	0.370***	0.031	0.014	0.377***	1

注：***、**、*分别表示1%、5%和10%的水平上显著，下同。

一般认为解释变量间的系数不超过0.8，则不会产生多重共线性问题，不会对回归结果产生影响。从表中各解释变量之间的相关系数来看，均未超过0.5，各变量的方差膨胀因子VIF均小于10，容忍度都明显大于0.1，因此可以认为模型的构建是没有问题的。与此同时，通过相关性分析的结果，可以对被解释变量“企业环境信息披露质量水平CSR”与其他解释变量之间的系数关系进行预判，其中对于核心解释变量“环境规制强度PITI”呈现正的相关性，与假设相一致。

3. 多元线性回归分析

对样本企业数据运用SPSS软件进行多元线性回归，得到表3-8所示的结果。

表3-8　　多元回归分析结果

变量	系数	t值	p值
PITI	0.184***	4.130	0.000
Size	0.379***	6.941	0.000
ROE	−0.036	−0.882	0.378
DAR	−0.077*	−1.652	0.099
State	0.096**	2.253	0.026
OC	0.112**	2.431	0.015
Year	control		
Industry	control		
N	481		
R-Squared	0.256		

根据表中结果，整个模型调整后的 R^2 值为 0.256，意味着环境规制强度等解释变量能在 25.6%的水平上解释企业环境信息披露质量，整个模型的拟合程度良好，另外，时间和行业变量均已控制。企业环境信息披露质量 CSR 与环境规制强度 PITI 在 1%的显著水平上呈现正相关关系，系数为 0.184，t 值为 4.130，即环境规制强度对企业环境信息的披露有显著的积极作用，环境规制越强，企业环境信息披露质量越高，由此假设也得到了验证。

企业环境信息披露质量 CSR 与企业资产规模 Size 在 1%水平上显著为正，系数为 0.379，t 值为 6.941，这表明企业环境信息披露质量会随着企业资产规模的增加而显著提高，公司在发展的过程中需要获得外部资本投资，为此需要更为详细的披露环境会计信息，履行社会责任。

股权性质 State 在 5%的显著水平上对企业环境信息披露质量 CSR 有正向作用，即企业股权性质为国有会提高其环境信息披露的质量，这也意味着国有控股有利于企业进行环境信息披露。国有性质企业与政府关系相比民营企业关系较为紧密，因此会顺应政府对环境保护的号召，其环境信息披露质量表现得更高。

资产负债率 DAR 与企业环境信息披露质量在 10%的水平上显著负相关，即企业资产负债率越高，负债程度越高，其环境信息披露质量越低。企业高负债率意味着存在较高的财务风险，此时企业为了获得外部投资，不愿意更多的进行信息披露，因此环境信息披露的数量和质量也受到了影响。

股权集中度 OC 与企业环境信息披露质量在 5%的水平上正相关，说明企业股权集中度越高，企业环境信息披露质量就显著地有所提升。企业股权集中度越高，政策执行力就越强，这对于国有控股的企业来讲，意味着企业会更多地进行环境信息披露来满足政府政策法规的要求。

理论上来讲，企业盈利水平越高，会有能力并更愿意去披露环境会计信息，但本文的实证结果显示企业的盈利能力 ROE 与企业环境信息披露质量的关系并没有通过显著性检验，这可能是因为选取的重污染企业盈利水平差距较大，造成回归结果没有形成统计学上的显著。

3.1.3 建议

对样本企业环境信息披露质量分整体和行业两方面进行了分析，分析显示重污染行业企业环境信息披露数量逐年提升，2016年进行环境信息披露的企业达到795家，但质量整体水平不高，自愿性程度有很大的提升空间；不同行业之间披露质量水平具有差异，其中采掘业表现最好，纺织服装业、石化塑胶业、造纸印刷业表现较差，企业环境信息披露质量得分普遍没有超过40分。描述性统计部分，各变量的标准差均较大，这说明了不同企业之间情况差异较大。其次本文对变量进行了相关性分析和检验，发现不存在多重共线性问题，因此模型构建是合理的，同时也初步验证了企业环境信息披露质量和环境规制之间的正向关系。之后，将数据放入SPSS软件中进行多元线性回归分析，得到了环境规制对企业环境信息披露质量具有显著的促进作用。

因此建议政府进一步完善环境披露管理体系和政策法规，管理部门之间应当加强合作，制定严格详细的有关环境信息披露和社会责任履行的法律法规，监督管理上市企业履行环境信息披露义务，提高企业违反环境保护的外部性成本，将环境风险转化为企业面临的财务风险，引起企业对环境保护的重视程度，以此来推动企业承担起相应的社会责任。

建议相关重污染行业企业自身应试图建立起内部环境治理机构，依照外部政策规定制定相应的环境管理制度，建立环境绩效评估机制，由此“由内而外”的不断提高企业环境信息披露质量。

3.2 政府环境规制与城市群产业发展的耦合关系——以长三角为例[①]

作为中国经济最发达的城市化地区之一的长三角城市群，由苏、浙、沪、皖4

① 此部分主要内容在2019年第11期《城市发展研究》期刊公开发表。

省市的26个市组成，仅占中国2.2%的国土面积，但集中了中国1/4的经济总量和1/4以上的工业增加值，是中国经济发展的重要引擎。该地区经济发展程度、工业化程度、市场化程度、对外贸易程度均位于全国前列，但高速增长的经济也带来了严峻的产业结构转型、创新投资良莠不齐、资源能源紧缺、生态环境破坏等新问题，长三角城市群正在探索实现经济增长与环境质量协调发展的新方式。在此基础上，长三角各地政府也正在加快环保政策出台速度、缩短制定周期、加强区域间环保合作、拓宽环境规制手段范围，涉及环境污染防止、环境监测体系构建、环保基础设施建设、环保产业化和环境综合治理化等方面；但各级政府在不断加大环保投入的同时，也使政府环保投资赤字不断扩大，面临着产业要素错配、价值链锁定、创新力不足等问题，环保产业政策的引导和激励被动的作用于企业，导致全产业链升级转型缺乏内在创新激励力。

从长三角产业创新转型与生态环境保护的角度出发，选取长三角城市群26个主要城市为样本，分析其在“十五”末期(2005年)、“十一五”末期(2010年)、“十二五”末期(2015年)、“十三五”中期(2017年)四个关键时点的指标，厘清城市产业发展与政府环境规制之间的关系和耦合协调进程，探讨产业创新转型与环境规制政策运用的关键微观影响因素，对推进长三角区域经济、政治、社会、文化和生态文明一体化发展具有重要的意义。

3.2.1 环境规制与产业发展的耦合机理

3.2.1.1 关于环境规制对产业发展的作用

目前关于环境规制与产业发展的研究，国内外学者们的研究分析呈现出两种相反的结论与观点。

1. 遵循成本说，环境规制对产业发展具有负面制约作用

根据古典经济理论观点，经济学家认为，企业基于最优化决策会逃避履行环境责任，首先，环保规制将导致企业生产成本的提高，从而导致企业生产率和产业绩效的下降；其次，环境污染治理投资的增加会挤占企业生产投资额，从而提高企

业融资成本、降低产业利润率；最后，环境规制会引发企业生产方式和经营模式的改变，从而降低企业生产效率。

国外学者率先研究环境规制与产业发展之间的关系，Gray(1987)运用美国制造业1958—1980年数据，实证发现环境规制对企业生产率和增长率具有负向作用，环境规制将导致制造产业生产率平均每年下降0.57%；Barbera和McConnell(1990)基于1960—1980年美国产业经济绩效数据，研究发现产业经济下滑和企业生产率下降可归因于环境污染治理投资的提高；Gray和Shadbegian(2005)运用1979—1990年美国三大污染产业数据，发现制造、钢铁、石油产业的生产率与政府环境治理投入、政府政策执行力与规制力强度之间存在显著负相关；Chintrakarn(2008)基于美国48个州的数据，运用SFA模型，研究发现环境规制对制造业的技术无效率存在显著的正向作用，即严格的环境规制手段与政策对制造业技术效率的改进没有直接的作用力；Kneller和Manderson(2012)认为环境规制虽然能够促进环保类R&D投入，却不能促进总市场的R&D投入，环保类R&D对非环保类R&D具有挤出效应。国内学者进一步补充，赵细康(2016)利用2007—2014年广东工业园区面板数据，构建污染密集型产业转移影响因素计量模型，认为环境规制会导致广东污染密集型产业由“中心”向“外围”的空间转移，他认为实施环境规制后，一方面，企业环保投资的增加会对其他投资产生挤出效应；另一方面，环境规制会给企业生产经营决策增加新的约束条件，加大生产管理、生产时间等环节的压力，产生新的约束效应，最终导致企业成本上升和竞争力下降；任梅和王小敏等(2019)基于2003—2016年中国沿海三大城市群的面板数据，采用基于非期望产出的超效率SBM模型测度城市群环境规制效率，发现京津冀城市群和珠三角城市群分别关注对产业结构的调整和清洁生产技术的引进，均能促进环保规制效率的提升；但长三角城市群关注末端治理，反而使环境规制效率显著下降。

2. 遵循创新补偿说，环境规制对产业发展具有正面促进作用

波特等人认为，“遵循成本说”是静态产业发展观理论。从动态角度来说，环境规制政策的合理制定与实施，能够刺激企业技术创新，加速企业生产和产品的

创新补偿效应，从而弥补环境规制带给企业成本的增加，在市场上获得响应的“先动优势”，实现经济与环境的“共赢”，提升产业竞争力。

Berman 和 Bui(2001)基于 1982—1992 年的美国数据，实证证明环境规制对企业全要素生产率具有显著正向提升作用；De Vries 等(2005)基于 14 个 OECD 国家 1970—2000 年数据，将环境严厉性规制构建政策作为不可观测的潜变量，实证环境规制政策会加速产业的技术创新；白雪洁和宋莹(2009)采用三阶段 DEA 模型，基于非规制、弱规制和强规制三个维度，研究显示在环境规制作用下，火电行业整体的效率水平显著提升，总体上存在产业技术创新的激励效应，但并非适用于各个地区；蒋伏心和王竹君等(2013)运用 2004—2011 年江苏省 28 个制造业行业面板数据，实证证明环境规制不但会对技术创新产生直接影响，而且会通过 FDI、企业规模、人力资本水平等因素产生间接影响；Rubashkina 和 Galeotti (2015)基于波特假说，运用 1997—2009 年欧洲 17 个国家的制造业数据，使用环境污染减排和控制支出(PACE)这一部门级指标，研究环境规制对产业创新和生产力的影响，发现环境监督对创新具有促进作用，但是没有证据支持生产力对污染控制和节能减排具有影响力；韩国高(2018)基于中国制造业的细分行业数据，利用面板门槛模型考察了不同环境规制强度和技术创新程度下环境规制对产能利用率的差异化效应，结果表明：环境规制对产能利用率具有显著的非线性门槛特征，随着环境规制强度的不断增加，环境规制对产能利用率的影响由不显著变为显著，影响方向由促进变为抑制，只有适当的环境规制才有利于激发企业创造力、缓解产能过剩。

综上所述，国内外研究环境规制对产业发展的影响，第一，大多集中在制造业和工业的影响上，而研究节能环保产业发展与政府环境规制的耦合关系的研究尚不多见。第二，环境规制度量指标的选取，往往具有单一性和片面性，针对性不强。

3.2.1.2 环境规制对产业发展的作用机理

“耦合”起源于物理学，是对体系之间关联程度的度量，可以表示模块之间相互联系、相互依赖的属性，最终实现整体耦合收益大于各模块单独收益。本文运用SCP(市场结构—市场行为—市场绩效)分析范式角度，探索环境规制与产业创新发展的耦合机制。

1. 环境规制影响产业市场结构的机制分析

第一，对市场需求的影响。产业转型发展的动力是社会对环保产业的需求。首先，随着环境规制政策的不断趋严，社会整体环境意识提高，绿色消费理念下形成的巨大绿色消费市场使经过环境认证的产品广受消费者青睐。如Lanoie等(2011)基于对7个OECD国家的4 000项设施采购调研，发现43%以上的设施采购需要评估供应商的环境绩效。其次，严格的环境规制迫使重污染企业增加污染治理投入、引进清洁生产设备，从而增加了环境治理、污染监测和控制设等环保产品、服务的需求。最后，政府是环境政策的制定者和市场的引导者，城市环保基础设施建设是环保设备投资的重要组成部分，有效拉动市场环保产业需求。

第二，对市场进入堡垒的影响。一方面，环境规制会提出更高的环境技术要求，形成环境规制的技术堡垒，阻碍新的企业进入，不利于产业创新发展，如排放规制会对清洁技术种类和水平进行限定；排放总量规制对污染控制技术进行限定。另一方面，严格的环境技术会增加研发投入成本，对产业潜在进入者形成资金堡垒。同时，环境规制易形成产业龙头企业的规模式垄断，对潜在进入者形成更高的进入堡垒。

第三，对市场集中度的影响。张成和于同申(2012)、李虹和邹庆(2018)均认为适度的环境规制不仅可以提升优势企业的竞争力，实现地区产业的优化和适度集中，环境规制促进产业结构合理化和高级化趋同，形成环境规制倒逼机制推进城市的产业转型发展。

2. 环境规制影响产业市场行为的机制分析

第一，对企业策略性行为的影响。政府实施环境规制会给企业带来积极应对和消极退出两种不同策略。黄光灿和白东北等(2019)基于2005—2016年的面板数据，认为环境规制标准提升有助于工业产业的技术创新，进而吸引更多的外商资本，大量资本的涌入又刺激技术再进步，技术创新与外商资本具有良性的互动效应；而环境技术达不到要求的环保企业不得不退出市场。选择留下的产业会不断进行产品和服务的差异化创新，更好地适应自然环境、地理位置带来的环境问题。

第二，对技术创新行为的影响。环境规制对产业技术创新行为的推动而言，主要通过需求拉动和技术推动产生。一方面，环境规制是一种外在压力，是企业环境即时创新调整的信号，直接创造有利于环保的技术创新需求；另一方面，产业为了获得环保竞争优势，将不断加大环境技术的积累，主动增加研发投入进行环境技术创新，提高整体竞争实力。同时，环境规制对技术创新存在一定地区差异性和滞后性，丁显有和肖雯等（2019）采用全局超效率 SBM 模型和耦合协调度模型对长三角城市群 18 个重要城市的绿色发展效率、创新发展效率和绿色创新协同程度进行测算，表明上海、浙江整体绿色发展效率、创新发展效率和绿色创新协同效应均优于江苏。周柯和王尹君（2019）研究发现环境规制与科技创新的联合对产业结构升级的影响存在着基于科技创新水平的双门槛效应和滞后效应，只有当科技创新水平跨越相应的门槛值后，环境规制与科技创新共同作用于产业升级的正向效应才得以发挥。

3. 环境规制影响产业市场绩效的机制分析

第一，对技术进步的影响。环境规制会促进产业技术进步，国内外学者对技术进步创新绩效的因素从多方面展开研究，如朱晋伟和梅静娴（2015），郑春美和李佩（2015），吕明洁、陈瑜和曹莉萍（2016），陈鲁夫和绍云飞（2017），王婧、吴晔伟和蓝梦（2018）等从政府补助、税收优惠、行业专业政策、生产要素、环境规制手段、需求多样化等因素出发，进行理论和实证分析，探索对产业发展和企业创新绩效的影响。但是国内外学者对产业创新绩效测量指标选取不同，Hagedoorn 和 Cloodt 采用研发投入、专利数量、新产品广告宣传测量产业创新绩效；王文霞（2015），吕明洁、陈瑜和曹莉萍（2016），李凌月、张啸虎和罗瀛（2019）选取新产品销售收入、每万人拥有发明专利数、新产品产值率、分机构专利质量等指标衡量产业创新发展绩效。不同规制手段对产业创新技术进步的作用强弱不同。

第二，对生产率的影响。Alpay（2002）等对美国和墨西哥两国食品加工业的研究发现，环境规制对美国行业生产率的影响为负，但对墨西哥的影响为正；龙小宁和万威（2017）基于 1998—2017 年中国制造业数据，采用倍差法，表明环境规制可以促进企业创新而提高产业利润率。环境规制产业具有整的外部性特征，社会边际成本小于企业边际成本，政府利用补贴、政策等形式进行市场干预，促使企业边际成本下降到社会成本，进而以最优的产量进行生产，提高产业的生产率。

产业创新发展与政府环境规制之间的关系如图 3-3 所示。

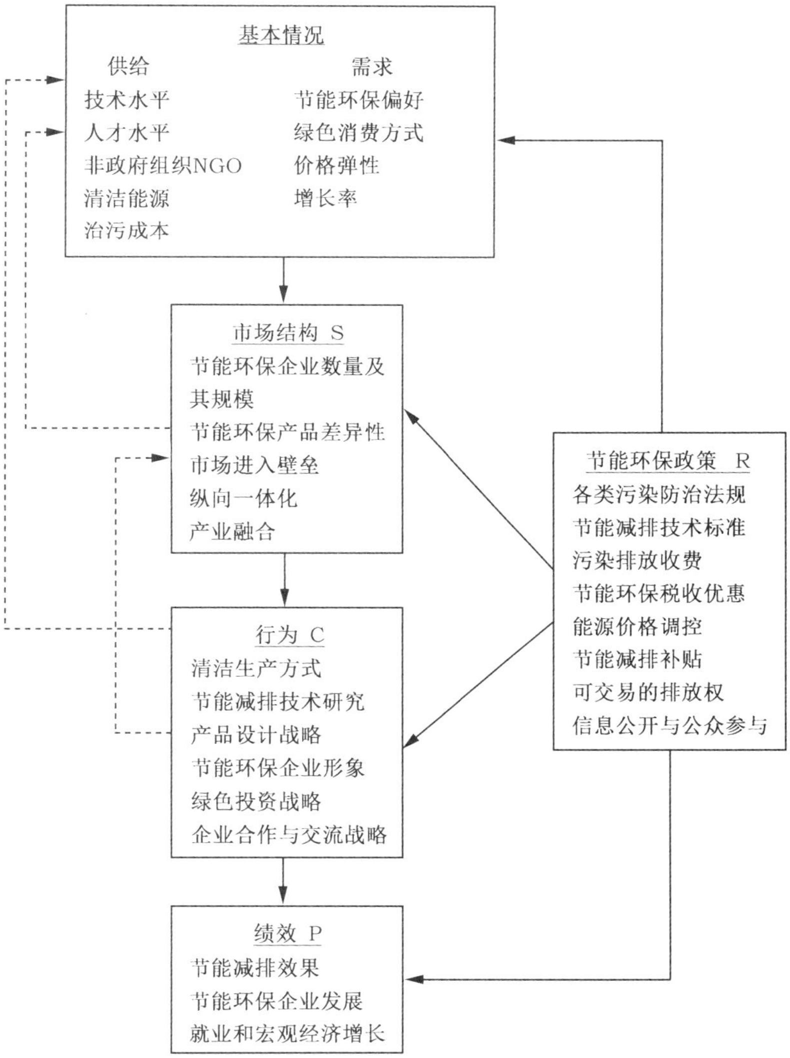

资料来源：陶金. 我国节能环保产业影响因素研究[D]. 安徽财经大学，2015.

图 3-3　产业创新发展与政府环境规制 S-C-P-R 关系

3.2.1.3 环境规制对产业发展的耦合机理

城市产业链创新发展与环境规制之间存在密切的内在联系。首先，产业创新发展，从新产品研发到工业投产，各阶段都需要资金的支持，环境规制涉及环境投融资政策、节能政策、绿色信贷政策、财税补贴政策等，政策的扶持是产业创新顺利实现的必要保证。其次，当代绿色产业的发展取决于需求和治理的增长，在关注环境保护的同时还要兼顾社会经济整体的投资收益。企业迫切转型，对先进技术和新产品的需求量扩大，产业创新成果转化的经济效益可以保证社会金融、投资机构获得较高的投资回报，拉动全社会经济发展。最后，环境规制政策和手段为产业创新发展提供良好环境，引导资本投入环境领域，促进产业转型和金融多元化发展。产业转型和新产品的出现，会促使政府不断修正现有的法规政策，探索完善环境规制手段，产业创新对政府环境规制具有反馈作用。

产业创新发展与政府环境规制反馈耦合机理，见图 3-4。

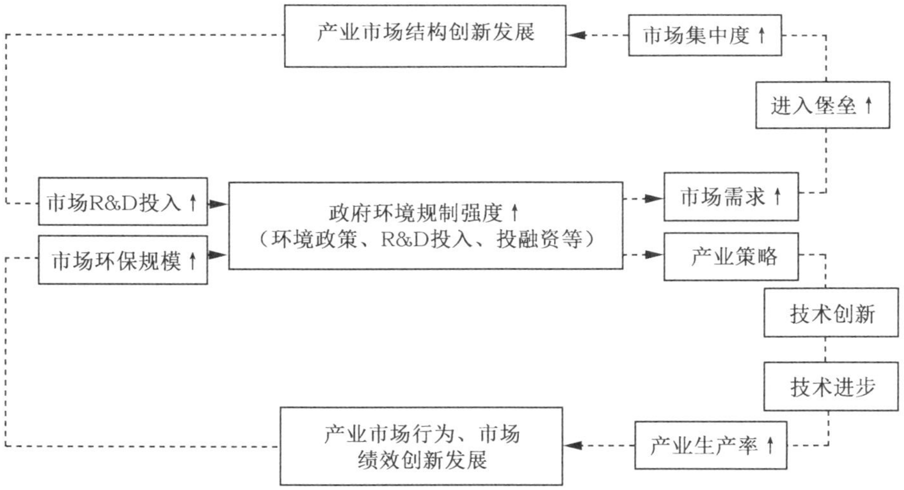

图 3-4 产业创新发展与政府环境规制反馈耦合机理

上述分析可知，政府环境规制与产业市场结构、市场行为、市场绩效之间存在内在联系，并通过彼此相互作用使得对方属性放大或者缩小，彼此之间存在耦合关系，长三角城市群协调发展，高度强调形成“1＋1＞2”的环境保护效果，及时充分掌握长三角区域的耦合协调发展，为长三角协调制定环境保护决策提供依据。

3.2.1.4 基于环境规制和产业发展耦合机理的指标体系设计

基于以上政府环境规制与产业发展耦合机制的理论分析，借鉴周柯、王文霞、李凌月等学者的研究成果，并结合长三角城市群的实际情况，按照系统性、科学性、可获得性的原则，产业发展系统选取了产业市场结构、产业市场行为、产业市场绩效等层次的指标，环境规制系统选取了环境规制水平、环境规制压力和环境规制保护等层次的指标，最终选择 12 个指标表示产业发展和 11 个指标表示环境规制。

3.2.2 环境规制与产业发展耦合协调度评价模型

3.2.2.1 数据来源及权重处理

长三角城市群是全球第六大城市群，是“一带一路”与长江经济带的重要交汇地带，具有重要的战略地位。为了获取长三角区域产业发展与城市环境规制整体耦合协调发展情况，以及进行同级行政单位之间的比较，本文选取上海，江苏省的南京、无锡、常州、苏州、南通、盐城、扬州、镇江、泰州，浙江省的杭州、宁波、嘉兴、湖州、绍兴、金华、舟山、台州，安徽省的合肥、芜湖、马鞍山、铜陵、安庆、滁州、池州、宣城等 26 个长三角城市，原始数据来自 2005 年、2006 年、2011 年、2018 年《中国统计年鉴》《中国环境统计年鉴》《中国高新技术统计年鉴》及 26 市统计年鉴和统计公报等，原始数据同时有正向和负向指标，为使各市数据更具有可比性以及消除原始数据之间量级和方向差异，消除数据处理主观因素，本文对原始数据进行熵值法处理。

首先，对于不同方向指标进行标准化处理，避免标准化数据出现 0，将标准化后数据统一加上 1，公式如下：

$$正向指标：X'_{ij}=\frac{X_{ij}-X_{\min}}{X_{\max}-X_{\min}}+1 \tag{1}$$

$$负向指标：X'_{ij}=\frac{X_{\max}-X_{ij}}{X_{\max}-X_{\min}}+1 \tag{2}$$

其中，X_{ij} 是第 i 个城市中的第 j 个指标的真实值，X'_{ij}、$X_{\max}$、$X_{\min}$ 分别为真实

值的标准化值、最大值和最小值。

其次，计算指标 i 在第 j 个样本城市的比重：

$$P_{ij}=\frac{X'_{ij}}{\sum_{j=1}^{m}X'_{ij}} \tag{3}$$

然后，计算指标 i 的熵值：

$$M_i=-k\sum_{j=1}^{m}P_{ij}\ln P_{ij} \tag{4}$$

其中，$k=\frac{1}{\ln m}$，m 为城市样本数。

接着，计算第 i 个指标的差异系数：

$$T_i=1-M_i \tag{5}$$

最后，计算第 i 个指标的权重：

$$W_i=\frac{T_i}{\sum_{i=1}^{n}T_i} \tag{6}$$

其中，n 为指标数。

熵值法处理后，指标体系构建、方向、表示、权重，见表 3-9。

表 3-9　　产业创新发展与政府环境规制耦合模型指标和熵值法权重

目标层	准则层	指标层	方向	表示	权重
产业发展	产业市场结构（0.130323）	人均地区生产总值（元）	正向	x_1	0.043424
		城市人口密度（人/平方公里）	反向	x_2	0.043474
		人均 GDP（元）	正向	x_3	0.043425
		R&D 经费支出（亿元）	正向	x_4	0.043500
	产业市场行为（0.217388）	节能环保支出（亿元）	正向	x_5	0.043533
		科学技术支出（亿元）	正向	x_6	0.043509
		专利申请受理量（项）	正向	x_7	0.043437
		专利授权量（项）	正向	x_8	0.043410

续表

目标层	准则层	指标层	方向	表示	权重
产业发展	产业市场绩效（0.173778）	新增固定资产（万元）	正向	x_9	0.043383
		固定资产投资额（万元）	正向	x_{10}	0.043466
		工业增加值（亿元）	正向	x_{11}	0.043439
		年末金融机构各项贷款余额（万元）	正向	x_{12}	0.043491
环境规制	环境规制水平（0.173996）	人均公园绿地面积（平方米）	正向	y_1	0.043472
		城市用水普及率（%）	正向	y_2	0.043529
		城市排水管道长度（公里）	正向	y_3	0.043463
		一般工业固体废物综合利用率（%）	正向	y_4	0.043531
	环境规制压力（0.174093）	工业废水排放量（万吨）	反向	y_5	0.043522
		二氧化硫排放量（吨）	反向	y_6	0.043551
		烟（粉）尘排放量（吨）	反向	y_7	0.043497
		一般工业固体废物产生量（万吨）	反向	y_8	0.043524
	环境规制保护（0.130421）	城市污水处理率（%）	正向	y_9	0.043501
		城市生活垃圾清运量（万吨）	正向	y_{10}	0.043459
		城市供水综合生产能力（万立方米/日）	正向	y_{11}	0.043461

注：数据统计差异处理。

3.2.2.2 耦合模型分析

1. 耦合度模型

本文使用耦合模型测算环境规制和城市产业发展之间的耦合度，从宏观角度分析两者之间的互动和匹配关系，根据已求出的指标权重，计算两系统的综合得分并计算其协调度，F_x 和 F_y 分别为城市产业发展和政府环境规制系统的综合发展水平，公式如下：

$$F_x = \sum_{i=1}^{n} W_i X'_{ij} \tag{7}$$

$$F_y = \sum_{i=1}^{n} W_i Y'_{ij} \tag{8}$$

耦合度模型计算，公式如下：

$$C=\left[\frac{F_xF_y}{\left(\frac{F_x+F_y}{2}\right)^2}\right]^k \tag{9}$$

其中,k 为调节系数。因为本文研究的是两个系统之间的耦合关系,所以令 $k=2$。

2. 耦合度评价体系

根据公式(9),计算出产业发展与环境规制的耦合度 C。本文参考王仁祥和陆鹏飞(2019)的划分方法,将耦合度划分为 5 种类型,见表 3-10。

表 3-10　　产业创新发展与政府环境规制耦合模型指标和熵值法权重

C	耦合度等级	$F_x>F_y$	$F_x<F_y$
$0.8<C\leqslant 1$	良好耦合	环境规制滞后	产业发展滞后
$0.6<C\leqslant 0.8$	中度耦合	环境规制滞后	产业发展滞后
$0.4<C\leqslant 0.6$	低度耦合	环境规制滞后	产业发展滞后
$0.2<C\leqslant 0.4$	中度磨合	环境规制滞后	产业发展滞后
$0<C\leqslant 0.2$	严重磨合	环境规制滞后	产业发展滞后

当 $F_x=F_y$ 时,产业发展与环境规制属于统一协调等级下同步发展。

3. 耦合度实证结果分析

通过对“十五”末期(2005 年)、“十一五”末期(2010 年)、“十二五”末期(2015 年)、“十三五”中期(2017 年)长三角 26 个城市产业发展与环境规制进行耦合度计算,结果如表 3-11 所示,分析各市耦合度、磨合度、发展协调性,可以发现以下主要特征。

表 3-11　　长三角 26 市耦合度、协调度及发展协调性程度

	2017 年			2015 年			2010 年			2005		
	耦合度	耦合级	发展协调性	耦合度	耦合级	发展协调性	耦合度	耦合级	发展协调性	耦合度	耦合级	发展协调性
上海市	0.8208	良好耦合	环境规制滞后	0.6785	中度耦合	环境规制滞后	0.6399	中度耦合	产业发展滞后	0.4851	低度耦合	产业发展滞后
南京市	0.6340	中度耦合	产业发展滞后	0.6034	中度耦合	产业发展滞后	0.4969	低度耦合	产业发展滞后	0.4631	低度耦合	产业发展滞后
无锡市	0.6190	中度耦合	产业发展滞后	0.6085	中度耦合	产业发展滞后	0.5324	低度耦合	产业发展滞后	0.4753	低度耦合	产业发展滞后
常州市	0.5775	低度耦合	产业发展滞后	0.5331	低度耦合	产业发展滞后	0.4766	低度耦合	产业发展滞后	0.4504	低度耦合	产业发展滞后
苏州市	0.6797	中度耦合	环境规制滞后	0.6434	中度耦合	环境规制滞后	0.5642	低度耦合	产业发展滞后	0.4884	低度耦合	产业发展滞后
南通市	0.6027	中度耦合	产业发展滞后	0.5446	低度耦合	产业发展滞后	0.4669	低度耦合	产业发展滞后	0.4412	低度耦合	产业发展滞后
盐城市	0.5334	低度耦合	产业发展滞后	0.4974	低度耦合	产业发展滞后	0.4423	低度耦合	产业发展滞后	0.4378	低度耦合	产业发展滞后
扬州市	0.5722	低度耦合	产业发展滞后	0.5265	低度耦合	产业发展滞后	0.4726	低度耦合	产业发展滞后	0.4414	低度耦合	产业发展滞后
镇江市	0.5560	低度耦合	产业发展滞后	0.5320	低度耦合	产业发展滞后	0.4761	低度耦合	产业发展滞后	0.4425	低度耦合	产业发展滞后
泰州市	0.5458	低度耦合	产业发展滞后	0.5078	低度耦合	产业发展滞后	0.4614	低度耦合	产业发展滞后	0.4397	低度耦合	产业发展滞后
杭州市	0.6296	中度耦合	产业发展滞后	0.5932	低度耦合	产业发展滞后	0.4964	低度耦合	产业发展滞后	0.4527	低度耦合	产业发展滞后
宁波市	0.6072	中度耦合	产业发展滞后	0.5851	低度耦合	产业发展滞后	0.5080	低度耦合	产业发展滞后	0.4548	低度耦合	产业发展滞后
嘉兴市	0.5134	低度耦合	产业发展滞后	0.4933	低度耦合	产业发展滞后	0.4585	低度耦合	产业发展滞后	0.4186	低度耦合	产业发展滞后
湖州市	0.5130	低度耦合	产业发展滞后	0.4986	低度耦合	产业发展滞后	0.4634	低度耦合	产业发展滞后	0.4198	低度耦合	产业发展滞后
绍兴市	0.5398	低度耦合	产业发展滞后	0.5273	低度耦合	产业发展滞后	0.4628	低度耦合	产业发展滞后	0.4435	低度耦合	产业发展滞后
金华市	0.5079	低度耦合	产业发展滞后	0.4887	低度耦合	产业发展滞后	0.4534	低度耦合	产业发展滞后	0.4362	低度耦合	产业发展滞后
舟山市	0.5039	低度耦合	产业发展滞后	0.5314	低度耦合	产业发展滞后	0.4673	低度耦合	产业发展滞后	0.4108	低度耦合	产业发展滞后
台州市	0.5178	低度耦合	产业发展滞后	0.5081	低度耦合	产业发展滞后	0.4645	低度耦合	产业发展滞后	0.4273	低度耦合	产业发展滞后
合肥市	0.5516	低度耦合	产业发展滞后	0.5331	低度耦合	产业发展滞后	0.4708	低度耦合	产业发展滞后	0.4221	低度耦合	产业发展滞后
芜湖市	0.5135	低度耦合	产业发展滞后	0.4907	低度耦合	产业发展滞后	0.4362	低度耦合	产业发展滞后	0.4155	低度耦合	产业发展滞后
马鞍山市	0.4565	低度耦合	产业发展滞后	0.4396	低度耦合	产业发展滞后	0.4247	低度耦合	产业发展滞后	0.4321	低度耦合	产业发展滞后
铜陵市	0.4704	低度耦合	产业发展滞后	0.4535	低度耦合	产业发展滞后	0.4141	低度耦合	产业发展滞后	0.3971	中度失调	产业发展滞后
安庆市	0.4608	低度耦合	产业发展滞后	0.4565	低度耦合	产业发展滞后	0.4279	低度耦合	产业发展滞后	0.3882	中度失调	产业发展滞后
滁州市	0.4676	低度耦合	产业发展滞后	0.4625	低度耦合	产业发展滞后	0.4412	低度耦合	产业发展滞后	0.4054	低度耦合	产业发展滞后
池州市	0.4619	低度耦合	产业发展滞后	0.4569	低度耦合	产业发展滞后	0.4378	低度耦合	产业发展滞后	0.4189	低度耦合	产业发展滞后
宣城市	0.4545	低度耦合	产业发展滞后	0.4433	低度耦合	产业发展滞后	0.4401	低度耦合	产业发展滞后	0.4035	低度耦合	产业发展滞后

(1)整体耦合程度偏低

长三角城市群产业发展与环境规制始终耦合进步发展,而非磨合退步;“十五”到“十三五”,长三角各市产业发展与环境规制耦合协调度逐年提高,但总体耦合度仍然偏低,到“十三五”中期,只有上海市达到良好耦合阶段,数值为 0.8208,江苏省和浙江省所有城市耦合度均在 0.5～0.7,处于中度耦合和低度耦合之间,但安徽省所有城市均处于低度耦合阶段,产业发展滞后,只有合肥市和芜湖市耦合度超过 0.5。

(2)空间分布上,长三角 26 市耦合度和协调差异性显著

一方面,长三角城市群产业发展与环境规制耦合度呈现出区域不均衡的趋势:在 26 个城市中,上海市耦合度水平最高,“十五”期间列居第二,“十一五”末期,率先实现中度耦合,自此保持领先耦合发展地位,“十三五”中期耦合度已超过 0.8;江苏省(第二)和浙江省(第三)紧随其后,江苏省平均耦合度为 0.5218,列居前三的城市分别是苏州市、南京市和无锡市,呈现出各个城市为了保护环境和产业发展齐头努力,如 2018 年,江苏省曾开展沿江八市交叉环保联合执法专项行动,并且,江苏省近十年大力实施“两减六治三提升”专项行动,有力推进治污减排攻坚,深入实施环境保护制度改革,为建设生态宜居、环境清洁城市提供坚实保障制度;浙江省平均耦合度为 0.4936,增速整体慢于江苏省,除杭州市、宁波市,其余城市整体耦合度均低于 0.55,各市产业发展和环境保护差异显著,阻碍了浙江省整体耦合度的提高;安徽省耦合度最低,只有合肥市和芜湖市超过 0.5,甚至安徽省会合肥市仅达到江苏省镇江市的耦合水平,跟长三角其他城市相比,安徽省差异显著,“十五”到“十三五”期间产业发展缓慢,环境规制保护政策制定、实施的行动力弱,亟须吸纳上海、江苏、浙江的成功发展经验。各个城市主要年份平均耦合度得分,见图 3-5。

另一方面,长三角城市群产业发展与环境规制耦合发展呈现出产业发展滞后于环境规制的状况。在所考察的 26 个市中,仅有上海市和苏州市的环境规制综合序参量数值大于产业发展综合序参量数值,即环境规制水平滞后于产业发展水

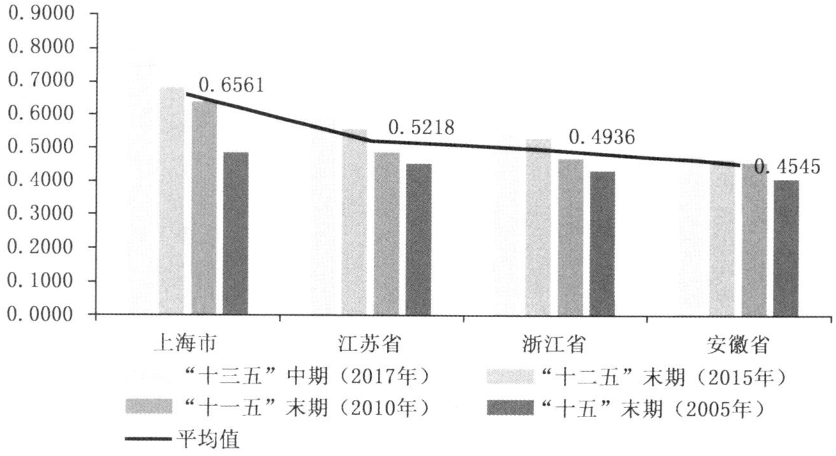

注：

1. 安徽省：

(1)2005 年专利申请量(已披露专利批准量)、专利申请、专利批准估计 总专利申请量=3516,专利批准量=1939,比例=1939/3516=55.15% 每个市分别乘相应的申请量；

(2)2005 年 R&D 经费支出(未分市披露)：根据 2010 年各市 R&D 经费支出占安徽省总体 R&D 经费支出的比例分摊 2005 年 R&D 经费支出。

2. 江苏省：

(1)2010 和 2005 年各市 R&D 经费支出：全省 R&D 经费总支出×各市高新技术产值占全省比重；

(2)2005 年财政科学技术支出和环境保护支出：根据 2010 年各市财政科学技术支出和环境保护支出，分摊比例；

(3)2005 年全省财政科学技术支出和环境保护支出 127.6294 亿元，按照 2010 年各市分摊比例，分摊各市 2005 年支出。

3. 浙江省：

未分市披露财政环境保护支出与科学技术支出，按比例计算：

某年全省科学技术支出(或环境保护支出)比例=某年全省科学技术支出(或环境保护支出)/某年一般预算支出合计；

某年某市科学技术支出(或环境保护支出)=某年全省科学技术支出(或环境保护支出)比例×某年该市地方财政一般预算支出。

4. 数据统计差异：

(1)2005 年和 2010 年：工业固体废物综合利用率(%)，2015 年和 2017 年：一般工业固体废物综合利用率(%)；

(2)2007 年以前财政支出分类中没有环境保护支出一项：用科技三项费用替代。

图 3-5 上海、江苏、浙江、安徽平均耦合度统计分布图

平，“十三五”期间，各城市二者之间的差距越来越小，逐渐呈现均衡同步发展趋势。第一梯队为上海市和苏州市，“十二五”末期，上海市和苏州市率先进入产业发展滞后于环境发展，政府环境规制行动的作用显著，上海市是长三角的龙头核心城市，苏州市临近上海，通江达海，生态环境誉满全国，具有综合性的区位优势，政府高度关注生态环境和治理，已试点率先实行多项环境保护政策，如垃圾分类立法、多部门环境联合执法与问责等，上海市和苏州市政府具有超前的环境保护意识，政府与市场资金积极投入环境保护与科学技术创新领先，在保证产业稳步发展的条件下，积极采取环境规制手段促使产业结构不断优化、不断提高城市R&D内部研发支出、环境保护支出和科学技术支出，大力支持高新技术产业聚集与创新发展。

第二梯队为南京市、无锡市、常州市、南通市、盐城市、泰州市、杭州市、宁波市，城市环境发展与产业发展的差距逐渐缩小，尤其到“十三五”期间，两系统差值均小于0.1，体现我国加快节能环保和环境保护方面的政策出台速度、缩短制定周期，拓展涵盖范围，涉及环境污染防止、环境监测体系构建、环保基础设施建设、环保产业化和环境综合治理化等方面，促进经济产业创新转型与环境保护协调发展。

第三阶段为扬州市、镇江市、嘉兴市、湖州市、绍兴市、金华市、舟山市、台州市、合肥市、芜湖市、马鞍山市、铜陵市、安庆市、滁州市、池州市、宣城市，到“十三五”中期，城市产业发展系统与环境规制系统参量数值差异仍然超过0.1，安庆、滁州、池州、宣城甚至超过0.2，城市产业发展较严重的滞后于环境发展，进一步增加了城市环境保护压力，抑制城市生态环境改善。

各个城市四个关键时期的产业发展综合序参量数值与环境规制综合序参量数值差值走势，见图3-6。其中，负值为产业发展综合序参量数值超过环境规制综合序参量数值（$F_x > F_y$），正值相反（$F_x < F_y$）。

（3）时间分布上，长三角城市群整体环境与产业发展耦合度平稳提高

“十五”到“十三五”阶段（2005—2017年），长三角城市群整体环境规制与产业

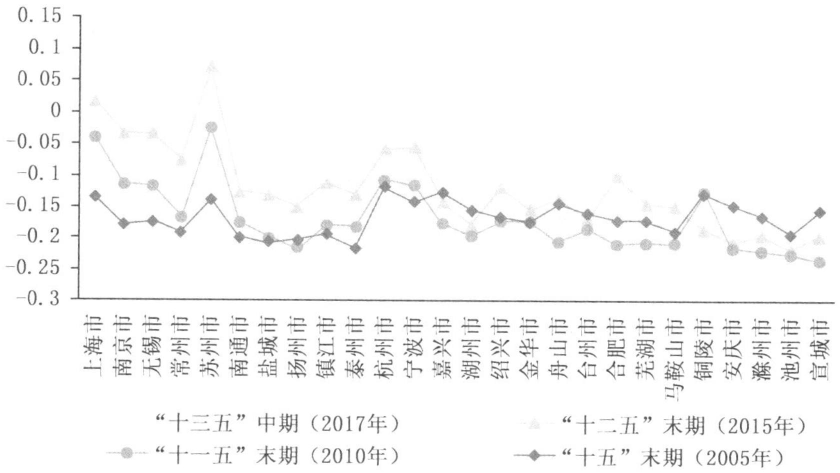

图 3-6　长三角 26 市产业发展综合序参量数值与环境规制综合序参量数值差异图

发展耦合度显著提高，但是各个城市增长幅度差异显著，26 个城市耦合度提高速度如下：上海市＞苏州市＞杭州市＞南京市＞南通市＞宁波市＞无锡市＞扬州市＞合肥市＞常州市＞镇江市＞泰州市＞芜湖市＞绍兴市＞盐城市＞嘉兴市＞湖州市＞舟山市＞台州市＞铜陵市＞安庆市＞金华市＞滁州市＞宣城市＞池州市＞马鞍山市。上海市总体耦合度提高 0.3358，而马鞍山市 12 年期间仅提高 0.0244，产业发展与环境规制近乎未实现耦合协调发展。2005—2017 年长三角 26 个城市耦合度变化数，见图 3-7。

首先，"十一五"期间（2005—2010 年），除上海市耦合度增速变化较快以外，其他各市产业与环境耦合度增长均不到 0.07，马鞍山市耦合度呈现负增长。"十五"期间，我国环保问题严峻突出，经济发展与资源环境约束的矛盾日益凸显，初步提出加速产业结构调整与污染治理力度，政府的环境规制政策和手段集中在污染治理方面，长三角各城市政府逐步建立重点流域、重点城市的环境质量变化考评机制；并且此阶段财政支出重新划分，单独出现财政"环境保护支出"项目。

其次，"十二五"期间（2010—2015 年），长三角各城市产业与环境耦合度增长速度明显快于"十一五"期间增速，安徽省各市增速相对缓慢。国家加快了环境规

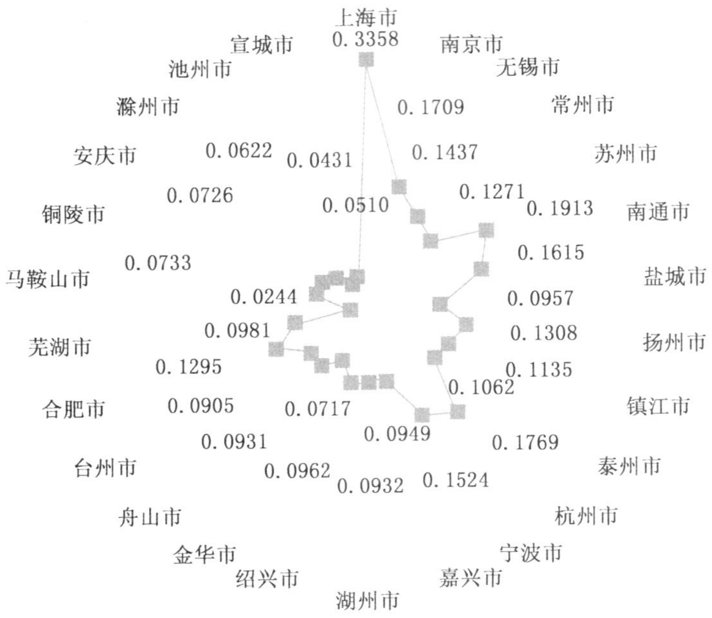

图 3-7　2005—2017 年长三角 26 个城市耦合度增长变化图

制政策制定的步伐，联合多部门，推动出台了《关于落实环保政策法规防范信贷风险的通知》《关于环境污染责任保险工作的指导意见》《燃煤发电机组脱硫电价及脱硫设施运行管理办法》《关于逐步建立矿山环境治理和生态恢复责任机制的指导意见》《环境保护、节能节水项目企业所得税优惠目录（试行）》和《环境保护专用设备企业所得税优惠目录》等环境经济政策文件，探索长三角三省（市）环境保护行动机制，各省市之间成立领导小组，签署环保合作协议，实施省级联合、部门联动，齐抓共管、密切配合，统一环境监督、发布环境信息，为我国开展区域水污染、大气污染等联防联控工作积累有效经验。此阶段，安徽省各市尚未成为长三角城市群联动环保和发展机制的成员市，环境规制发展与城市产业发展均较落后于江苏省和浙江省。

最后，“十三五”期间（2015—2017 年），2017 年仅为进入“十三五”期间的第二年，上海市和江苏省各市产业发展与环境规制耦合度增长值已基本达到“十一五”整个期间的增长值，浙江省和安徽省耦合增长度呈现出动力不足的趋势，舟山市首次出现负增长，存在海岛产业发展与环境协调发展的问题，海岛产业结构亟须升级优化。

上海市和江苏省的各市对于环境保护投资的规模在数量和程度上都远远高于安徽省的各市，这主要得益于长期经济高速发展带来的促进作用，产业发展对环境具有正向反馈作用，较高的产业经济发展水平正是实现环境规制投资的物质前提和基础。

“十一五”期间(2005—2010 年)、“十二五”期间(2010—2015 年)、“十三五”期间(2015—2017 年)长三角 26 个城市耦合度提升变化，见图 3-8。

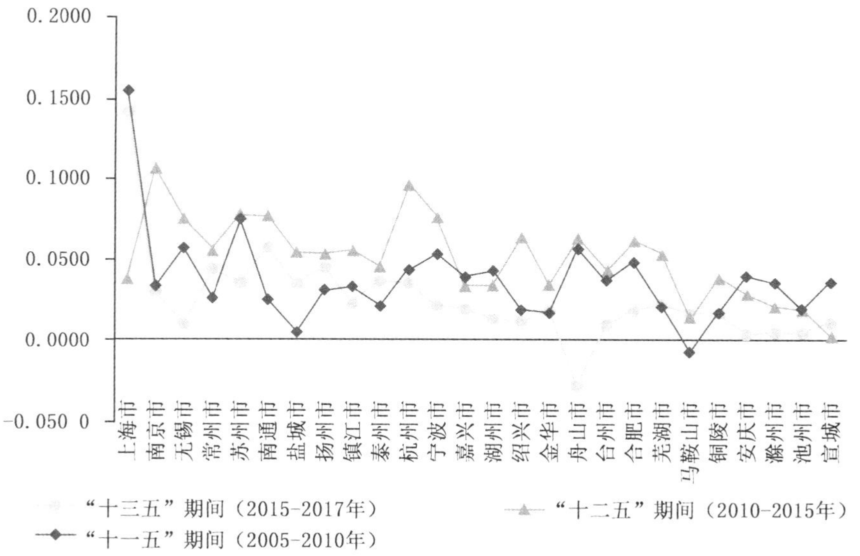

图 3-8　分阶段长三角 26 个城市耦合度提高变化图

(4)协调发展模型分析

当各系统的发展水平较低且比较接近时，耦合度无法准确反映这个系统之间的耦合，需要使用协调发展模型及其判别标准来进行详细分析，协调发展度计算公式如下：

$$\begin{cases} D=\sqrt{CZ} \\ Z=(aF_x+bF_y) \end{cases} \tag{10}$$

其中，a 和 b 反映两个系统的重要程度。此处将二者看作同等重要，即 $a=b=0.5$。

本文参考王仁祥和陆鹏飞(2019)的划分，将协调度划分为七种类型：完全协调($D=1$)；高水平协调($0.8\leqslant D<1$)；较高水平协调($0.5\leqslant D<0.8$)；中等水平协调($0.3\leqslant D<0.5$)；低等水平协调($0.1\leqslant D<0.3$)；极度失调($0<D<0.1$)；完全不协调($D=0$)。

计算得到长三角 26 个城市产业发展与环境规制的协调度，见图 3-9。

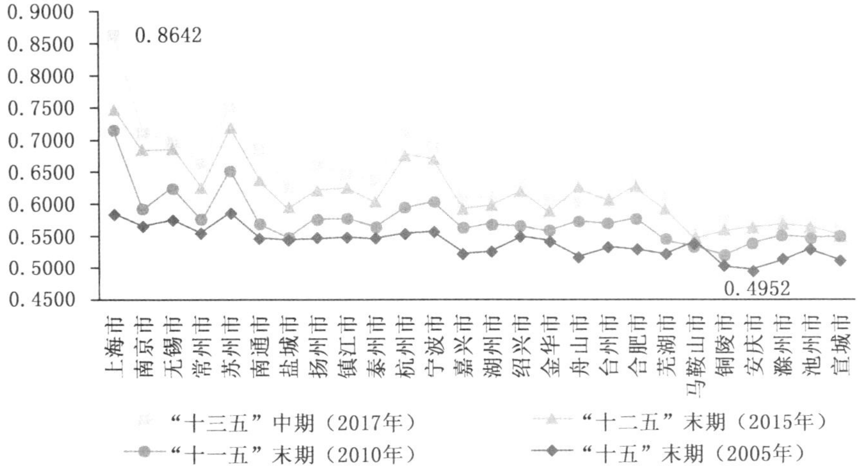

图 3-9　长三角 26 市产业发展与环境规制的协调度变化图

2005—2017 年，除安庆市在“十五”末期为中等水平协调(协调度=0.4952)，上海市在“十三五”中期率先进入高水平协调发展阶段(协调度=0.8642)，其他城市协调度全部处于 0.5～0.8，达到较高水平的协调。总体来看，除马鞍山市每年战略阶段协调度没有明显增长外，其余各市协调度均在稳定提高，产业发展和环境规避政策相互正向促进，共同快速发展；且进入“十三五”期间，两系统协调度增长值逐渐放缓。这表明，近几年我国环境规制政策和手段的实施都取得了较大成效，产业发展水平较高，与环境保护政策产生了较强的相互协调作用。马鞍山处于安徽省最东部，横跨长江、接壤南京、毗邻长三角，是一座以钢铁工业为主的重工业城市。长期不合理的经济发展方式造成马鞍山市的“三废”排放量一直居长三角各城市之首，资源消耗强度过大且形成较大的环境压力，导致十几年来，马鞍山市是26个城市中唯一一个产业发展与环境规避的协调度几乎未增长的城市。

3.2.2.3　灰色关联度模型分析

1. 关联分析法模型

进一步探索分析各系统中各微观因素之间的关联互动作用。鉴于城市产业发展和政府环境规制之间的相互作用有很多复杂信息和不确定性因素，各因素之间存在很多灰色关联，适合用灰色关联模型分析各因素之间的关联互动，直接找到两个系统之间耦合互动的重要驱动力，采用极差标准化法对数据进行处理。

首先，根据公式(1)和公式(2)对数据进行标准化处理。

其次，求差序列：

$$\Delta_i(k)=|x_1'(k)-x_i'(k)|, k=1,2,3,\cdots,i \tag{10}$$

其中，$x_1'(k)$为原数据序列，$x_i'(k)$为另一系统的比较数列，分别计算两极最大极差和最小极差记为M和m。

接着，计算关联系数，引入ρ，根据最小信息原理，令$\rho=0.5$：

$$\gamma_{0i}(k)=\frac{N+\rho M}{\Delta_i(k)+\rho M}, \rho\in(0,1) \tag{11}$$

最后，计算灰色关联度：

$$d_{0i}=\frac{1}{n}\sum_{i=0}^{n}\gamma_{0i}(k), i=1,2,3,\cdots,n \tag{12}$$

2. 灰色关联度实证结果分析

按照朱福林和张波(2017)等的分类标准：$0<D<0.35$为弱关联；$0.35<D<0.65$为中等关联；$0.65<D<0.85$为较强关联；$0.85<D<1.0$为极强关联。根据历年26个市的统计数据，计算得到产业发展系统下的市场结构、市场行为、市场绩效与环境规制系统下的环境规制水平、压力、保护两两之间各指标的灰色关联度，计算结果见表3-12。

表 3-12　　长三角 26 市产业发展与环境规制指标灰色关联度

指标		环境规制水平				环境规制压力				环境规制保护			平均值
		y_1	y_2	y_3	y_4	y_5	y_6	y_7	y_8	y_9	y_{10}	y_{11}	
产业市场结构	x_1	0.8088	0.6538	0.8321	0.6871	0.6756	0.6530	0.6824	0.6852	0.7059	0.7962	0.8005	0.7255
	x_2	0.7987	0.7518	0.6762	0.8215	0.8200	0.7953	0.8437	0.8275	0.7730	0.6434	0.6479	0.7635
	x_3	0.8098	0.6551	0.8288	0.6889	0.6772	0.6546	0.6844	0.6877	0.7081	0.7934	0.7976	0.7260
	x_4	0.6778	0.5521	0.9355	0.5769	0.5780	0.5505	0.5955	0.5794	0.5917	0.9592	0.9483	0.6859
产业市场行为	x_5	0.6621	0.5380	0.9059	0.5604	0.5608	0.5346	0.5843	0.5629	0.5759	0.9411	0.9313	0.6688
	x_6	0.6705	0.5459	0.9228	0.5696	0.5703	0.5441	0.5847	0.5718	0.5855	0.9551	0.9437	0.6785
	x_7	0.7170	0.5797	0.9320	0.6085	0.5990	0.5809	0.6174	0.6017	0.6222	0.9118	0.9072	0.6979
	x_8	0.7197	0.5844	0.9245	0.6136	0.6015	0.5861	0.6210	0.6037	0.6277	0.9043	0.8975	0.6985
产业市场绩效	x_9	0.7768	0.6287	0.8634	0.6661	0.6501	0.6300	0.6633	0.6554	0.6772	0.8348	0.8326	0.7162
	x_{10}	0.7345	0.5876	0.9177	0.6216	0.6212	0.5877	0.6384	0.6268	0.6298	0.8898	0.8884	0.7040
	x_{11}	0.7240	0.5893	0.9454	0.6199	0.6042	0.5907	0.6211	0.6080	0.6345	0.9127	0.9065	0.7051
	x_{12}	0.6780	0.5525	0.9330	0.5783	0.5778	0.5515	0.5940	0.5796	0.5922	0.9652	0.9481	0.6864
平均值		0.7315	0.6016	0.8848	0.6344	0.6280	0.6049	0.6442	0.6325	0.6436	0.8756	0.8708	0.7047

由表 3-12 可知，所有指标值均大于 0.53，大部分指标的关联度在 0.5～0.7，表明环境规制与产业发展之间微观指标之间互动关联度强。将各指标关联度的平均值由大到小进行排序，如图 3-10，进一步分析影响耦合度的关键驱动因素。

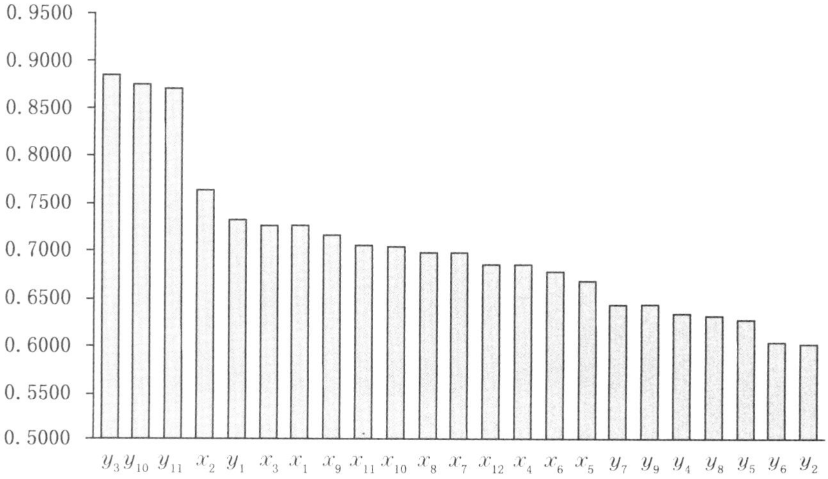

图 3-10　产业发展与环境规制各微观指标关联度排序图

由图 3-10 可知，23 个微观指标中，平均关联度在 0.6～0.7 的有 13 个，0.7～0.75 的有 6 个，有 3 个指标超过 0.85，这表明产业发展和环境规制各微观要素之间的关联性较强。最高的三个指标是 y_3（城市排水管道长度）、y_{10}（城市生活垃圾清运量）、y_{11}（城市供水综合生产能力），均来自环境规制体系下的环境水平与环境保护，与城市产业发展的平均耦合度都超过了 0.85，表明政府强制的环保举措和生态治理政策有效的实施，可以有效规范市场环保行为，增强环保意识，引导市场加速优化结构、促进产业转型创新发展。产业发展体系中平均关联度最高的三个指标是 x_2（城市人口密度）、x_3（人均 GDP）、x_1（人均地区生产总值），均超过 0.73，且全部来自产业市场结构，表明较产业市场行为和产业市场绩效，产业市场结构对地区环境规制的影响力度最大，以人为本的产业结构发展理念必将对环境保护提出更高的要求。现有环境水平、环境保护效果和产业市场结构相关的因素是促进两系统耦合协调发展的关键驱动力。

3.2.3 结论与建议

3.2.3.1 结论

基于长三角26个主要城市在四个关键战略时点——“十五”末期(2005年)、“十一五”末期(2010年)、“十二五”末期(2015年)、“十三五”中期(2017年)的数据，从理论和实证两层次分析产业发展与环境规制现状的耦合关系，得出如下结论。

第一，长三角各城市耦合度保持稳步提高，但整体仍偏低。耦合模型分析发现，长三角城市群耦合度结果整体偏低，只有上海市耦合度超过0.8，长三角城市群产业发展与政府环境规制发展尚未形成良性互动耦合机制。

第二，耦合协调度各城市差异明显。第一梯队是上海市和苏州市，产业发展与环境规制耦合水平和协调程度高，率先进入环境规制滞后于产业发展阶段；第二梯队是南京市、无锡市、常州市、南通市、盐城市、泰州市、杭州市、宁波市，进入“十三五”期间，城市环境发展与产业发展的差距显著缩小；第三梯度是扬州市、镇江市、嘉兴市、湖州市、绍兴市、金华市、舟山市、台州市、合肥市、芜湖市、马鞍山市、铜陵市、安庆市、滁州市、池州市、宣城市，到“十三五”中期，城市产业发展系统与环境规制系统参量数值差异仍较大。

第三，“十五”到“十三五”阶段(2005—2017年)，长三角城市群整体环境规制与产业发展耦合度显著提高，各城市耦合度提升平均超过0.1，上海市总体耦合度提高0.3358，而马鞍山市12年期间仅提高0.0244。

第四，环境规制与产业发展各微观指标间的平均灰色关联度较高。灰色关联模型分析表明，产业市场结构、现有环境发展水平与环境保护成效对模型耦合驱动作用最强，更强调产业创新转型与环境保护协调发展。

3.2.3.2 建议

为促进长三角城市群产业发展和生态环境保护协同发展，本文提出如下建议。

第一，政府部门要认识到产业升级创新发展与环境规制之间具有耦合关系，会产生“1＋1＞2”的协同放大效应。当前我国正处于经济、产业、环境转型升级的关键时期，长三角对全国发展起着带头引领的作用，应对长三角城市群的产业发展与环境规制耦合协调发展格外关注，通过促进二者协调互动发展，为产业升级、技术创新与生态环境保护提供动力；各地应根据当地情况制定相应的耦合发展战略，尽快实现长三角城市群产业和环境的高度耦合发展，探索特大城市群生态与经济耦合发展机制。

第二，发挥地区联动优势和比较优势，探索协同发展机制。上海、苏州、南京、杭州等市要继续保持城市产业与环境协同发展机制优势；苏南城市和浙北城市要充分利用地域优势，不断学习先进创新与环保技术、引进人才；苏北地区和安徽省各城市要增强科技创新和环保能力，调整产业布局，补齐短板，明确城市功能与发展地位。各个城市间培养环保高新技术产业集群，共同打造环境保护与城市创新科技开放平台，充分发挥长三角城市群一体化的优势，推动上海、苏州、杭州等城市引领和辐射周边城市，加快知识、技术、资源等在长三角城市群间融合流动，不断缩小各城市之间的发展差距。

第三，建立产业发展与环境规制之间正确的监督和反馈制度，通过正向和反向双重反馈机制提高耦合系统的效率。首先，继续完善环境经济政策下的法律法规体系的建设，目前，我国一些重要环境经济政策，如排污权有偿使用和交易、生态补偿和环境责任保险等环境经济政策，尚缺乏明确、具体的法律法规依据，这些政策在试点后的全面推行将面临法律障碍。其次，加强各环保政策与产业、市场之间的协同度，完善配套设施，提高技术保障能力，如排污权有偿使用与环境税费之间需要进一步协调，环境污染风险评估和污染损害评估技术规范尚不完善，污染源实时监测监控网络和执法监管体系不够完善，一定程度上阻碍了环境经济政策的全面和有效推行。最后，形成完善的环境损害成本负担机制，导致市场主体加大环保投资、防控环境风险的内在动力严重不足，所以，政府在加大政府环境保护、科学技术投入、R&D 内部研发投入的同时，可通过税收优惠、设立引导基金等方式引导金融资本投资环境保护与产业科技创新领域。

3.3 环境规制影响绿色金融政策

改革开放四十年，在我国经济腾飞的背面是严峻的生态环境问题，《2018年中国环境状况公报》显示开展空气质量新标准监测的城市中35.8%的城市空气质量年均值达标，338个城市发生重度污染1 899天次，地表水监测断面中受严重污染的劣Ⅴ类水质占比达6.7%，地下水监测中水质较差和极差比例达76.1%，生态环境质量为“较差”和“差”的县域占比33.5%。经济发展所付出的惨重的资源和环境代价让我国政府十分重视随之出现的环境问题，出台多项环保法律法规，强调生态文明建设。

回溯我国环境规制的发展进程，大体可以分为三个阶段。

第一阶段(1973—1993年)是制度建设和环境立法的起步阶段。1973年，第一次全国环境保护会议召开。1979年颁布了《中华人民共和国环境保护法(试行)》，标志着我国的环保体系正式建立。1984—1988年，一系列《中华人民共和国水污染防治法》《中华人民共和国大气污染防治法》《中华人民共和国草原法》《中华人民共和国水法》环保法律法规相继颁布。《中华人民共和国环境保护法》于1982年正式实施。1990年，国务院发布《关于进一步加强环境保护工作的决定》，全面落实环境保护目标责任制、城市环境综合整治定量考核制、排放污染物许可证制、污染集中控制、限期治理、环境影响评价制度、“三同时”制度、排污收费制度八项环境管理制度。1992年，国务院发布《中国环境与发展十大对策》《中国21世纪议程——中国21世纪人口、资源与发展白皮书》。1993年，全国人大环境与资源保护委员会成立“中国环境与资源保护法律体系框架”，为下一步的环境治理做好准备工作。

第二阶段(1994—2004年)是逐步完善与强化治理阶段。1994年国家环保局发布了水污染预防的第一个规章制度——《关于淮河流域防止河道突发性污染事故的决定(试行)》。1995年，第一部流域性法规——《淮河流域水污染防治暂行条例》出台，明确了淮河流域水污染防治目标。1997年国家环保局发布了《关于推行清洁生产的若干意见》，标志着我国开始转向污染源治理。1998年，国家环保局升为正部级，国务院发布《全国生态环境建设规划》，一系列生态保护重大工程正式开展。2000年12月，国务院出台《全国生态环境保护纲要》。2002年3月，国务院通过《全国生态环境保护“十五”计划》，《清洁生产促进法》通过了人大会议。2003年5月，国家环境保护总局发布《生态县、生态市、生态省建设指标（试行）》，进一步深化生态示范区建设。

第三阶段（2005年至今）是不断创新与全面防控阶段。2005年，我国开始进入环境污染事故高发期，同年国务院通过《关于落实科学发展观加强环境保护的决定》明确以人为本、环保为民的环境保护宗旨。2006年，“十一五”规划提出了建设资源节约型、环境友好型社会的战略任务和具体措施。2007年，十七大明确把生态文明建设作为一项战略任务。2011年，国务院印发《关于加强环境保护重点工作的意见》和《国家环境保护“十二五”规划》，进一步推进环境保护事业。2014年，国务院发布《关于进一步推进排污权有偿使用和交易试点工作的指导意见》，首次利用市场型环境规制工具。2015年，新《环保法》实施。2016年，修订后的《中华人民共和国大气污染防治法》施行。2018年，《中华人民共和国环境保护税法》废止了排污费，按规定征收环保税，标志着生态环境损害赔偿制度改革已从先行试点进入全国试行的阶段。2019年，《中华人民共和国土壤污染防治法》正式实施，保障和实现人民群众吃得放心、住得安心。

总的来说，我国的环境立法呈现出越来越严的趋势。我国严峻的生态环保现状决定了先污染后治理的这条路在中国是行不通的，但是单纯只强调环保却忽略了经济增长也是不可持续了，因此绿色金融应运而生，凭借金融的手段来更好地引导资金流向绿色环保项目，助力绿色发展。绿色指标被逐渐纳入金融政策、监管规定和相关法律制度，日趋完备的法律法规也为绿色金融发展营造了良好的环境，发展绿色金融推动绿色发展也成为新的经济增长点。

当然，完备的环保法律法规是推进绿色金融发展的前提条件。我国应进一步利用法律的权威性和约束力促使金融机构更多地投资于绿色产业，来促进绿色金融的发展。有效的制度保障不仅能引导市场向绿色产业配置更多的资金，也能使相关金融业务获得良好投资回报。

3.3.1 环境规制影响绿色金融政策的国内外情况

3.3.1.1 国外环境规制影响绿色金融政策

从国际上的发展情况来看，国际组织在推动绿色金融的发展上起到不可或缺的作用，例如联合国环境规划署于 1995 年、1997 年分别发布《联合国环境规划署保险业环境举措》和《银行业和保险业对于环境可持续发展的声明》将可持续发展与金融市场相连接。国际金融公司开展“可持续发展和减轻气候变化领域的金融服务”来为发展中国家应对环境风险、制定环境融资方案提供服务。世界银行为遵循《京都条约》成立碳金融部门来减少温室气体的排放量。世界主要金融机构根据国际金融公司和世界银行的政策与指南建立了“赤道原则”来决定、评估和管理项目融资中的环境与社会风险而确定的金融行业基准，已发展成为行业惯例。

此外各国政府与立法机构也制定了诸多绿色金融政策来建设本国绿色金融。美国政府在绿色金融的发展上走在第一梯队。1980 年，美国发布《超级基金法案》，规定银行对其客户造成的环境污染需支付环境修复费用，多途径筹集资金，多角度治理污染，对落实污染治理责任有重要意义。2005 年，美国政府发布《新能源法案》给予新能源企业达上百亿美元的税收优惠补贴。美国国会于 2017 年发布的《美国能源独立与安全法》说明了美国绿色产业发展的具体内容。2009 年，《美国创新战略》把新能源技术开发和应用列为国家战略发展领域。此外，美国的州政府采用财政补贴、财政拨款、财政出资设立绿色基金等多种手段引导金融机构投资于清洁能源、废物利用、绿色基础设施的建设。

欧盟地区也是绿色金融的先行者。20 世纪 70 年代，英国就开始了绿色金融相关立法，如 1972 年的《有毒废物处置法》就涉及了绿色信贷理念。英国政府 2009 年颁布的《贷款担保计划》规定政府对环境友好型中小企业进行贷款担保，促进中小企业进行绿色生产。英国为推动绿色金融发展于2012年成立了政策性银行——英国绿色投资银行，主要投资对象是具有商业性的绿色基础设施项目，助推了英国绿色产业的转型，并出台《绿色投资政策》《责任投资政策》和《绿色投资手册》作为绿色投资银行投资活动的评估原则。在欧盟地区则规定绿色信贷及证券化产品可以享受税收优惠，2004年欧盟实施《欧盟环境责任指令》，坚持“污染者付费”原则来推广绿色保险。德国还于2007年、2008年分别颁布《环境损害保险一般条款》《环境责任保险条款》，通过明确环境责任人的义务和绿色保险种类，解决环境污染纠纷，来促进绿色保险的发展。欧盟于2015年建立欧盟碳排放交易体系，交易机制灵活、法律法规完备，现在已是世界上最大的碳交易体系。

日本同样重视绿色发展，日本的《商业银行法》中规定商业银行对贷款项目要尽到审查义务并对项目产生的环境污染承担连带责任。此外，《绿色金融条例》则对符合环保标准的金融机构提供税收优惠政策。2003年，日本发布《环境报告书指导方针》，规定企业需要承担环保责任、公布相关环保措施，对于有潜在环境污染风险的项目，日本则强制推行绿色保险。2004年，日本政策投资银行开始实施促进环境友好型经营融资业务。2007年，日本政策银行再次办理环境评级贴息贷款业务，给予绿色信贷充分的发展空间。

3.3.1.2　国内环境规制影响绿色金融政策

关于我国的绿色金融政策，大致可以分为三个阶段。

一是从2007年至2011年的萌芽阶段。2007年中国财政环保支出在财政支出中单独列项。在此期间发布的绿色金融政策有：2007年7月，环保总局、中国人民银行、银监会联合发布的《关于落实环保政策法规防范信贷风险的意见》，标志着中国绿色金融政策正式出台，绿色信贷这一经济手段为我国节能减排攻坚战助力；同年银监会为配合国家节能减排战略顺利实施而发布的《节能减排授信工作指导意见》，督促银行业把调整、优化信贷结构与国家经济结构紧密结合；同年为加快建立环境污染责任保险制度，健全我国环境污染风险管理制度，国家环保总局、保监会发布了《关于环境污染责任保险工作的指导意见》；中国人民银行也发布了《关于改进和加强节能环保领域金融服务工作的指导意见》以期推动经济又好又快发展。2009 年，中国银行业协会推出《中国银行业金融机构企业社会责任指引》，说明金融业开始实质落实绿色金融政策，制造业在经济发展中处于举足轻重的地位。2010 年中国人民银行和银监会发布了《关于进一步做好支持节能减排和淘汰落后产能金融服务工作的意见》，提倡各金融机构制定更有针对性的信贷政策、加强信贷管理，打好金融支持节能减排和淘汰落后产能攻坚战，2011 年，国家发改委发布了《关于开展碳排放权交易试点工作的通知》，旨在运用市场机制以较低成本实现 2020 年我国控制温室气体排放行动目标，加快经济发展方式转变和产业结构升级。

二是从 2012 年至 2015 年的起步阶段。2012 年银监会发布《关于印发绿色信贷指引的通知》，为落实监管政策与产业政策相结合的要求，推动银行业以绿色信贷为抓手更好地服务实体经济。2013 年，环保部和保监会发布《关于开展环境污染强制责任博爱县试点工作的指导意见》，进一步健全了环境风险防范和环境污染责任保险制度，并强调了环境信息和保险信息的公开。2014 年，为落实《“十二五”控温室气体排放工作方案》的要求，发改委发布了《碳排放交易管理暂行办法》，推动建立全国碳排放权交易市场。2015 年中国人民银行发布《在银行间债券市场发行绿色金融债券的公告》是为引导金融机构服务绿色发展，推动经济结构转型升级和经济发展方式转变；同年国家发改委印发《绿色债券发行指引》，为积极发挥企业债券对促进绿色发展、解决环境问题的支持作业，引导鼓励社会投入，助力经济结构调整。2015 年新《环境保护法》实施，同年绿色金融被写进国务院《生态文明体制改革总体方案》，首次明确了构建我国绿色金融体系的顶层设计的战略。

三是 2016 年至今的全面发展阶段。2016 年，发改委发布了《关于切实做好全国碳排放权交易市场启动重点工作的通知》来响应《生态文明体制改革总体方案》的任务要求；中国人民银行、财政部、发改委等七部委发布《关于构建绿色金融体系的指导意见》，旨在支持环境改善、应对气候变化和资源节约高效利用的经济活动，绿色金融体系建设获得了突破性的进展，这也是全世界第一个较完善的绿色金融发展的政策框架，2016 年也成为我国的绿色金融元年。2017 年证监会为落实《关于加快推进生态文明建设的意见》发布了《关于支持绿色债券发展的指导意见》来引导证券交易所债券市场进一步服务绿色产业健康有序发展；同年国务院常务会议将浙江、广东、江西、贵州、新疆列为绿色金融改革创新试验区；中国人民银行、证监会联合发布《绿色债券评估认证行为指引（暂行）》，首次对绿色债券的第三方评估机构进行政策规范。2018 年，中国人民银行绿色金融委员会筹建绿色项目库，将地方绿色项目入库留档；同年中国人民银行发布《关于开展银行业存款类金融机构绿色信贷业绩评价的通知》，旨在提升绿色金融支持高质量发展和绿色转型的能力、发展绿色信贷；以及《关于加强绿色金融债券存续期监管管理有关事宜的通知》来确保将绿色金融债券存续期监督管理工作落到实处，推动发行人加大对绿色发展的支持力度。2019 年，中国人民银行下发《关于支持绿色金融改革创新试验区发行绿色债务融资工具的通知》，支持试验区内企业注册发行绿色债务融资工具，丰富企业融资渠道，进一步发展我国绿色金融市场。海南省政府出台该省首份绿色金融政策《海南省绿色金融改革发展实施方案》，确定在 2022 年建设完成多层次绿色金融体系。2017 年北京市发布《关于构建首都绿色金融体系的实施办法》，将绿色金融发展纳入政府规划与绩效考核。

由以上政策梳理可以看出我国绿色金融发展的一大特点是“自上而下”的政府推动，环境规制强度的日益严格推进了各级政府大力发展绿色金融，积极调配内部资源向绿色项目倾斜。同时政府针对绿色金融或者绿色建筑金融领域制定一系列差异化激励政策并切实落地，将有力支持绿色金融相关产品的创新和市场发展。

如今绿色金融已经是我国金融对外的一块招牌。但《中国绿色金融发展研究报告（2019）》的数据显示：2018 年我国共发行绿色债券（含资产证券化）超过 2 800 亿元，存量接近 6 000 亿元，位居世界前列。2018 年中国绿色金融资金总需求为 2.1 万亿元，但总供给只有 1.3 万亿元，供给与需求之间的缺口依然很大。继续推进绿色金融供给端改革，完善我国绿色金融体系，保持绿色金融发展势头，将进一步提高绿色金融配置效率。

3.3.2 理论研究情况

3.3.2.1 环境规制的理论研究

对于环境规制的理论研究，国外起步较早。1955 年 Kuznets(1955)提出，收入差距总体随经济发展水平的提高呈先扩大后减小的倒“U”形变化趋势，这是传统意义上的“库兹涅茨曲线”。Grossman 和 Krueger(1995)将该假说应用到了环境领域，提出环境污染水平与经济发展水平之间可能也存在倒“U”形关系，这是现在所说的“环境库兹涅茨曲线”。Porter(1991)向传统新古典经济学关于环境保护问题的理论框架提出了挑战，提出了“波特假说”(Porter Hypothesis)：真正意义上的环境保护政策不但不会增加企业成本，反而能够引发创新，产生净收益，进而提高企业的国际竞争优势。

关于环境规制的界定在逐渐完善，郎铁柱和钟定胜(2005)认为，环境管理是指国家运用行政、经济、法律、技术、教育等手段，对人类活动施加影响和控制，以协调人与环境之间的关系，实现可持续发展。赵玉民等(2009)提出环境规制是以环境保护为目的、个体或组织个人为对象、有形制度或无形意识存在的一种约束力量，先产生隐性(非正式)环境规制，随着环保思想被法律化，显性(正式)环境规制逐渐产生，显性环境规制分为命令控制性环境规制、以市场为基础的激励性环境规制和自愿性环境规制，这一划分已被大部分学者所采用。也有学者认为环境规制可以分为“费用型”与“投资型”两类，如原毅军和刘柳(2013)、原毅军和谢荣辉(2016)依据环境规制工具的资金投入类型与环境规制的经济手段，能否形成固定资产及其影响效果的长短，将环境规制分类为“费用型”与“投资型”两类。

对于环境规制的衡量，Lanoie(2008)从规制过程设定：环境规章制度条数、排污收费数目、治污投资占企业总成本比重等来衡量；从结果来看，使用不同污染物排放密度衡量环境规制强度。沈能(2012)选用行业污染治理运行成本占工业产值的比重作为环境规制强度的代理指标。朱向东(2018)采取城市 SO_2、NO_2 和 PM10 三种污染物的污染密度法度量环境规制强度。

3.3.2.2　绿色金融政策的理论研究

关于绿色金融的定义,学界有诸多不同的定义。Salazar(1998)认为绿色金融是在环保之路上探求金融方面的创新,是连接金融业和环境产业的桥梁。Cowan(1999)将绿色金融定义为讨论和解决发展绿色经济的资金融通问题,是绿色经济和金融学的交叉学科。Labatt 和 White(2002)则定义绿色金融是一种基于市场研究的提高环境质量、转移环境风险的金融工具。尽管说法众多,但绿色金融的核心是环境保护与可持续发展是为大家所认同的。

在绿色金融的影响因素研究中,麦均洪和徐枫(2015)通过对商业银行的问卷调研数据发现企业的信用风险依然是金融机构评估是否开展绿色金融业务的首要考量因素,企业的行业特征是第二大影响因素,而外部监管的重要性则次之。董晓红和富勇(2018)通过分析黑龙江省绿色金融发展情况发现空气质量对绿色金融的发展具有负相关效应,碳排放量对绿色金融的发展具有正相关效应,金融发展水平对绿色金融的发展具有正相关效应。

在绿色金融政策实施情况方面,周兴云和刘金石(2016)认为我国区域绿色金融发展还存在部分地区对于绿色金融不够重视,大部分地区绿色金融政策体系不健全、绿色金融规模较小、发展绿色金融动力不足等问题。王凤荣和王康仕(2018)通过研究我国制造业上市企业数据从微观层面说明政府多维度的绿色金融政策体系提高了绿色金融资源配置效率。

3.3.2.3　环境规制影响绿色金融政策

单方面地强调严格的环境规制而忽略经济效益是不可行、不可持续的,而绿色金融是一种将环境保护与经济效益相结合的新型金融模式,连接金融和商业与环保行为,为更好地实现生态平衡提出了解决方案。由于环保产业的发展需要大量的前期投资资金且投资回收期长,因此环保产业必须有自己独特的融资路径,因此绿色金融的推进要依赖完备的政策法规,通过完善绿色金融政策法规体系能进一步拓宽绿色金融的发展空间。

对于环境规制与绿色金融政策之间的研究，国内外学者均有相关探讨。杨熠、李余晓璐和沈洪涛(2011)通过微观层面的研究发现在绿色金融政策的背景下(绿色信贷，绿色再融资政策)，公司的外部资金需求能强化公司治理与环境信息披露之间的正相关关系；但绿色金融政策能更好发挥作用的前提是良好的公司治理。Yao 和 Qiang(2016)认为绿色金融是以环境保护和实现资源可持续利用为目标的创新金融模式。如果绿色金融的市场机制是合理的，绿色金融就可以引导资金的流动，实现对环境风险的有效管理，实现环境资源和社会资源的优化配置。甘家武、龚旻和冯坤媛(2017)研究发现我国的环境规制政策没有实现“绿色红利”，但实现了“蓝色红利”，即中国的环境规制政策并没有缓解环境污染问题，但在一定程度上有利于产业结构的优化。赵息和马杰(2018)从宏观层面探索环境规制与绿色创新之间的关系，发现我国东部地区和中部地区的环境规制对绿色创新具有显著的正向影响，东部和中部地区的金融发展对绿色创新具有正向显著影响，而西部地区的两者关系不显著。丁杰(2019)以 2012 年银监会发布的《绿色信贷指引》利用 DID 方法做准自然实验，研究结果表明绿色信贷政策显著抑制了重污染企业的信贷融资。Wang、Xu 和 Liu(2019)通过关注我国的水污染治理政策发现政府推进环保政策增加了环保产业的收入，但是对绿色产业具有消极的约束作用。Yannis、Maria 和 Giorgos(2018)通过建立股票—流动—基金生态宏观经济模型发现气候变化破坏了企业的资本，降低了企业的盈利能力，可能会逐渐恶化企业的流动性，这种损害会传达至金融和非金融企业部门；气候恶化可能导致投资组合的重新配置，气候变化的加剧对经济活动产生负面影响。实施绿色企业量化宽松计划，可以减少气候引发的金融不稳定，限制全球变暖。Paola 和 Lilit(2019)发现货币和宏观审慎政策能够对绿色结构变化产生影响，宏观审慎当局可以在引导向低碳经济过渡方面发挥重要作用，尤其是东南亚国家采用强制性审慎工具将信贷引导到绿色行业对绿色发展有促进作用。

3.3.3 环境规制影响上海市绿色金融政策的情况

就上海市而言，在环境保护工作走在全国前列的同时上海也在大力推进绿色金融发展，生态环境保护投资和环保投入占 GDP 的比重也呈现总体上升的趋势。

2012 年，《上海市节能和应对气候变化“十二五”规划》提出要加大节能低碳资金投入力度，积极完善金融信贷政策。鼓励金融机构引入节能低碳评价因素，提供节能减碳项目融资、担保等金融服务。鼓励银行建立绿色信贷机制，设立绿色信贷专营机构。支持节能环保相关制造和服务企业上市融资，支持设立节能低碳、新能源等各类绿色产业发展投资基金。《上海市 2017 年节能减排和应对气候变化重点工作安排》明确了淘汰落后产能，培育绿色发展工作；深化碳排放交易，推进上海碳市场功能完善和金融创新；鼓励金融机构给予节能减排工程融资支持并进一步完善绿色信贷机制。鼓励绿色信贷资产、节能减排项目应收账款证券化。《2018 年上海市社会信用体系建设工作要点》指出环保局的重点任务包括会同其他相关部门抓紧研究完善环境信用奖惩机制，继续加大绿色信贷力度，拓宽环境信用联合惩治适用范围。2019 年，上海市发改委发布了《上海市 2019 年节能减排和应对气候变化重点工作安排》，提出用更高节能环保标准倒逼产业转型升级。

上海绿色信贷与绿色债券的推进工作也在稳步进行中。2013 年，上海市出台的《淀山湖地区中长期发展规划》，把淀山湖地区作为开展金融支持转型发展的示范项目，加强与国际金融组织合作，推进金融支持节能减排和绿色信贷的示范项目。同年，崇明绿色信贷信息系统上线，标志着崇明绿色信贷联盟工作迈入新阶段，绿色信贷联盟也成为崇明生态信用体系的重要组成部分。2017 年，上海银行制定《绿色金融建设实施纲要》，明确绿色金融的支持方向和重点领域，将绿色金融嵌入信贷业务全流程。上海兴业银行分行向个人推广绿色理财、低碳信用卡、绿色消费贷等产品，引导绿色生活。在绿色同业投资、节能环保、绿色创新、循环低碳经济等产业，上海地区的银行都在大力开发特色绿色金融产品。《中国绿色债券市场(2018)》的数据显示：截至 2018 年底，已有 62 亿美元(423 亿元人民币)

等值的绿色债券在上海证券交易所上市，上海证券交易所成为2018年全球第八大绿色债券上市地点。2018年，上海清算所和卢森堡证券交易所签署合作协议，为国际投资者提供获取中国绿色债券信息的通道，并与上海证券交易所建立绿色债券通道，在其平台上展示中国境内绿色债券。

表3-13　　上海市银行业绿色发展项目

银行	绿色项目
兴业银行	主题借记卡助力垃圾分类；绿色理财；低碳信用卡；绿色消费贷
平安银行	完善绿色信贷管理制度，不同类项目采取不同授信策略信贷管理系统；增加绿色信贷数据标识
华夏银行	绿色同业投资；绿色企业资产证券化；绿色债务融资工具；绿色公司债；光伏贷
民生银行	节能环保产业授信支持；淡水融资授信
上海银行	为节能环保类企业打造特色绿色金融产品与服务
北京银行	支持小微节能减排企业
南京银行	绿色金融并购类贷款；节能减排专利技术质押；合同能源管理融资；清洁发展机制

数据来源：中国碳交易网。

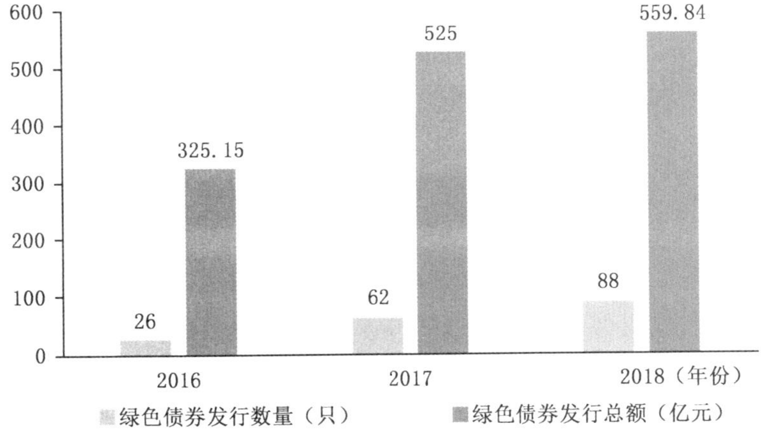

数据来源：wind数据库。

图3-11　上海市2016—2018年上市绿色债券情况

2018 年，上交所发布《上海证券交易所服务绿色发展推进绿色金融愿景与行动计划(2018—2020 年)》，这是对《关于构建绿色金融体系的指导意见》绿色证券相关内容的细化，强调了绿色股票、绿色债券、绿色投资，以及国际合作和能力建设五个方面工作，进一步促进了我国绿色金融体系的构建。

提升环境治理效率绿色保险也不可或缺，上海早在 2014 年就开始了巨灾保险试点；2006 年，成为环境污染责任保险的试点地区。2018 年，上海能源交易所与保险公司在环境污染责任强制保险、首台套保险、新材料保险 3 个方向合作开发绿色保险，进一步完善了上海的绿色金融体系。

3.4 环境规制影响“绿色技术银行”

目前，我国正处于经济发展的重要转型期，从传统的粗放式重工业逐步转向知识密集型绿色产业，可持续发展目标下的生态环境保护与社会经济发展并驾齐驱。“绿水青山就是金山银山”等一系列绿色发展理念下，我国的节能环保产业近年来受到了投资者青睐并得以快速成长起来。同时，我国政府也制定了一整套环境经济政策，在遵循市场经济发展规律的基础上，助力环保技术以及绿色产品的开发与创新、削减环境污染的治理成本，实现“五位一体”的生态文明建设目标。2018 年国家环境经济政策进展评估报告对 10 项主要环境经济政策[①]的落实情况进行了评估，整体来看，经济政策的绿色化水平得到稳步提升，相关的激励政策和体制机制也得到了健全和完善。“绿色技术银行”的建设也是旨在对接国家的生态环保战略发展规划，推动节能环保技术、设备、产品和服务的转移和转化，从而能够满足可持续发展议程中的各项目标，作为政策性银行一定程度上也受到相关环保政策的指导和影响。本部分内容主要从环境规制对绿色技术的影响(包括绿色技术的需求和供给两个角度)、环境规制对推动绿色技术转移转化的相关绿色

① 包括环境财政政策、环境价格政策、生态补偿政策、环境权益交易政策、绿色税收政策、绿色金融政策、环境市场政策、环境与贸易政策、环境资源价值核算政策、行业环境经济政策。

金融产品的影响两个方面来展开。

3.4.1 环境规制影响绿色技术需求和供给

3.4.1.1 环境规制与企业的环保投资①

在环保政策的制定过程中，政府一贯秉持“谁污染谁治理，谁开发谁保护”的原则，企业主体作为资源的开发者、使用人，对其生产经营过程中资源利用产生的负面影响应当具有治理义务。但在外部性理论中，对于营利性企业而言，环境属于典型的外部性公共产品，其生产活动产生的环境污染由社会公众共同承担，而环境保护投资并不能为企业带来直接利益且见效缓慢，导致大部分企业被动地进行环保投资活动，因此，需要依靠强制性的环保政策来敦促其对生产经营过程中的污染进行预防和治理。根据合法性理论②的相关内容，政府出台的各项环境保护、污染治理政策和措施对于企业来说属于强制性的合法性需求，一方面强制企业遵循相关环保规定，另一方面企业依照管制进行环保投资也符合公众和政府的预期。新古典经济学中的“制约假说”提出，环境规制将污染治理化为企业内部应承担的部分，从而促使企业加大环保投资，包括生产线和设备的改造升级、绿色技术的引入与研发等，但环保效应短期内难以及时弥补资金缺口，可能会影响企业的市场竞争力。要素禀赋假说认为企业的环保投资是在环境规制条件下遵循成本效益原则，当企业将所拥有的生产技术、人力资本等投入到环保和污染治理领域时，其产生的各方面效益或综合效益大于环保投资成本时，即禀赋带来的收益大于政策遵守成本时，企业就非常乐意配合政府环境政策的约束，主动增大在环保领域的要素投入。可以预见，在环境保护过程中的先进绿色技术和环保项目的

① 环保投资是为了治理环境污染、维持生态平衡而投入资金，用以转化为实物资产或取得效益(经济效益、环境效益、社会效益)的行为和过程。简单说，环保投资就是用于环境保护的资金活动。国家统计局的统计口径主要包括三大部分，即城市环境基础设施建设投资(燃气、集中供热、排水、园林绿化、市容环境卫生等投资)、工业污染源治理投资(废气、废水、固体废弃物与噪声治理的投资)和新建项目污染防治投资(建设“三同时”项目的投资)。源自：张悦. 国外环保投资理论对我国的借鉴与启示[J]. 技术经济与管理研究，2015，(9)：86－92。

② 由 Suchman 于 1995 年提出，合法性是指组织的行为与社会规范、价值观、信仰以及解释体系相一致的状态。

引进作为企业环保投资中的重要组成部分，也将受到环境规制的影响。

国内外关于环境规制在企业绿色投资决策中所发挥的作用仍未得出一致结论，主要是关于环境规制的量化标准并未统一，并且选取的企业样本有所差异。环境规制对企业投资的挤占效应主要是从企业的成本角度考虑，认为环境规制使得企业的治污成本增加，并不能达到刺激企业增大环保投入的效果。但从长远发展的角度来看，企业的环保投资作为社会责任评价体系的重要评估要素，企业应当主动承担优化工艺流程、节能减排和污染物治理的责任和义务，符合企业社会责任理论中社会效益大于经济效益的基本观念，此时环境规制属于敦促公司完成必要绿色投资的推动力。大部分学者对环境规制的激励作用保持肯定态度，无论企业发展到何种阶段，政府机构的支持在企业提升品牌形象、提升竞争优势上都处于举足轻重的地位。随着环境保护管制体系的不断完善，绿色技术银行的环保项目支持，企业的环保成本将逐渐降低，此时企业会更愿意迎合政府的各项环保政策，履行相应的社会义务。在关于两者之间非线性关系的研究，包括“正U形”“倒U形”和“门槛型”三种不同的研究结果。在研究环境规制与绿色投资呈现先促进后抑制的作用时，主要由于企业的环保投资决策通常考虑各方面因素，当环境规制力度在企业可接受范围内时，企业偏向于响应环保政策来取得政府的“好印象”；在环境规制强度增大到跨过某个最优值时，过多的绿色投资可能不符合营利性目标和利益原则，则会打击企业在环保投资上的主动性。因此，提出环境规制的制定需要把握一定的“度”，与环境规制对企业环保投资的门槛效应具有殊途同归的政策建议。环境规制对企业绿色投资先抑制后促进的作用主要以企业成本最小化原则来展开讨论的，认为企业作为营利性组织，在强制性的环境规制条件下，会将政策处罚成本与污染治理成本相比较：当环境规制强度较低时，在不影响企业正常生产经营的情况下，相对于更高的环境保护投资成本，企业宁愿承担违规处罚；当环境规制的处罚力度增强，并可能对企业的生产效率产生实质性影响时，企业不得不更新生产工艺流程、加大污染治理。当然，环境规制力度不可能无限加大，还需要衡量政府和市场的承受能力。

综合上述的研究结论,无论是"正U形"或是"倒U形"的相关关系,都是在说明环境规制需要把握一定的度,而在加强还是减弱环境规制力度上,不同的学者由于数据和指标的选取有所差异而得出了不同的结论,但都给出了环境规制需要适应当地资源条件和企业发展状况的政策建议。根据利益相关者理论,政府作为企业的利益相关者,在环境保护方面提出的强制性政策和规定应当得到重视,企业应平衡整体的需求,考虑与其相关的社会责任,从而实现各方均衡的绿色可持续发展。考虑到环保投资时限长、回报效益缓慢的特点,绿色技术银行在环境规制压力下的企业绿色投资决策中将扮演"引路人"和"后备军"的重要角色,通过信息平台帮助企业对新颁布的政策及时做出反应,寻求最适合的先进技术成果;通过转移转化平台助力企业完成技术对接与成果应用;通过金融协同平台满足企业绿色环保投入方面的资金需求。

3.4.1.2 环境规制与绿色技术创新

与绿色技术银行息息相关的另一个方面来自绿色技术的供给,成果库的更新与升级需要高校科研团队、各级科研院所、企业研发部门等组织机构在环保技术、设备和产品上的不断创新与提升,而相关的环保政策和规定在一定程度上影响了企业在低耗、低排放的绿色工艺研发投入上的积极性。目前,关于环境规制与绿色技术创新研究相关关系的研究多基于"波特假说",并通过我国相关数据和指标进行了验证,大多数研究均证实了该理论的适用性。

"波特假说"①提出环境监管政策可以激励公司加大环保技术创新上的投入,从而提升其生产率以及市场竞争力,主要是由于企业更新升级了新的绿色技术后,一方面达成节能减排的目标,从而更容易获得政府支持、享受优惠政策等;另一方面,技术设备的更新使得企业的生产率得到提升,产品和服务更加绿色化,在

① Porter 和 Van-der-Linde 于 1991 年提出,于 1995 对该理论进行了完善。1996 年 Jaffe 和 Palmer 将"波特假说"界定为"弱波特假说""中波特假说"和"强波特假说"三个版本。其中,"弱波特假说"认为环境规制对绿色创新活动的作用机制可能存在;"中波特假说"则提出和环境规制确实能够激励企业开展绿色创新活动;"强波特假说"指出环境规制通过引致绿色创新活动,提升企业的资源利用效益和技术提升潜质,从而补偿遵从规制造成的成本。源自:张翼,王书蓓.政府环境规制、研发税收优惠政策与绿色产品创新[J/OL].华东经济管理。

推动环保减排、鼓励绿色消费的大背景下，相对容易得到消费者的青睐。也有学者发现环境规制与绿色技术创新并非是简单的线性关系，因此存在一个最优环境管制力度，而我国目前仍处于环境监管制度对绿色技术创新的积极效应阶段。在环境规制激励绿色技术创新的情况下，环境规制工具的差异性可能会产生不同程度的政策效果，市场激励型的环境规制政策（如环保财政支出、技术创新税收优惠等）相对而言具有更强的正向促进作用，正式环境规制（如行业技术标准、排污标准等）长期内对绿色技术创新的积极效果可以抵消其成本上涨压力，非弹性的命令控制型环境规制工具可能更具有强制性，也更能达到预期激励效果。在企业与政府信息不对称的情况下，环境规制能够为企业的绿色技术研发与选择提供指向性，减少企业在技术研发和搜寻过程中的盲目性，而绿色技术银行能够更有效提升双方的执行效率，帮助政府机关宣传并落实环保政策，同时为企业组织搭建一个先进绿色技术的交流平台。由于地区间的固有差异性，有学者认为较发达地区的环境监管政策更能达到预期的积极效果，更能促进区域内企业的绿色技术创新，同时这种激励效果具有空间辐射效果，区域间联动协同作用强化了环境监管政策对绿色技术创新的积极作用。

“污染天堂假说”认为企业在环保方面的投资具有投机性，由于环境的公共产品属性以及环保效益的非直接性，企业偏好于从环境规制力度强的地区迁移到环保监管相对弱的区域，进而降低生产导致的污染治理成本，就我国而言，也存在企业的污染转移现象。因此，需要加强地区间的政策协调，建立立体化、多区域共融的环境保护政策和监督体系，增强顶层设计、各地方政府联动辅助政策落实，此时绿色技术银行可以起到“穿针引线”的作用，发挥政策性银行的本质属性，以点带面拉动区域经济发展绿色化、可持续化。同时，西班牙学者乌恩鲁认为企业在面对环境规制时有三种递进式的应对方法①，逐渐由被动转向主动，其中企业的技术

---

① 一是在不改变现有设备系统的情况下对排放接受政府环境税费、罚款等处理，即所谓的“终端治理”方法；二是在改造一定的部件或流程而维持整体设备系统构架不变的情况下减少排放；三是通过替换整个技术系统，在减少排放的同时实现技术创新，这种选择也被称为“非连续性”方法。源自：李月娥，李佩文，董海伦．产权性质、环境规制与企业环保投资[J]．中国地质大学学报（社会科学版），2018，18(6)：36—49．

系统创新投入需要投入大量的人力、财力，虽然创新技术、设备、产品等所带来的核心竞争力在提升，但相对企业而言成本也大幅上升并且可能投资回收期过长，因此具有非连续性。在环境规制的硬性要求下，公司实体希望遵循环境监管政策而开发或引进绿色技术以及设备，就需要绿色技术银行给予指导和帮助，无论是在技术创新方面还是在资金支持方面。

3.4.2 环境规制影响绿色金融

绿色技术银行除了为企业的节能减排和污染治理提供绿色技术服务，其金融协同平台也为绿色环保企业提供各种金融产品，推动绿色技术的转移转化。例如通过设立绿色技术基金，投资于新能源、节能减排等绿色技术产业以及国家重点扶持的绿色技术领域，助力绿色技术研发与成果转化；为科创小微企业提供诸如绿色信贷、绿色债券、碳金融等融资工具，帮助节能环保企业吸收社会资本用于绿色技术、设备、产品的研发，促成绿色环保投资项目的建设和实施。由于环境的公共产品属性以及环保规制的宏观调控作用，各行各业均受到了不同程度的影响，通过将投融资等利益需求与环境保护相挂钩，鼓励企业生产经营和管理模式的绿色化转型。

在推动企业绿色发展的过程中，需要解决对企业而言的外部效应内部吸收的问题，不仅包括环境污染等负外部性，也包括绿色项目的正外部性。在科斯定理下产权的归属问题无法解决外部性内部化问题时，环境规制能够有效矫正负外部性问题、促进正外部性的内部化转换。目前，我国绿色金融的发展框架已经初见雏形，但相关的法律责任和考核指标不够明确，对金融机构来说缺乏一定的硬性约束力，政府的环境规制弥补了绿色金融政策和规章上缺乏强制约束力的不足，形成一种政府与金融机构间环保效应的双向监督机制，此外环境规制中确定的行业技术标准、污染排放标准等，能够为评价和预估绿色金融行业相关产品以及服务的价值提供借鉴。通过国外绿色金融的形成和建设过程，有学者发现政府在绿色金融的成长过程中扮演着诸多角色，政府的环保财政投入、环境信用和标志等环境规制手段一度成为加快绿色金融发展的重要举措。在碳金融研究中有学者认为，政府和金融机构存在一个博弈演化的过程，当双方处于“对立”阶段时，以环境规制引导金融机构重视到绿色金融发展的收益性，然后逐步转化为以市场机构主导的“共存”阶段，探索更加成熟的绿色金融盈利模式，从而助力推动可持续发展目标的实现。在绿色信贷体系中，环保的一票否决和绿色信贷管理要求贯穿整个业务流程，信贷风险控制作为绿色信贷体系建设和评估中的重要因素，可以通过将企业对环境规制的执行效果纳入信用评级系统中作为参考因素，帮助筛选高风险的信贷项目。环境规制还会影响企业的环境信息披露程度，其政策的强制作用会增强信息披露的水平和质量，并使披露的内容存在可比性和对照标准，此种情况下，各种类型的绿色金融产品的企业目标选择将更加准确，降低银行发展绿色金融的风险。建立和健全绿色金融体制离不开政府、金融机构和企业的协调，环境规制的强制性有助于加强环保市场的体制机制建设，从而营造绿色可持续的投融资环境，为节能环保产业带来更多的民间投资和社会资本；金融机构开发多样化的绿色金融产品需要以政策为导向，有效利用环境规制成效建立信用和风险评估体系；企业则应加大环保信息的披露、积极承担应负的社会责任，从而赢得政府和金融机构的各项优惠政策与资金支持。

随着科创板的设立，科技创新性企业的融资途径进一步拓宽，鼓励具有创新性的企业进行技术研发与投入。而在环境保护方面，环境规制相关政策将企业利益与绿色金融相连接，助力绿色金融发展的同时带动企业的绿色生产和经营，增强绿色金融政策与环境规制的双效配合作用。在节能减排的环保大方针下，环境规制与绿色金融政策相辅相成，逐步建成和完善绿色金融体系。另外，绿色技术银行的建设能够为中小企业的绿色发展“保驾护航”，在节能环保行业的整个产业链上提供渠道支持，帮助企业“多快好省”地填补绿色技术创新过程中的技术不足和财务缺口。

由上述内容可知，环境规制不仅影响着企业对绿色环保的投资以及绿色技术的创新积极性，还对促进绿色技术成果转移转化的金融产品产生不同程度的影响，进而成为绿色技术银行建设和发展过程中需要考虑的一个因素。大部分研究者都对环境规制的激励作用持肯定态度，但是也提出环境规制需要把握一定的度，需要针对不同区域或行业、不同类型的企业因地制宜，设计和采取更加丰富的环境规制手段，在最有效率的范围内达到政策推行目的。

绿色技术银行应当与相关的环保政策相互配合，形成推动我国经济绿色化转型和发展的“两只手”，一方面，在环境规制的强制督促下，刺激企业的绿色投资、环保技术研发、绿色金融市场和产品创新等，可通过绿色技术银行传递的企业和市场信息，灵活、精准地定制环境规制工具；另一方面，绿色技术银行提供平台支持，及时把握政府和市场动态，帮助信息的交流和反馈、提供融资和信贷支持等，作为政策落地实施的坚强后盾，帮助企业缓解政策执行压力，双效协同推进生态环境保护和节能环保产业发展。

4

“绿色技术银行”提升节能环保产业科技竞争力的路径、模式与建议

“绿色技术银行”集中建设“绿色技术信息平台”“绿色技术金融平台”和“绿色技术转移转化平台”，打造国际绿色科技创新和转移转化高地。第一层次，技术需求和技术成果在信息平台进行整合汇总，并进行评估筛选，将信息平台与转移转化平台进行认证对接，转移转化平台由企业、机构和中介组织参与，在认证对接后给予信息平台增值反馈意见。同时，由产业基金、银行、其他资本组成的金融协同平台构建相关的组合产品，并将其投入到转移转化平台中，转移转化平台对金融协同平台进行收益反馈。第二层次，转移转化平台提供系统集成方案，系统集成方案再对绿色技术国际化战略需求和绿色发展区域服务需求进行方案实施，并从需求处得到反馈，进而系统集成方案再对转移转化平台进行反馈。第三层次，系统集成方案对绿色技术企业发展需求进行实施，并得到反馈意见。

作为“绿色技术银行”总部，上海在推进“绿色技术银行”建设中具有不可比拟的优势条件：

第一，政策支持体系较为完备。近年来，国家以及上海市在绿色金融、科技金融等方面出台了一系列规范性文件，为“绿色技术银行”的发展提供了较为完备的政策支持体系。2015 年，《生态文明体制改革总体方案》首次将“建立我国的绿色

金融体系”上升为国家战略，并出台相应的指导意见。在促进科技成果转移转化方面，上海市在国家《促进科技成果转移转化行动方案》的背景下相继发布了实施意见、转化条例和行动方案，聚焦成果转移转化的关键环节，从立法、政策及工作行动计划等多个层面进行探索和突破。在绿色金融政策方面，银监会于 2012 年出台了《绿色信贷指引》《绿色信贷统计制度》《绿色信贷实施情况关键评价指标》等核心文件；绿色金融债、绿色企业债、绿色公司债的支持性文件在近几年纷纷出台；绿色保险在环境责任险方面得到飞速发展；2011 年启动了上海碳交易试点工作，现已建立起比较完善的碳金融政策体系。

第二，市场环境良好。上海的经济基础雄厚，金融市场体系健全，绿色技术水平先进，绿色金融业务创新活跃、产品丰富，为推进“绿色技术银行”建设打下了良好基础。一是上海有着坚实的金融存量和经济基础。2017 年全市 GDP 总量达 30 633 亿元，增长 6.9%；一般公共预算支出完成 7 547.6 亿元，增长 9.1%，优先保障科学技术、节能环保等重点支出；上海银行业金融机构小微企业贷款余额 13 270.79 亿元，同比增长 15.76%，贷款覆盖率提升 10.66 个百分点①。二是上海已构建证券、外汇、货币、期货、环境能源等多层次金融市场体系，并有自贸试验区的优势。三是上海具备足够的科技预算与先进的绿色技术。2017 年上海市科技支出费用达到 1 205.2 亿元，投入强度达 3.93%，远超全国平均水平②；工业固废综合利用率达 93.77%，城镇污水处理能力已提升到 794.6 万立方米，处理率达 93%。四是上海的绿色信贷行业有着庞大的资金规模。截至 2017 年末，上海在节能环保相关领域的信贷余额达到 2 428 亿元。2016 年 6 月 16 日，上海银行等 10 家银行承诺在“十三五”期间以“节能减排收益权”模式提供 500 亿元人民币融资额度③，为突破资金短缺瓶颈、破解绿色融资难题提供了新方案。

① 相关数据来源于上海银监局与上海保监局联合编制发布的《2017 年上海市惠普金融发展报告》。
② 相关数据来源于《2017 年全国科技经费投入统计公报》。
③ 相关数据来源于 http://www.xinhuanet.com//politics/2016-06/17/c_129069166.htm.

4.1 路径分析

基于上海的职能定位以及在推进“绿色技术银行”建设中的优势与基础，“绿色技术银行”提升节能环保产业科技竞争力的总体框架思路为：政府注重顶层设计，构建多层次绿色金融市场体系以及绿色技术第三方认证体系，为金融支持节能环保产业技术发展提供政策依据；银行业、产业基金及其他金融组织在第三方机构的技术支撑下为节能环保产业提供全链条绿色金融产品和服务，转移环境风险；节能环保企业加强各类绿色技术的研发与推广，实现绿色技术落地应用。

4.1.1 培育多层次绿色金融市场体系

一是鼓励在“绿色技术银行”平台上设立以商业银行、证券公司、基金公司、保险公司、上海环境能源交易所和碳资产管理公司为主体的绿色金融服务机构，明确经营范围，提升服务能力，实现合作互补。商业银行为节能环保企业提供绿色贷款、融资租赁和绿色债券；上海证券交易所和证券公司主要提供绿色资产支持证券、绿色股票、绿色指数；基金公司着眼于风投基金、私募股权基金；保险公司主要提供环境责任险、巨灾险和产险；上海环境能源交易所和碳资产管理公司为节能环保企业提供碳金融与相关衍生产品以及碳资产管理。

二是支持商业银行在上海设立绿色金融事业部，实施差异化经营策略。适当权衡经营风险与收益，实现产品和服务的集约化与专业化，并在财务、人力资源等方面给予适当倾斜，重点支持节能环保产业技术发展。

三是建立适用于上海的银行业金融机构绿色信贷实施情况关键评价指标，定期开展实施情况自评价，探索开展绿色银行评级，作为考核依据。围绕投资节能环保企业、产业和项目，支持成立股权投资基金、创业投资基金等私募基金。

4.1.2 构建绿色技术第三方认证体系

一是正确树立绿色科技成果的科学价值、技术价值、经济价值和社会价值。遵循相关政策法规，以客观事实为依据对绿色技术进行差异化评价。基于研究形成的绿色技术筛选评估方法体系，研究绿色技术筛选评估过程中数据搜集、分析与处理的信息化实现方法，开发便利、有效支撑绿色技术筛选评估的智能化工具。

二是支持“绿色技术银行”制定统一、明晰的绿色项目界定标准，建立绿色金融服务平台和绿色技术库。分层次建立不同层级绿色标准，根据不同绿色程度，可将绿色标准划分为深绿、中绿、浅绿三个等级。培育和发展本土化的第三方绿色认证机构，定期开展节能环保等绿色技术的遴选、认定工作，适时发布推荐认证机构名单，为入库技术提供绿色金融等相关服务。明确第三方认证机构的执业资质与职责，提高认证机构专业能力、加强人员队伍建设。

三是完善信息披露机制，积极引导金融机构、上市及挂牌节能环保企业落实绿色金融项目环境效益信息披露制度。支持第三方认证机构为绿色企业和绿色项目的环境效益和影响进行跟踪监督评估，并向发行机构及时反馈项目环境风险情况，引导市场将资金优先配置于节能环保产业。

四是支持“绿色技术银行”加快构建绿色技术创新成果研发、评价评估、转移转化信息服务体系，完善绿色技术转移转化制度，聚焦成果转移转化关键环节，明确将科技成果使用权、处置权、收益权三权下放给单位和科研团队，加大创新创业人才激励力度。

4.1.3 创新绿色金融产品和服务

一是支持“绿色技术银行”平台上的银行业金融机构科学设计绿色信贷产品、创新绿色信贷抵质押担保模式。鼓励开展绿色信贷资产证券化，改善资产负债结构，推广合同能源管理和合同环境服务融资。鼓励银行业实施供应链融资、租赁＋保理、财务顾问等多种创新方式，构建例如工商银行“三平台、一中心”的新型信贷业务新模式，为绿色金融产品和服务提供新引擎。

二是鼓励"绿色技术银行"成立 PPP 绿色产业基金，合理设定产业基金的组织形式、政府参与形式和退出机制，为绿色技术项目提供资金支持。推动设立市场化运作的绿色产业担保基金，撬动和引导社会资本，为绿色信贷和绿色债券支持的项目提供担保。

三是开展绿色保险创新，积极推广涉及危险化学品、危险废物、铅蓄电池和再生铅等高环境风险行业的环境污染强制责任保险。鼓励保险机构持续推进环境污染责任险、环保技术装备保险、绿色产业产品质量责任险、船舶污染损害责任保险等绿色保险。积极发展安全生产责任保险、食品安全责任保险，探索开展碳交易履约保险，选取代表性企业试点创新型绿色保险产品。

4.1.4 拓宽绿色技术融资渠道

一是为"绿色技术银行"开辟绿色债券发行绿色通道，支持节能环保企业发行企业债、公司债、短期融资券、中期票据、中小企业集合票据、中小企业集合债券等产品进行融资。继续推动并购债、可转债、高收益等产品发展，支持科技企业滚动融资。加大地方政府债券对公益性绿色技术项目的支持力度。鼓励相关部门简化审批程序，优化工作流程，提高绿色债券发行效率。

二是为绿色技术企业建立 IPO 绿色通道。适当放宽节能环保企业的财务准入标准，简化发行条件。推动符合条件的绿色企业在境内挂牌融资，并简化 IPO 审核程序。同时，大力推进高新技术、节能环保类科技企业境外上市融资，支持绿色环保企业借助资本市场做大做强。

三是鼓励节能环保科技企业实施再融资和并购重组，建立创业板再融资制度，建立"小额、快速、灵活"的创业板再融资机制，通过并购基金等方式实施兼并重组，为节能环保企业拓宽融资渠道。推进实施并购重组分道制审核制度，对符合条件的企业申请实行豁免或快速审核。允许节能环保企业发行优先股、定向可转债等作为并购工具，丰富并购重组工具。

4.1.5 控制绿色信用风险和环境风险

一是支持“绿色技术银行”与保险公司合作，创新发展绿色保险服务。加强新型绿色保险产品的设计与推广，引导保险资金投资绿色技术项目，鼓励保险资金以股权、基金、债权等形式为节能环保产业提供长期稳定的资金支持，强化绿色产业风险抵御能力。

二是设立对绿色信贷、绿色证券、绿色保险以及碳金融等绿色金融业务的统计和评价指标，加强对绿色金融发展水平的科学评价和风险评估，强化银行、发债人和金融中介机构对绿色信贷和债券的风险分析能力和识别能力。

三是建立绿色金融风险防控平台，与基层金融风险综合监测服务平台加强合作，研究建设实时高效的金融风险分析及管理信息系统，将企业信息录入监测平台，对各类绿色金融风险进行实时监控，及时发现、化解并处置金融风险。

四是强化环境信息披露。积极引导金融机构、上市企业落实环境风险评估和信息披露等制度，切实加强金融风险防范。

4.1.6 加强绿色技术研发与推广

一是鼓励节能环保企业注重全产业链科学研发，加强核心技术攻关，加大研发投入，聚焦高科技含量、高可靠性要求、高附加值特性的关键工艺、技术和装备，实现土壤修复技术、污水处理技术、大气污染治理技术、固体废弃物处理技术、新能源技术、资源回收利用技术、绿色建筑技术、绿色交通技术等研发的重大突破。

二是加强节能环保循环经济示范技术、项目、企业和模式建设，推行园区循环化改造、产业循环化组合、企业循环化生产，推进企业向园区集聚发展，强化循环经济产业链延伸、资源能源分类利用和循环使用，着力构建高效、循环、低碳、清洁的生产体系。

三是支持“上海绿色技术银行”兼顾节能环保企业早期技术开发和后期技术的应用与推广，通过长期贷款、低息贷款、PPP 等方式关注成熟技术的推广与普及，实现绿色技术产业化。

4.2 模式探讨

在金融支持绿色技术与科技创新的模式方面，较为成熟的建设模式有三类：

一是准公共机构模式，以美国纽约绿色银行(NYGB)、日本政策投资银行(DBJ)和德国复兴信贷银行(KFW)为代表。该模式通过政府部门获得资金来源，按照市场化方式开展相关业务。银行的主要资金来源是工业、居民电力用户缴纳的电费附加费，其他资金来源包括区域温室气体倡议拍卖所得款项、联邦和州政府拨款、慈善捐赠、投资收益、向社会募集的资金等；同时，银行主要采用商业化模式进行风险管理，采用传统金融机构标准的尽职调查和贷款审批流程，从而保证贷款风险可控以便将来可以对外转售。

二是融资机构模式或依托基金机构模式，以美国夏威夷绿色能源市场证券化项目(GEMS)和荷兰特里多斯银行(Triodos Bank)为代表。该类银行设在当地某些机构中，并与利益相关者开展广泛的合作。该银行的资金主要来源于政府部门，所有涉及银行资本的决议也必须经过银行投资和风险委员会的同意。

三是基础设施银行模式，以美国新泽西州能源适应力银行(ERB)和英国绿色投资银行(GIB)为代表。该模式通过与相关政府能源机构进行合作来支持绿色项目，该银行的资金主要来自美国住房和城市发展部向新泽西州下拨的自然灾害联邦救助拨款。三种建设模式见表4-1。

表4-1　国外金融支持绿色领域的建设模式

准公共机构模式	通过政府部门获得资金来源	美国：纽约绿色银行 日本：政策投资银行 德国：复兴信贷银行
融资机构模式或依托基金机构模式	设在某些机构中，并与利益相关者开展广泛的合作	美国：夏威夷绿色能源市场证券化项目 荷兰：特里多斯银行
基础设施银行模式	与相关政府能源机构进行合作来支持绿色项目	美国：新泽西州能源适应力银行 英国：绿色投资银行

在借鉴国外金融支持绿色领域经验的基础上，上海“绿色技术银行”机构应组建设定为股份制，由公共资本和私人资本共同投资。初始资金一般由政府拨款形式提供，扩展更多的资金渠道吸引社会资本参与机构组建与建设。“绿色技术银行”的资金标的为技术相对成熟但受资本约束无法大规模推广的绿色项目，为节能环保市场短期提供充足资金，最终实现市场自我维持。“绿色技术银行”通过开发长期、低息的衍生金融产品，形成长期的资金供给，调动社会绿色环境的积极性与重视程度，确保绿色技术银行的长期生存。

“绿色技术银行”定位于为绿色发展领域提供“技术＋人才＋资金”的系统性解决方案，探索可复制、可推广的绿色技术创新与发展的经验模式。因此，我国的“绿色技术银行”为由科技部门、金融部门和产业管理部门三部门联合搭建的一个技术创新转移转化平台，该平台通过大数据将绿色产业发展信息、绿色技术信息、金融需求信息与金融资金提供信息进行整合，然后促进绿色技术与金融的结合。“绿色技术银行”集中建设“绿色技术信息平台”“绿色技术金融平台”和“绿色技术转移转化平台”。在信息平台中，一方面打造公众网，汇聚国内外绿色技术成果库、需求库、专家和技术人才库来跟踪全球的重点技术；另一方面打造投资网，建立绿色技术评估体系及制度以及评估筛选出有投资前景的技术。在转移转化平台中，对接高校和研究机构的技术转移机构，构建绿色技术标准体系、创新政策和技术配套工程化能力，通过全球市场营销、交易价值评估和商业法律谈判等方式将前期筛选出的技术进行转化。转化平台有三种投资模式：一是专利运营，二是早期技术孵化，三是股权投资。在金融平台中，以绿色技术与金融融合创新为抓手，构建绿色产业基金、国家科技成果转化基金、绿色产业基金、其他规模基金、投贷联动和政策性贷款等多层次的金融支持体系为绿色技术成果转化提供全链条适配金融产品。

上海“绿色技术银行”的领导小组是决策机构，成员包括科技部和上海市人民政府，以及外交部、国家发展和改革委员会、生态环境部、中国科学院等相关部门及单位。管理中心落在上海，具体落实领导小组决策，统筹协调各级政府部门、社会组织等机构和市场运营主体，围绕绿色技术转移转化集聚资源和协同发展，对绿色技术银行实施有效管理。市场运营主体是参与建设的机构集群，包括绿色技术评估机构、技术转移转化服务机构、商业银行、基金公司、众创空间等，面向市场提供绿色技术评估、筛选、转移转化和产业化服务。

在推进“绿色技术银行”建设过程中应注重绿色技术质量，构建以“金融服务＋创新驱动力”的绿色金融市场；在运行过程中注重资金收储和技术增值，完善绿色技术的市场运行模式；在管理过程中注重政府、银行、社会的分工与协作：政府期初给予财政补贴，绿色银行尽快成立绿色技术支持体系，搭建政府、社会合作的平台，设计投融资产品，确认经营模式，并将环境风险监督与绿色金融产品进行结合。

4.3 相关配套政策建议

目前，我国已初步形成一个门类较齐全的金融市场体系，但是金融市场发展还面临着诸多问题：一是科技信贷服务与科技金融需求不匹配，传统金融机构供给未能满足中小科创企业融资需求。以上海为例，上海主板比较发达，资源要素主要向传统大型企业倾斜。二是资本市场层次功能不够完善，对科技企业支持力度有限。例如，上海缺失高成长性的创业板市场和中小企业板市场，融资规模有限且融资成本高。三是风险投资、创业投资与科创主体金融服务需求不匹配，尤其是上海风险投资发展相对滞后。上海吸引金额较多，但风险投资不够活跃，交易案例较少。上海本地风投机构对本地企业支持力度不够，与创新主体未形成良性互动，外源性股权融资存在企业让渡部分股权，影响创业者对企业的控制力和未来收益问题。因此，在节能环保技术企业面临融资难问题时，需要绿色技术银行来解决“最先一公里”“断层期”和“最后一公里”的资金需求。

绿色技术银行最大特色体现在绿色技术转移转化、绿色技术转移转化全链条的金融支撑、面向企业绿色技术发展的综合解决、面向地方政府的区域绿色发展系统解决和绿色技术国际化转移转化五大服务。在政府引导、社会参与、公益性服务、市场化运作的总体思路下，绿色技术银行应强化科技与金融结合并实现科技成果的资本化、加快科技成果转移转化和产业化，推动绿色技术向国内国际转移转化。为此，面对尚需完善的节能环保市场和科技金融体系，若欲实现绿色技术银行的定位与职能，建议实施以下配套政策：

4.3.1 构建绿色科技金融圈

全国各地应积极开展绿色金融合作，共建绿色科技金融核心圈。一是积极参与国际及区域金融活动。通过参加国际金融论坛、亚洲金融论坛等形式，大力推介绿色金融改革创新试验区的政策优势、环境优势，吸引国内外金融机构来试验区开展绿色金融业务。二是加强与国内外绿色金融合作。鼓励金融机构在试验区设立分支机构或成立合资证券、基金、期货和保险公司。三是开展区域绿色金融合作。加强"长三角一体化""京津冀协同发展""粤港澳大湾区"各城市群之间的交流，开展区域内部绿色金融合作。

以上海为例，上海应构建以科技贷款、风险投资及创业投资、资本市场发展和政府公共服务为科技金融服务主体的绿色科技金融生态圈，建设全球科创中心，优化科技金融生态系统，加大对科研基础设施和科技创新布局的金融支持力度，推进投贷联动业务创新。建立健全面向科技型中小企业以及高新技术产业化项目的"4＋1＋1"科技金融服务体系①。开展股权众筹融资业务试点，强化互联网金融创新支持，促进互联网金融发展；设立大型政策性融资担保，加大政策性融资担保力度，加大财政科技投入；将商业性融资担保代偿损失风险补偿，将信用担保作为工具引入融资租赁领域。

4.3.2 建立"绿色技术银行"综合协调推进机制

绿色技术创新体系需统筹中央各部门和中央与地方的规划和政策，协同推

① "4＋1＋1"科技金融服务体系中，"4"为试点内容（科技信贷、股权投资、资本市场、科技保险）；第一个"1"为支撑服务平台，包括科技金融信息系统、中介服务机构、征信系统、科技金融人才、科技金融专家等内容；第二个"1"为保障机制，包括财税扶持机制、组织保障机制、沟通协调机制等。

进。中央各部门要加强政策统筹和分工落实，行动计划要明确牵头单位和相关单位，共同制定政策，综合施策。建立省市区三级联动、政学商高效互动的工作机制，统筹推进协调机制。一是完善工作机制。省、市、区成立三级绿色金融改革创新工作领导小组，由省政府分管领导任组长，分别制定工作职责和议事机制。二是加强队伍建设，构建强有力的金融工作管理架构。三是强化智力支持。推动成立各地金融学会绿色金融专业委员会，统筹利用绿金委、一行两局、地方政府、金融机构、科研机构、高等院校等绿色相关领域领导和专家学者的专业优势，为绿色技术创新建设提供智力保障。

“绿色技术银行”由领导小组、管理中心和市场运营主体三层组织结构组成。为加强上海相关单位之间的沟通协调，建议在现有基础上建立绿色技术银行发展协调推进机制，由分管副市长领导，市科委和市金融办共同牵头，中国人民银行上海总部、市财政局、市发改委、市环保局、上海银监局、上海证监局、上海保监局、上海证券交易所、上海环境能源交易所等单位配合，共同推进“绿色技术银行”在上海的发展。明确各成员单位的工作职责与任务分工，定期召开协调推进工作会议讨论“绿色技术银行”推进过程中的重点、难点问题（如完善支持“绿色技术银行”发展的相关配套政策；发展多层次的绿色金融市场体系；构建绿色技术第三方认证体系；开展绿色金融领域能力建设等）。同时，成立企业和政府专项咨询部门，为绿色技术的研发应用及商业化给予支持。

4.3.3 创新绿色金融财政支持方式

促进绿色金融发展的关键是政府守职与激发市场内生动能相结合。政府应积极发挥财政支持绿色金融业发展的政策作用，改变目前对节能环保企业进行直接补贴和奖励的单一财政支持方式，探索设立财政贴息、财政风险缓释基金、中小微企业转贷基金和中小微企业“政银保”联动产品等多元化的财政支持方式。二是建立担保机制。借鉴美国能源部对新能源产业提供担保，按 10%的违约率给银行拨款，用于覆盖违约风险，最后成功推动了核电、风电、光伏等新能源产业的快速发展。三是支持推进信贷、信托、股票、债券等传统金融工具的绿色化转型，开发长期、低息的衍生绿色金融产品，形成长期的资金供给，从而充分发挥财政资金的杠杆作用，引导社会资金投入绿色技术产业，满足绿色技术的资金需求，缓解财政压力。

同时，鼓励银行业探索推出环境资产产权抵押、质押贷款等创新业务，积极探索在零售领域引入更多的绿色零售产品，例如绿色信用卡、绿色按揭贷等，进一步提升绿色信贷的创新能力。探索在境外债券市场、人民币离岸市场发行外币和离岸人民币绿色金融债券。综合考虑绿色债券的特征和自身资产配置需求，适度加大对绿色债券的投资；研究开发以绿色债券为投资标的的理财产品。进一步探索发展绿色资产证券化业务，通过设立绿色产业基金等方式参与权益市场。积极参与碳排放国际市场，加强市场化运作和专家管理相结合，创新各种碳金融衍生品，提高自身开展碳金融业务的能力。鼓励商业银行设立科技金融支行，出台财政专项资金和配套政策，建设“3＋X”科技信贷产品体系①。推出创投联动资金项目，鼓励创业投资机构投资初创期、早中期科技企业，对获得创投投资的科技企业给予研发专项资金支持。

4.3.4 完善绿色金融人才工作体制机制

制定实施绿色金融人才专项工作计划，培养环保技术与金融管理兼备的复合型人才，打造专业化、创新型的绿色金融人才队伍。深化“绿色技术银行”与金融机构、高等院校、科研院所、节能环保部门、智库等的合作，建立金融特色学科、专业资格认证和联合培养专业人才，设立绿色金融发展创新研究院，打造绿色金融研究基地。加强人员培训和能力建设，培养一批兼具金融和绿色技术知识的综合型人才。建立绿色金融专业人才储备库，每年遴选一批有发展后劲的高层次金融人才培养对象，为其提供专题进修资源，给予培养经费资助，加强绿色金融人才队伍建设。

① “3＋X”科技信贷产品体系，“3”即微贷通、履约贷和信用贷产品，“X”即融资租赁、出口信用保险融资、知识产权质押融资、创新基金信贷、成果转化信用贷等产品。

以上海为例，上海有上海交通大学、复旦大学、同济大学、上海财经大学等高等院校及长三角众多知名高校的分院与研究院，高校与科研所资源是上海绿色金融创新的中坚力量，是上海绿色金融发展中不可缺少的关键一环。可以通过成立“长三角高校绿色联盟”，联合制定交流培养计划，为绿色金融发展培养后备军。高校还可联合行业协会与学会，定期开展绿色金融培训工作，加强产学研三方的合作与交流，共同探讨长三角绿色项目建设、绿色发展合作规划编制、绿色产业承接转移等方面的问题。此外，应加速推进长三角内绿色技术专利保护制度的落地，制定对绿色知识产权人才的保护政策，推动长三角内形成“人才创造专利，专利促进绿色”的良性产业循环。另外，可将绿色金融业务骨干作为上海市重点引进和培育的高层次金融人才，按照上海市高层次金融人才专项扶持政策给予扶持，提供优质的培养条件和优惠的落户政策。制定市金融办、中国人民银行上海总部、陆家嘴金融城理事会绿色金融专业委员会，为“绿色技术银行”建设提供专业指导。

4.3.5 完善绿色金融监管机制

商业银行应加强环境风险管理，对环境和社会风险进行动态评估和监控。在投融资的过程中控制绿色信用风险和环境风险，制定信用评级体系，明确投资标准公布的及时性、制定的精确性和实施的严谨性。“绿色技术银行”必须建立完善的风控体系，将存在风险隐患的业务等予以坚决隔离，绝不涉足。坚决落实“风控先行于业务”、风控“一票否决制”等，加强金融风险防控，建立和完善绿色金融服务的统计分析制度，开展绿色信贷政策导向效果评估。建立绿色金融风险防范机制，健全责任追究制度，依法建立绿色项目投融资风险补偿等机制。同时，建立企业环境信息披露制度和重大环境风险的申诉交流制度，强化社会监督，发挥舆论导向和监督作用，强化主体责任，加强事中事后监管，对违反相关环保、安全等法律法规，对利益相关者造成重大损害的企业，应依法严格追责。

以上海为例，一是提高金融风险的识别能力。通过对绿色信贷、绿色证券、绿色保险以及碳金融等绿色金融业务进行统计和设立评价指标，加强对上海市绿色金融发展水平的科学评价和风险评估，不断强化银行、发债人和金融中介机构对绿色信贷和债券的风险分析能力和识别能力。二是建立绿色金融风险防控平台。与上海市地方金融风险监测平台合作，建立实时高效的金融风险分析及管理信息系统，将上海市企业信息录入监测平台，对市内各类绿色金融风险进行实时监控，及时发现、化解并处置金融风险。三是强化环境信息披露。积极引导上海市金融机构、上市企业落实环境风险评估和信息披露等制度，切实加强金融风险防范。

4.3.6 健全绿色技术转移转化全链条金融支撑体系

绿色技术银行是连接技术与金融的服务平台，技术的提供方、评估方与应用方以及资金的提供方在同一个平台上得到整合，承上启下，可以为实体企业（尤其是节能环保类企业）提供一系列创新增值服务，打通技术成果转移转化的“最后一公里”。因此，要建立具有估值、收储功能的信息中介平台，对绿色技术进行技术价值和金融价值的甄别和估值；要建立一个技术资产的运作和增值平台，通过技术买断等方式实现绿色技术的变现和升值；要建立融资服务平台，将所有的利益相关者整合起来，提供一个风险分担、利益共享的机制。

以上海为例，一是应建立健全绿色技术转移转化立体服务网络，积极对接上海各高校与科研机构、科技部科技评估中心、环保部环境认证中心、中国国际技术转移中心以及同济大学、上海交通大学、上海理工大学技术转移中心等国内功能性机构，实现绿色技术银行平台的可持续发展。二是建立健全上海市绿色等级认证机制和绿色数据收集制度，利用云计算和大数据建立一整套完备的绿色绩效评价数据库，具体包含单位能耗、碳足迹、可持续发展指数等重要环境量化信息，再根据绿色绩效等级为绿色技术转移转化提供差异化的金融支持。三是充分发挥上海自贸区的政策优势，建立上海自贸区平台联盟，加强自律。跳出“一管就死，一放就乱”的怪圈。建议借助自贸区的新一轮改革，明确时间节点，尽快建立平台联盟，对接国际市场的通行做法，加快推进自贸区国际化平台的建设。

5

结　论

如何构建“绿色技术银行”体系作为一种绿色金融模式在提升节能环保产业科技竞争力中起到核心作用，是整个报告的核心内容。本报告通过国内外“绿色技术银行”发展的比较研究，借鉴国际上发达国家成熟的经验，围绕上海市在“绿色技术银行”建设中的定位、角色和功能，设计了“绿色技术银行”平台、产品及风险防范体系，在提升节能环保产业科技竞争力过程中，实现金融绩效。

节能环保产业对“绿色技术银行”的现实需求非常迫切，“绿色技术银行”作为涉及绿色技术转移转化、服务于绿色金融体系创建与发展的一切组织或机构(包括政策型基金和非银行绿色金融机构)，属于绿色金融的一种具体模式。它以技术服务、金融服务和价值实现为功能定位，构建绿色技术金融平台、绿色技术信息平台和绿色技术服务平台三大路径，以改善环境为导向，重点关注环境与能源节约相关服务。因此需要政府为节能环保企业完善和拓宽投融资机制，如探索 PPP 模式，吸引市场资金的主动输入，打造多元化投资渠道，为企业绿色技术转化分散风险等。

科技金融的发展奠定了上海“绿色技术银行”总部的地位，因此上海绿色技术银行的主要职责是：总部地位决定的宏观管理职责、各地综合交易平台建设职责、具体产品设计职责、风险控制与防范职责和促进节能环保公共事业发展的社会职责。绿色技术银行扎根于可持续发展重点领域，通过科技金融加速先进实用绿色技术的转移转化。

“绿色技术银行”的平台建设要以实现绿色技术银行功能为导向，落实上海科技创新发展战略为需要，通过建立一个服务绿色产业、促进绿色技术成果转移转化的智能化服务中心，实现科技与绿色技术向“智能、互联、转化、创新”方向融合发展，加快推动我国绿色产业转型发展。平台将立足上海，服务全国，同时也将与国际接轨，促进绿色技术向国际转移转化。“绿色技术银行”的风险控制需要通过事前的绿色技术风险评估，设立风险评估模型，并确立“绿色技术银行”风险分担机制。

“绿色技术银行”提升节能环保产业科技竞争力的总体框架思路为：政府注重顶层设计，培育多层次绿色金融市场体系，构建绿色技术第三方认证体系，创新绿色金融产品和服务，拓宽绿色技术融资渠道，控制绿色信用风险和环境风险，加强绿色技术研发与推广；具体运行模式可以综合借鉴国外先进模式，在管理过程中注重政府、银行、企业和社会的分工与协作，构建上海绿色科技金融圈，健全绿色技术转移转化全链条金融支撑体系。

参考文献

[1]Weber O, Fenchel M, Scholz R W. Empirical analysis of the integration of environmental risks into the credit risk management process of European banks[J]. Business Strategy & the Environment, 2010, 17(3): 149—159.

[2]Baron D P. Private politics, corporate social responsibility, and integrated strategy[J]. Journal of Economics & Management Strategy, 2001, 10(1): 7—45.

[3]Monaghan S. A borrower's guide to lowering corporate environmental liability[J]. Journal of Corporate Accounting & Finance, 2010, 4(3): 353—367.

[4]Criscuolo C, Menon C. Environmental policies and risk finance in the green sector: Cross-country evidence[J]. Energy Policy, 2015, 83: 38—56.

[5]陈海若.绿色信贷研究综述与展望[J].金融理论与实践,2010,(8):90—93.

[6]Suhejla Hoti, Michael McAleer, Laurent L Pauwels. measuring risk in environmental finance [J]. Journal of Economic Surveys, 2007, 21(5).

[7]Escrigolmedo E, Munoztorres M J, Fernandezizquierdo M A. Socially responsible investing: sustainability indices, ESG rating and information provider agencies[J]. International Journal of Sustainable Economy, 2010, 2(4): 442—461.

[8]Ralph Chami, Thomas F Cosimano, Connel Fullenkamp. Managing ethical risk: How investing in ethics adds value[J]. Journal of Banking and Finance, 2002, 26(9).

[9]孙光林,王颖,李庆海.绿色信贷对商业银行信贷风险的影响[J].金融论坛,2017,(10):31—40.

[10]何凌云,吴晨,钟章奇,祝婧然.绿色信贷、内外部政策及商业银行竞争力——基于9家上市商业银行的实证研究[J].金融经济学研究,2018,33(1):91—103.

[11]徐胜,赵欣欣,姚双.绿色信贷对产业结构升级的影响效应分析[J].上海财经大学学报,2018,20(2):59—72.

[12]马秋君,刘璇.发达国家绿色信贷业务发展经验借鉴[J].新金融,2013,(4):57—59.

[13]韩立岩,王臻.绿色信贷发展的国际比较与启示[J].国际经济合作,2014,(2):90—94.

[14]黄贤,钟为亚.我国绿色金融发展问题及对策探讨[J].环境保护,2014,42(14):45—47.

[15]马晓微,陈慧圆.绿色信贷风险评估[J].中国金融,2015,(10):23—25.

[16]李云燕,殷晨曦.绿色信贷信用风险转移模型构建与路径选择分析[J].中央财经大学学报,2017,(11):50—57.

[17]吴劼,田颖琪.绿色信贷风险评价体系改进研究——基于长江三角洲调查[J].经济视角(下旬刊),2013,(9):104—106+115.

[18]张新爽,常佳.我国绿色信贷风险研究——基于层次分析法[J].经济视角(上旬刊),2015,(5):17—19.

[19]陶黎,孟庆军,唐勇军.基于网络分析法的银行绿色金融业务风险及对策分析[J].金融与经济,2017,(5):14—19.

[20]王忠超.基于BP神经网络的绿色信贷信用风险评价研究[D].中国海洋大学,2013.

[21]赵萌词.基于PCA和BP神经网络的银行绿色信贷风险评价研究[D].河北大学,2016.

[22]汤洁茹,高振华,叶婉婷.基于BP神经网络的商业银行绿色信贷风险评价研究——以蚌埠农业银行为例[J].现代商业,2018,(11):75—76.

[23]李进.基于随机森林算法的绿色信贷信用风险评估研究[J].金融理论与实践,2015,(11):14—18.

[24]李姝.基于支持向量机的商业银行绿色信贷评级模型研究[D].中南大学,2012.

[25]Breiman L. Random forests[J]. Machine Learning,2001,45(1):5—32.

[26]Umezawa Y,Mori H. Credit risk evaluation of power market players with random forest[J]. Ieej Transactions on Power & Energy,2008,128(1):165—172.

[27]方匡南,吴见彬,朱建平,谢邦昌.随机森林方法研究综述[J].统计与信息论坛,2011,26(3):32—38.

[28]盛夏,李斌,张迪.基于数据挖掘的上市公司信用评级变动预测[J].统计与决策,2016,(15):159—162.

[29]杨璐.小微企业授信评估研究[D].浙江工商大学,2018.

[30]张晓凤,侯艳,李康. 基于 AUC 统计量的随机森林变量重要性评分的研究[J]. 中国卫生统计,2016,33(03):537－540＋542.

[31]姚登举. 面向医学数据的随机森林特征选择及分类方法研究[D]. 哈尔滨工程大学,2016.

[32]冯盼峰,温永仙. 基于随机森林算法的两阶段变量选择研究[J]. 系统科学与数学,2018,38(1):119－130.

[33]王芳,马素霞,王河. 基于随机森林变量选择的飞灰含碳量预测模型[J]. 热力发电,2018,47(11):89－95.

[34]吴金旺,顾洲一. 基于非平衡样本的商业银行客户信用风险评估——以 A 银行为例[J]. 金融理论与实践,2018,(7):51－57.

[35]温小乐,钟奥,胡秀娟. 基于随机森林特征选择的城市绿化乔木树种分类[J]. 地球信息科学学报,2018,20(12):1777－1786.

[36]Vapnik V. Statistical learning theory[Z]. Wiley,New York,1998.

[37]Smits G F,Jordaan E M. Improved SVM regression using mixtures of kernels[C]. IEEE,2002.

[38]沈翠华,刘广利,邓乃扬. 一种改进的支持向量分类方法及其应用[J]. 计算机工程,2005,31(8):153－154.

[39]贾凝. 支持向量机模型在统计学上的应用研究[J]. 统计与决策,2010,(13):159－161.

[40]徐成贤,陈静,王昭. 应用不等权重支持向量机预测人民币汇率的变动[J]. 统计与信息论坛,2010,25(10):45－48.

[41]吴敏. 支持向量机分类算法的若干研究[D]. 南京邮电大学,2014.

[42]魏洒洒,杨有龙,赵伟卫. 基于集成算法的 SVM 训练数据选择[J]. 统计与决策,2018,34(9):77－80.

[43]曾江洪,王庄志,崔晓云. 基于 SVM 的中小企业集合债券融资个体信用风险度量研究[J]. 中南大学学报(社会科学版),2013,19(2):8－11＋19.

[44]沈沛龙,周浩. 基于支持向量机理论的中小企业信用风险预测研究[J]. 国际金融研究,2010,(8):77－85.

[45]李杰,马士豪,靳孟宇,Chao-hsien Chu. 基于 SA-SVM 的众筹违约风险预警模型[J]. 统计与信息论坛,2018,33(11):70－77.

[46]王庆,姚康. 机器学习方法在中小企业信用评估中的应用研究[J]. 特区经济,2018,(1):145

—147.

[47]邵科. 我国绿色信贷发展现状、问题及政策建议[J]. 中国银行业,2018,(6):102—105.

[48]朱寿庆,周李焕,孙轶依. 绿色银行的国际借鉴[J]. 中国金融,2015,(20):41—42.

[49]黄金胜. 绿色银行发展的国际经验借鉴及其对我国的启示[J]. 浙江金融,2015,(10):55—60.

[50]叶蓁. 银行业绿色发展的国际经验及对策建议[J]. 国际金融,2010,(10):54—57.

[51]朱寿庆,王烨. 绿色金融的国际实践和最新进展[J]. 世界环境,2017,(5):19—23.

[52]穆红梅,王菊香. 银行业绿色金融发展的现状与对策——以兴业银行为例[J]. 福建金融管理干部学院学报,2017,(3):24—29.

[53]李路阳. 兴业银行:中国首家绿色银行[J]. 国际融资,2009,(1):12—13.

[54]龙卫洋,季才留. 基于国际经验的商业银行绿色信贷研究及对中国的启示[J]. 经济体制改革,2013,(3):155—158.

[55]何德旭,张雪兰. 对我国商业银行推行绿色信贷若干问题的思考[J]. 上海金融,2007,(12):4—9.

[56]李程,白唯,王野,李玉善. 绿色信贷政策如何被商业银行有效执行?——基于演化博弈论和 DID 模型的研究[J]. 南方金融,2016,(1):47—54.

[57]洪小凡. "绿色信贷"企业环境风险评价基准的建立[J]. 市场研究,2018,(4):55—57.

[58]屠红洲,屠金光. 从风险偏好管理视角探析我国银行业发展绿色信贷之建议[J]. 新金融,2018,(4):38—42.

[59]罗庆,刘俊,金明道. 商业银行信用风险的评估方法概述[J]. 中国科技信息,2005,(15):300.

[60]胡乃武,曹大伟. 绿色信贷与商业银行环境风险管理[J]. 经济问题,2011,(3):103—107.

[61]常杪,王世汶,李冬溦. 绿色信贷的实施基础——银行业环境风险管理体系[J]. 环境经济,2008,(7):32—35.

[62]杨明,常坤. 创新国内商业银行绿色信贷评级模型的研究[J]. 华北金融,2011,(8):37—39.

[63]丁翘策. 基于绿色金融理念的风险投资项目评估指标体系构建[J]. 荆楚理工学院学报,2017,32(5):48—53+57.

[64]王恋. 赤道原则下我国商业银行内部信用评级研究[D]. 华南理工大学,2011.

[65]迟呈英,梁晓月. 基于随机森林和支持向量机的分类特征选择[J]. 辽宁科技大学学报,

2016,39(2):146－152.

[66]杨凯,侯艳,李康. 随机森林变量重要性评分及其研究进展[J/OL]. 中国科技论文在线,2015. http://www. paper. edu. cn/releasepaper/content/201507－212.

[67]萧超武,蔡文学,黄晓宇,陈康. 基于随机森林的个人信用评估模型研究及实证分析[J]. 管理现代化,2014,34(6):111－113.

[68]林成德,彭国兰. 随机森林在企业信用评估指标体系确定中的应用[J]. 厦门大学学报(自然科学版),2007(2):199－203.

[69]汪政元. 基于优化的随机森林方法的企业信用风险评价研究[D]. 暨南大学,2017.

[70]赵志升,傅轩昂,靳晓松,刘洋. 基于随机森林特征选择的垃圾短信识别[J]. 电脑与信息技术,2018,26(6):24－26.

[71]周廷炜. 基于 SVM 模型的上市公司财务风险预警研究[D]. 上海师范大学,2018.

[72]张晶华,甘宇健. 基于深度学习支持向量机的上证指数预测[J/OL]. 统计与决策,2019,(2):176－178.

[73]肖智,李文娟. 基于主成分分析和支持向量机的个人信用评估[J]. 技术经济,2010,29(3):69－72.

[74]Wilmshurst T D,Frost G R. Corporate environmental reporting:A test of legitimacy theory[J]. Accounting,Auditing & Accountability Journal,2000,13(1):10－26.

[75]Peter M Clarkson,Yue Li,Gordon D Richardson,Florin P Vasvari. Revisiting the relation between environmental performance and environmental disclosure: an empirical analysis[J]. Accounting,Organizations and Society,2008,33(4/5):303－327.

[76]Gray R,Javad M,Power D M. Social and environmental disclosure and corporate characteristics:are search note and extension [J]. Journal of Business Finance and Accounting,2001,28(3－4):327－356.

[77]Meng X H,Zeng S X,Tam C M,et al. Whether top executives' turnover influences environmental responsibility:from the perspective of environmental information disclosure[J]. Journal of Business Ethics,2013,114(2):341－353.

[78]Hackston D,Milne M J. Some determinants of social and environmental disclosures in New Zealand companies[J]. Accounting Auditing and Accountability Journal,1996,9(1):77－108.

[79]Patten,D M. Intra-Industry environmental disclosure in response to the Alaskan Oil Spill:a

Note on Legitimacy Theory[J]. Accounting, Organization and Society, 1992, 17(5): 471—475.

[80]Kolstad C D. Learning and stock effects in environmentalregulation: the case of greenhouse gas emissions[J]. Journal of Environmental Economics and Management, 1996, 31(1): 1—18.

[81]Cormier D, Magnan M, Van Velthoven B. Environmental disclosure quality in large German companies: economic incentives, public pressures or institutional conditions[J]. European Accounting Review, 2005, 14(1): 3—40.

[82]Frost G. The introduction of mandatory environmental reporting guidelines: australian evidence[J]. Abacus, 2007(43): 190—216.

[83]Freedman M, Patten D M. Evidence on the pernicious effect of financial reporting environmental disclosure[J]. Accounting Forum, 2004, 28(1): 27—41.

[84]Cho C H, Patten D M. The role of environmental disclosures as to viols of legitimacy: a research note. Accounting[J]. Organizations and Society, 2007, 32(7—8): 639—647.

[85]汤亚莉，陈自力，刘星，李文红. 我国上市公司环境信息披露状况及影响因素的实证研究[J]. 管理世界，2006，(1)：158—159.

[86]李朝芳，环境责任、组织变迁与环境会计信息披露——一个基于合法性理论的规范研究框架[J]. 经济与管理研究，2010，(5)：117—123.

[87]钱红光，姚露. 环境信息披露质量的经济后果研究——以沪市 A 股重污染企业为例[J]. 湖北工业大学学报，2014.

[88]黄珺，周春娜. 股权结构、管理层行为对环境信息披露影响的实证研究——来自沪市重污染行业的经验证据[J]. 中国软科学，2012，(1)：133—143.

[89]李志斌. 内部控制与环境信息披露——来自中国制造业上市公司的经验证据[J]. 中国人口・资源与环境，2014，24(6)：77—83.

[90]王建明. 环境信息披露、行业差异和外部制度压力相关性研究——来自我国沪市上市公司环境信息披露的经验证据[J]. 会计研究，2008，(6)：54—62+95.

[91]何丽梅，侯涛. 环境绩效信息披露及其影响因素实证研究——来自我国上市公司社会责任报告的经验证据[J]. 中国人口・资源与环境，2010，20(8)：99—104.

[92]毕茜，彭珏，左永彦. 环境信息披露制度、公司治理和环境信息披露[J]. 会计研究，2012，(7)：39—47+96.

[93]傅鸿震，公司特征、行业竞争属性与环境信息披露——来自我国重污染行业上市公司的经

验证据[J]. 西部论坛,2015,(1):86—94.

[94]李强,冯波. 环境规制、政治关联与环境信息披露质量——基于重污染上市公司经验证据[J]. 经济与管理,2015,29(4):58—66.

[95]李强,冯波. 企业会"低调"披露环境信息吗?——竞争压力下企业环保投资与环境信息披露质量关系研究[J]. 中南财经政法大学学报,2015,(4):141—148+160.

[96]宗子薇. 法律规制、区域差异与企业环境信息披露——基于《环保法》的研究 1[J]. 现代营销(经营版),2018,(12):79—80.

[97]侯蕴慧. 煤炭行业上市公司环境信息披露的实证研究[J]. 生产力研究,2018,(3):118—121+160.

[98]郑建明,许晨曦. 新《环保法》提高了企业环境信息披露质量吗?——一项准自然实验[J]. 证券市场导报,2018,(8):4—11+28.

[99]原毅军,谢荣辉. 环境规制的产业结构调整效应研究[J]. 中国工业经济,2014,(8):57—68.

[100]钟茂初,李梦洁,杜威剑. 环境规制能否倒逼产业结构调整[J]. 中国人口·资源与环境,2015,25(8):107—115.

[101]Gray W B. The cost of regulation:OSHA,EPA and the productivity slowd [J]. American Economic Review,1987,77(5):998—1006.

[102]Barbem A J,McConnell V D. The impact of environmental regulations on industry productivity:direct and indirect effects[J]. Journal of Environmental Economics and Management,1990,18(1):50—65.

[103]Gray W,Shadbegian R. Pollution abatement expenditure and plant—level productivity:production function approach[J]. Ecological Economics,2005,54(2):196—208.

[104]Chintrakarn P. Environmental regulation and U. S. States' technical inefficiency[J]. Economies Letters,2008,(3):363—365.

[105]Richard Kneller,Edward Manderson. Environmental regulations and innovation activity in UK manufacturing industries[J]. Resource and Energy Economics,2012,34(2):211—235.

[106]赵细康,王彦斐. 环境规制影响污染密集型产业的空间转移吗?——基于广东的阶段性观察[J]. 广东社会科学,2016,(5):17—32.

[107]任梅,王小敏,刘雷,孙方,张文新. 中国沿海城市群环境规制效率时空变化及影响因素分

析[J]. 地理科学,2019-08-04:1—10.

[108]Berman E,Bui L T. Environmental regulation and productivity:evidence from oil refineries[J]. The Review of Economics and Statistic,2001,88(3):498—510.

[109]De Vries F P,Withagen C. Innovation and environmental stringency:the case of sulfur dioxide abatement [M]. Tilburg:Tilburg University,2005,(18):1—33.

[110]白雪洁,宋莹. 环境规制、技术创新与中国火电行业的效率提升[J]. 中国工业经济,2009,(8):68—77.

[111]蒋伏心,王竹君,白俊红. 环境规制对技术创新影响的双重效应——基于江苏制造业动态面板数据的实证研究[J]. 中国工业经济,2013,(7):44—55.

[112]Yana Rubashkina,Marzio Galeotti,Elena Verdolini. Environmental regulation and competitiveness:empirical evidence on the porter hypothesis from european manufacturing sectors[J]. Energy Policy,2015,(83):288—300.

[113]韩国高. 环境规制、技术创新与产能利用率——兼论"环保硬约束"如何有效治理产能过剩[J]. 当代经济科学,2018,40(1):84—93+127.

[114]王仁祥,崔雅倩. 中国金融—科技耦合脆弱性内涵及评价研究[J]. 北京邮电大学学报(社会科学版),2018,20(3):87—96.

[115]Paul Lanoie,Jérémy Laurent-Lucchetti,Nick Johnstone,Stefan Ambec. Environmental policy,innovation and performance:new insights on the porter hypothesis[J]. Journal of Economics & Management Strategy,2011,20(3):803—842.

[116]张成,于同申. 环境规制会影响产业集中度吗? 一个经验研究[J]. 中国人口 · 资源与环境,2012,22(3):98—103.

[117]李虹,邹庆. 环境规制、资源禀赋与城市产业转型研究——基于资源型城市与非资源型城市的对比分析[J]. 经济研究,2018,53(11):182—198.

[118]黄光灿,白东北,王珏. FDI 对中国工业行业的选择效应研究——基于环境规制博弈的联立方程[J]. 财经论丛,2019,8(1):1—11.

[119]丁显有,肖雯,田泽. 长三角城市群工业绿色创新发展效率及其协同效应研究[J]. 工业技术经济,2019,38(7):67—75.

[120]周柯,王尹君. 环境规制、科技创新与产业结构升级[J]. 工业技术经济,2019,38(2):137—144.

[121]朱晋伟,梅静娴.不同规模企业间创新绩效影响因素比较研究:基于面板数据半参数模型[J].科学学与科学技术管理,2015,(2):83－91.

[122]郑春美,李佩.政府补助与税收优惠对企业创新绩效的影响:基于创业板高新技术企业的实证研究[J].科技进步与对策,2015,(16):83－87.

[123]吕明洁,陈瑜,曹莉萍.中国新能源企业创新绩效的影响因素:基于产业政策视角[J].技术经济,2016,(1):43－50.

[124]陈鲁夫,邵云飞."钻石模型"视角下战略性新兴产业创新绩效影响因素的实证研究:以新一代信息产业为例[J].技术经济,2017,(2):1－7,116.

[125]王婧,吴烨伟,蓝梦,等.基于高阶梯队理论的电子工业创新绩效影响因素研究:高管认知研究视角[J].工业技术经济,2018,(3):20－27.

[126]John Hagedoorn,Myriam Cloodt. Measuring innovative performance:is there an advantage in using multiple indicators? [J]. Research Policy,2003,32(8):1365－1379.

[127]王文霞.河南省战略性新兴产业自主创新能力评价研究[J].河南工业大学学报(社会科学版),2015,11(2):96－103.

[128]李凌月,张啸虎,罗瀛.基于创新产出的城市科技创新空间演化特征分析——以上海市为例[J].城市发展研究,2019,26(6):87－92＋33.

[129]Alpay E,Buccola S,Kerkvliet J. Productivity growth and environmental regulation in Mexican and U. S. food manufacturing[J]. American Journal of Agricultural Economics,2002,(4):887－901.

[130]龙小宁,万威.环境规制、企业利润率与合规成本规模异质性[J].中国工业经济,2017,(6):155－174.

[131]王仁祥,陆鹏飞.科技创新、绿色金融与产业政策的耦合关系——基于我国节能环保产业的分析[J].北京邮电大学学报(社会科学版),2019,21(1):26－37＋118.

[132]朱福林,张波,王娜,袁俊亮.基于熵权灰色关联度的印度服务外包竞争力影响因素实证研究[J].管理评论,2017,29(1):53－61.

[133]安国俊,曹超.绿色金融国际立法与借鉴[J].中国金融,2017,(18):74－76.

[134]蒋先玲,张庆波.发达国家绿色金融理论与实践综述[J].中国人口·资源与环境,2017,27(S1):323－326.

[135]郭红燕,宋旭娜.环境规制与国际竞争力关系协调新视角[J].WTO经济导刊,2011,(2):

60－63.

[136]陈亚芹，别智，酒淼. 国内外绿色金融产品与金融政策综述[J]. 建设科技，2019，(5)：50－59.

[137]常杪，杨亮，王世汶. 日本政策投资银行的最新绿色金融实践——促进环境友好经营融资业务[J]. 环境保护，2008，(10)：67－70.

[138]马骏. 国际绿色金融发展与案例研究[M]. 北京：中国金融出版社，2017.

[139]赵峥，袁祥飞，于晓龙. 绿色发展与绿色金融——理论、政策与案例[M]. 北京：经济管理出版社，2017.

[140]Kuznets Simon. Economic growth and income inequality[J]. The American Economic Review 45，1955，(1)：1－28.

[141]Gene M Grossman，Alan B Krueger. Economic growth and the environment[J]. The Quarterly Journal of Economics，1995，(5)：353－377.

[142]Porter M E. America's green strategy[J]. Scientific American，1991，(4)：168.

[143]郎铁柱，钟定胜. 环境保护与可持续发展[M]. 天津：天津大学出版社，2005.

[144]赵玉民，朱方明，贺立龙. 环境规制的界定、分类与演进研究[J]. 中国人口·资源与环境，2009，19(6)：85－90.

[145]原毅军，刘柳. 环境规制与经济增长：基于经济型规制分类的研究[J]. 经济评论，2013，(1)：27－33.

[146]原毅军，谢荣辉. 环境规制与工业绿色生产率增长——对"强波特假说"的再检验[J]. 中国软科学，2016，(7)：144－154.

[147]原毅军，谢荣辉. 环境规制的产业结构调整效应研究——基于中国省际面板数据的实证检验[J]. 中国工业经济，2014，(8)：57－69.

[148]Lanoie P，Patry M，Lajeunesse R. Environmental regulation and productivity：testing the porter hypothesis[J]. Journal of Productivity Analysis，2008，30(2)：121－128.

[149]沈能. 环境效率、行业异质性与最优规制强度——中国工业行业面板数据的非线性检验[J]. 中国工业经济，2012，(3)：56－68.

[150]朱向东，贺灿飞，李茜，毛熙彦. 地方政府竞争、环境规制与中国城市空气污染[J]. 中国人口·资源与环境，2018，28(6)：103－110.

[151]Salazar J. Environmental finance：linking two world[Z]. Presented at a Workshop on Fi-

nancial Innovations for Biodiversity Bratislava，1998，(1)：2－18.

[152]Cowan E. Topical issues in environmental finance[Z]. Research Paper Was Commissioned by the Asia Branch of the Canadian International Development Agency(CIDA)，1999，(1)：1－20.

[153]Labatt S，White R. Environmental finance：a guide to environmental risk assessment and financial products[M]. Canada：John Wiley&Sons. Inc，2002.

[154]麦均洪，徐枫. 基于联合分析的我国绿色金融影响因素研究[J]. 宏观经济研究，2015，(5)：23－37.

[155]董晓红，富勇. 绿色金融发展及影响因素时空维度分析[J]. 统计与决策，2018，34(20)：94－98.

[156]周兴云，刘金石. 我国区域绿色金融发展的举措、问题与对策——基于省级政策分析的视角[J]. 农村经济，2016，(1)：103－107.

[157]王凤荣，王康仕. "绿色"政策与绿色金融配置效率——基于中国制造业上市公司的实证研究[J]. 财经科学，2018，(5)：1－14.

[158]方建国，林凡力. 我国绿色金融发展的区域差异及其影响因素研究[J]. 武汉金融，2019，(7)：69－74.

[159]Jahel Mielke，Gesine A Steudle. Green investment and coordination failure：an investors' perspective[J]. Ecological Economics，2018，150.

[160]Yao Wang，Qiang Zhi. The role of green finance in environmental protection：two aspects of market mechanism and policies[J]. Energy Procedia，2016，104.

[161]Marian Catalin Voica，Mirela Panait，Irina Radulescu. Green investments between necessity，fiscal constraints and profit[J]. Procedia Economics and Finance，2015，22.

[162]杨熠，李余晓璐，沈洪涛. 绿色金融政策、公司治理与企业环境信息披露——以502家重污染行业上市公司为例[J]. 财贸研究，2011，22(5)：131－139.

[163]甘家武，龚旻，冯坤媛. 中国环境规制对经济发展方式的影响研究——基于"双重红利"视角[J]. 生态经济，2017，33(1)：14－20＋27.

[164]赵息，马杰. 环境规制与绿色创新的关系研究——基于金融发展与人力资本调节效应的实证分析[J]. 现代财经(天津财经大学学报)，2018，38(2)：63－72＋90.

[165]丁杰. 绿色信贷政策、信贷资源配置与企业策略性反应[J]. 经济评论，2019，(4)：62－75.

[166]Xiaojuan Wang，Xiaojuan Xu，Yifang Liu，Jiaxiu Zhao，Haili Li. An economic impact evalu-

ation of environmental policy[A]. IOP Conference Series: Earth and Environmental Science, Volume, 2019, 295.

[167]Yannis Dafermos, Maria Nikolaidi, Giorgos Galanis. Climate change, financial stability and monetary policy[J]. Ecological Economics, 2018, 152.

[168]Paola D'Orazio, Lilit Popoyan. Fostering green investments and tackling climate-related financial risks: Which role for macroprudential policies? [J]. Ecological Economics, 2019, 160.

[169]董战峰，李红祥，葛察忠，王金南，郝春旭. 国家环境经济政策进展评估报告 2018[J]. 中国环境管理，2019，11(3)：60－64.

[170]谢智慧，孙养学，王雅楠. 环境规制对企业环保投资的影响——基于重污染行业的面板数据研究[J]. 干旱区资源与环境，2018，32(3)：12－16.

[171]Kesidou E, Demirel P. On the drives of ecoinnovations: empirical evidence from the UK [J]. Research Policy, 2012, 41(5): 862－870.

[172]刘传哲，张彤，陈慧莹. 环境规制对企业绿色投资的门槛效应及异质性研究[J]. 金融发展研究，2019，(6)：66－71.

[173]Jorgenson D W, P J Wilcoxen. Environmental regulation and U. S. economic growth[J]. Rand Journal of Economics, 1990, (2).

[174]李月娥，李佩文，董海伦. 产权性质、环境规制与企业环保投资[J]. 中国地质大学学报(社会科学版)，2018，18(6)：36－49.

[175]唐国平，李龙会，吴德军. 环境管制、行业属性与企业环保投资[J]. 会计研究，2013，(6)：83－89＋96.

[176]李强，田双双. 环境规制能够促进企业环保投资吗？——兼论市场竞争的影响[J]. 北京理工大学学报(社会科学版)，2016，18(4)：1－8.

[177]马珩，张俊，叶紫怡. 环境规制、产权性质与企业环保投资[J]. 干旱区资源与环境，2016，30(12)：47－52.

[178]Farzin Y H, P M Kort. Pollution abatement investment with environmental regulation is uncertain[J]. Journal of Public Economic Theory, 2000, (2).

[179]Jaffe A B, R G Newell, R N Stavins. Technological change and the environment[J]. Handbook of environmental Economics, 2003, (1).

[180]王云，李延喜，马壮，宋金波. 媒体关注、环境规制与企业环保投资[J]. 南开管理评论，

2017,20(6):83－94.

[181]王瑾,李田,苑泽明.环境规制、代理冲突与企业环保投资[J].财会月刊,2018,(17):15－22.

[182]Leiter A M,Parolini A,Winner H. Environmental regulation and investment:evidence from European industry data[J]. Ecological Economics,2011,70(4):759－770.

[183]张劲松,林海艳.环境规制对企业环保投资的影响研究[J].哈尔滨商业大学学报(自然科学版),2017,33(5):633－636.

[184]Porter M E,Vander L C. Toward a new conception of the environment competitiveness relationship[J]. Journal of Economic Perspectives,1995,9(4):97－118.

[185]Yang C H,Tseng Y H,Chen C P. Environmental regulations,induced R&D,and productivity industries[J]. Resource & Energy Economics,2012,34(4):514－532.

[186]Lasinio C J. Environmental policies,innovation and productivity in EU[J]. Global Economy Journal,2016,51(2):249－262.

[187]景维民,张璐.环境管制、对外开放与中国工业的绿色技术进步[J].经济研究,2014,49(9):34－47.

[188]张倩,姚平.波特假说框架下环境规制对企业技术创新路径及动态演化的影响[J].工业技术经济,2018,37(8):52－59.

[189]张峰,史志伟,宋晓娜,闫秀霞.先进制造业绿色技术创新效率及其环境规制门槛效应[J].科技进步与对策,2019,36(12):62－70.

[190]臧传琴,张菡.环境规制技术创新效应的空间差异——基于2000—2013年中国面板数据的实证分析[J].宏观经济研究,2015,(11):72－83＋141.

[191]张翼,王书蓓.政府环境规制、研发税收优惠政策与绿色产品创新[J/OL].华东经济管理:1－7[2019-08-24]. https://doi.org/10.19629/j.cnki.34－1014/f.180624007.

[192]类骁,韩伯棠.贸易溢出对我国绿色技术创新效率的影响研究——基于环境规制的门槛效应实证[J].生态经济,2019,35(8):163－166.

[193]Requate T. Dynamic incentives by environmental policy instrument:a survey[J]. Ecological Economics,2005,(54):175－195.

[194]彭星,李斌.不同类型环境规制下中国工业绿色转型问题研究[J].财经研究,2016,42(7):134－144.

[195]郭进.环境规制对绿色技术创新的影响——“波特效应”的中国证据[J].财贸经济,2019,40(3):147—160.

[196]Lanoiep,Patrym,Lajeunesser. Environmental regulation and productivity:testing the porter-hypothesis[J]. Journal of Productivity Analysis,2008,30(2):121—128.

[197]王国印,王动.波特假说、环境规制与企业技术创新——对中东部地区的比较分析[J].中国软科学,2011,(1):100—112.

[198]胡雪萍,陶静.供给侧结构性改革下环境规制对绿色技术创新的影响——基于30个省市动态面板数据的实证分析[J].福建论坛(人文社会科学版),2018,(1):44—53.

[199]Arouri M E H,G M Caporale,C Rault,et al. Environmental regulation and competitiveness:evidence from Romania[J]. Ecological Economics,2012,(5).

[200]侯伟丽,方浪,刘硕.“污染避难所”在中国是否存在?——环境管制与污染密集型产业区际转移的实证研究[J].经济评论,2013,(4).

[201]姜再勇,魏长江.政府在绿色金融发展中的作用、方式与效率[J].兰州大学学报(社会科学版),2017,45(6):108—114.

[202]张文明.自然资本、环境规制与碳金融实践[J].福建论坛(人文社会科学版),2017,(6):33—38.

[203]张思遥,姜克隽.我国能源行业绿色金融的发展和政策需求[J].环境保护,2018,46(22):23—27.

[204]田慧芳.绿色金融发展中的政府行为——基于欧美国家的经验分析[J].国际经济合作,2016,(11):27—32.

[205]Freedman M,Buhr N. Culture,institutional factors and differences in environmental disclosure between Canada and the United States[J]. Critical Perspectives on Accounting,2001,Vol. 12,No. 3:293—322.

[206]柏冬兰.企业环境会计信息披露与政府监管的博弈分析[J].会计之友,2014,(8):59—61.

[207]张海波,孙健慧.政银企三方博弈下绿色金融发展策略研究[J].金融理论与实践,2019,(7):24—33.

图书在版编目(CIP)数据

绿色技术银行提升绿色产业竞争力情况报告/孙红梅等著. 一上海：上海财经大学出版社，2019.11
(构建壮大绿色产业的绿色金融体系研究报告·第一辑)
ISBN 978-7-5642-3393-8/F·3393

Ⅰ.①绿… Ⅱ.①孙… Ⅲ.①绿色产业-竞争力-研究报告-中国 Ⅳ.①F269.24

中国版本图书馆 CIP 数据核字(2019)第 220843 号

□ 责任编辑 朱静怡
□ 责任校对 卓 妍
□ 整体设计 JUN Studio

绿色技术银行提升绿色产业竞争力情况报告

著 作 者：孙红梅 等著
出版发行：上海财经大学出版社有限公司
地 址：上海市中山北一路 369 号(邮编 200083)
网 址：http://www.sufep.com
经 销：全国新华书店
印刷装订：上海华业装璜印刷厂
开 本：787mm×1092mm 1/16
印 张：14.75
字 数：215 千字
版 次：2019 年 11 月第 1 版
印 次：2019 年 11 月第 1 次印刷
定 价：58.00 元